철학 오디세이

THE STORY OF PHILOSOPHY

꼬리에 꼬리를 물고 이어지는
서양철학 이야기

철학 오디세이

앤 루니 지음 · 최석진 옮김

돋을새김

차례

제6장

어떻게 하면
좋은 사회를
만들 수 있을까?

에필로그

결국 가장 중요한 것은

철학은 사유(思惟)하는 일이다. 누구나 할 수 있는
일이고, 심지어 옷을 입지 않고도 할 수 있다.

삶의
문제를
파헤치다

THE EXAMINED LIFE

'내게 가장 부족한 것은 무엇을 해야 할지 명확하지 않
다는 것이다…… 그것은 내가 진실이라고 인정할 수
있는 진실과 생사를 걸 만한 이상을 찾는 일이다.'
– 키에르케고르, 〈저널〉(1836) 중에서

'내가 진실이라고 인정할 수 있는 진실'을 추구하는 것이 바로 철학의 과제이다. 이는 상아탑에 앉아 호사스럽고 난해한 과제를 수행하는 사람들의 전유물이 아니다. 철학은 우리 모두가 어떻게 살아야 하고, 어려움을 어떻게 이겨내고, 자신을 둘러싼 세계를 어떻게 이해하고, 그것을 다른 사람들에게 어떻게 전달할 것인가를 수행할 수 있게 하는 도구인 것이다.

철학의 근본은 질문을 던지는 것이다. 상상할 수 있는 가장 위대한 질문을 던지는 것이다. '진실은 무엇인가?', '신은 존재하는가?', '어떤 것이 진실이라면 우리는 과연 그것을 어떻게 알 수 있는가?', '미덕이란 무엇인가?' 그리고 '옳고 그름의 문제가 동서고금의 모든 사람들에게 똑같이 성립하는가?'와 같은 근본적인 질문을 던지는 것이 철학이다.

우리는 진실이 무엇인지에 대한 고민 없이도 살아갈 수는 있다.
하지만 사유하는 인간인 이상 일상생활에서 근본적 의문에 부닥
치게 되면 어쩔 수 없이 철학이라는 난제를 만나게 된다.

• 동물에게도 권리가 있을까?
• 불치병에 걸린 환자가 스스로 죽기를 원한다면 허용해야 하는가?
• 사회적 박탈감으로 인해 범죄에 내몰렸다면 그는 처벌받아야 하
  는가?
• 세금을 내지 않는다면 문젯거리가 될 것인가?
• 다른 사람들을 불편하게 만드는 말을 할 권리가 있는가?

철학은 바로 이와 같은 질문들을 해결하기 위한 틀과 도구를
제공한다.

질문하기

이 책은 질문들을 다룬 책이며, 서양철학이 지난 2천 5백년의 역
사 속에서 그 질문에 대한 답을 시도한 과정을 정리한 책이다. 철
학적 질문들에는 적확하고 진실된 단 하나의 답이 존재하지 않

철학 이야기는
기원전 6세기의
고대 그리스로부터
출발한다.

'검증되지 않은 삶은 무의미하다.'
– 플라톤(BC 427~347년경)

'나는 의심하므로 생각한다. 그러므로 나는 존재한다.'
– 데카르트 〈방법 서설〉(1637) 중에서

는다. 이 질문들에 대한 답을 구하는 일은 여러가지 어려움이 따르는 과업이다. 이는 철학자들이 진실이란 무엇이며, '안다는 것'은 무엇을 의미하는가에 대해 일치된 답을 내놓지 않기 때문에 그러하기도 하다. 심지어는 우리가 질문하고 답을 구할 때 사용하는 언어의 역할에 대해서조차 통일된 견해를 내놓지 않는다.

생사를 걸만한 이상을 찾는 심오한 질문에 대하여, 인간은 고대 그리스 철학자 소크라테스(BC 470~399) 이후로 끊임없이 토론해왔다. 그리고 시간이 흐름에 따라 세상은 변화하며 그에 따라 토론의 대상도 변한다. 하지만 오늘날의 세상이 소크라테스가 알던 세상과 많이 다른 것 같지만 우리가 갖고 있는 질문들은 크게 다르지 않다. 우리는 여전히 고결한 삶을 살고자 하며, 신이 실제로 존재하는지를 궁금해 하고, 세상의 진실이 무엇인지 알고자 한다. 한편, 과학의 진보, 지구상의 서로 다른 사회 문화의 영향 그리고 변화하는 사회 구조 등이 이 토론의 방향을 변화시켜 왔다.

까다롭기 그지없는 세상

'존재하는 것은 아무것도 없다. 비록 무엇이 존재한다 해도 아무도 그것을 모를 것이다. 혹시 누군가 그것에 대해 안다 해도, 남에게 전달할 수 있는 사람은 아무도 없다'

그리스 철학자 고르기아스(BC 483~375년경)가 남긴 말이다. 존재의 덧없음을 나타낸 참으로 황량한 이 표현은 철학을 황무지에서 헛고생하는 일처럼 보이게 한다. 그러니 철학은 바로 이 정의(定義)에서 출발한다. 2천년이 지난 후 프랑스의 철학자 데카르트는 바로 이 정의를 활용해 만약 무엇이 존재한다면 그것이 무엇이며, 그것을 어떻게 확신할 수 있는지의 문제를 풀어나갔다. 철학자들이 존재의 문제에 어떻게 접근했는가를 둘러보기 전에 잠시 '있음(being)'과 '앎(knowing)'에 대해 생각해보는 시간을 갖도록 하자. 이 두 가지는 완전히 분리해서 취급할 수 없기 때문이다.(물론 당분간은 이 두 가지를 분리해서 다룰 것이다.)

있음과 앎

당신은 다음 중 어떤 것이 존재한다고 믿는가?

• 당신 자신?
• 당신과 마지막으로 대화를 나눴던 인물?
• 당신이 입고 있는 옷?

당신의 감각과 기억을 신뢰하고, 어떤 대상이 당신 앞에서 사라진 뒤에도 그것이 지속적으로 존재한다고 믿는다면 당신은 위의 모든 것이 존재한다고 믿는 것이다.

하지만 어떤 대상들의 존재 여부는 철학을 모르는 사람들의 눈으로 봐도 분명하지 못한 경우가 많다. 아마도 당신은 다음의 것들을 한 번도 본 적이 없을 것이다. 당신은 다음 중 어떤 것이 실제로 존재한다고 생각하는가?

❖ **철학자 중의 철학자**
그리스의 철학자 아리스토텔레스(BC 384~322)였다면, 우리는 일각고래가 존재한다는 확실한 증거를 충분히 확보하고 있다고 말했을 것이다.
영국계 아일랜드 출신의 철학자 조지 버클리(1685~1753)라면, 당신이 일각고래를 직접 목격했다 해도 일각고래의 존재에 대한 반박할 수 없는 증거가 되지는 못한다고 말했을 것이다.

- 일각고래?
- 원자?
- 설인(雪人)?
- 신(God)?
- 요정?

대부분의 사람들은 자신들이 권위를 부여한 대상으로부터 들었던 내용들은 잘 믿는다. 누군가가 이 책을 썼다는 확실한 사실을 근거로 하여, 아마 '필자'가 실제로 존재한다고 믿을 것이다. 그리고 이 책의 표지에 이름이 오른 사람이 '필자' 본인은 아니더라도 분명 누군가는 이 책을 집필했다고 받아들일 것이다.

당신은 일각고래를 직접 본 적이 없을지라도 많은 사람들이 일각고래를 목격해왔다. 유튜브의 동영상을 통해 일각고래를 보거나 그들의 생태에 관한 책을 읽을 수도 있다. 만약 어떤 사람들이 일각고래를 날조한 후 수세기 동안 사람들을 속이려 했던 것이라면 아마 집단적 음모가 필요했을 것이다. 따라서 일각고래가 존재한다고 믿는 것이 그렇지 않은 것보다 설득력이 있을 것이다.(하지만 이런 사실 자체만으로 일각고래가 존재한다는 증거가 되지 못한다.)

대부분의 사람들은 기존의 과학이 세상을 정확하게 설명한다고 믿고 있다. 우리가 원자를 본 적은 없지만 원자의 존재를 입

우리가 사실이라고 믿으면 그것은 사실이다
'합의된 실재'는 사회적으로 만들어진 실제를 말한다. 많은 사람들이 어떤 것이 존재한다고 믿으면 그것은 실재로 받아들여진다. 역사를 통해, 이 합의된 실재를 거부한 사람들은 바보 취급을 받거나, 배척되거나, 범죄자 취급을 받거나, 망명하거나, 심지어는 죽음에 처해지기까지 했다. 특히, 엄격한 종교적 규율이 지배하는 사회의 합의된 실재 중 하나는 신이 존재한다는 것이다. 이런 사회에서 신에 대한 굳은 믿음을 공유하지 못하면 박해를 받는다.

대부분의 혁명은 자유나 평등이라는 명분하에 전개된다. 그러나 그 자유와 평등의
실체는 무엇이며, 그 실체는 시대를 거치면서도 항상 불변하는가?

증하는 증거들은 무수히 많으므로, 거부할 수 없는 사실이라 할
것이다.

설인이 존재하는 것 같은 징표들이 여기저기 존재한다. 그러
나 그런 징표들은 착각이나 착오였을 가능성이 크다. 아직 아무
도 명백하게 설인을 목격한 사람이 없기 때문이다. 설인들이 실
제로 존재한다면 누군가에게 목격되어야 했을 것이기 때문에 그
들의 존재는 의심할 점이 많다고 봐야 한다. 그렇더라도 이 사실
만으로는 설인들이 존재하지 않는다는 증거로 삼을 수 없다.

신은 어떨까? 어떤 사람들은 자신이 존재한다는 사실만큼이나
신의 존재에 대해 확신을 갖고 있다. 그런가 하면 어떤 사람들은
신의 존재를 전혀 인정하지 않는다. 요정의 존재를 믿는 사람들
은 신의 존재를 믿는 사람들보다 훨씬 적기는 하지만 믿는 사람
들도 있으며, 예전에는 요정이 있다고 믿는 사람들이 지금보다
더 많았다. 요정의 존재보다 신의 존재를 입증하는 더 뚜렷한 물

리적 증거는 없다. 여기에 증거를 보강하는 또 다른 재료들이 있는데, 개인적인 신념과 본능이 그것이다. 사람들에게는 굳건한 신념이 과학적 증거나 이성보다 더 확신을 주기도 하는 경우가 있다.

이 문제를 좀 더 까다롭게 접근해보자. 당신은 다음 중 어떤 것이 존재한다고 믿는가?

- 당신이 마지막으로 나눈 대화?
- 정의(正義)?
- 도넛의 가운데 구멍?
- 당신이 머릿속으로만 구상하고 아직 글로 쓰거나 소리 내어 발표하지 않은 시(詩)?

이제 우리는 논리적으로는 존재하지 않는다고 말할 수밖에 없지만, 존재하는 것 같은 느낌이 드는 대상들과 마주하게 된 것이다. '존재한다'는 말로써 우리는 무엇을 의미하고자 하는가에 대한 문제에 부닥치게 된 것이다. '있음'은 무엇이고, '존재한다'는 단어는 우리에게 무엇을 의미하는가라는 까다로운 문제를 만나게 된 것이다.

지난주 당신이 나눴던 대화는 공중에 파장을 일으키기는 했지

있는 그것(WHAT/EVER)
다른 대부분의 학문처럼 철학 역시 고유한 용어들이 있다. 그러나 철학자들은 종종 일반적인 용어늘을 사용하기도 하는데 이로 인해 난해한 혼란이 발생힌다. "무엇이 존재하며, 왜 '그것'이 존재하는가?"라고 묻는 대신에 어떤 철학자는 "무엇이 존재하며, 존재하는 '그것'은 왜 존재하는가?"라고 물을 수도 있다. 사실 후자의 질문이 더 날카로운 질문에 해당한다. 하지만 이해하기는 더 어렵다. 필자가 '그것'이라고 지칭한 것은 실제로 '지금 존재하거나 과거에

만 지금은 모두 흩어져 사라졌다. 또 당신과 대화 참여자의 뇌에 전기적, 화학적 변화를 만들어냈지만 지금은 모두 사라져 버렸다. 그렇지만 그 대화는 당신과 다른 참여자들의 기억 속에 존재한다.

'정의(正義)'는 물질적으로는 전혀 존재하지 않는다. 그것은 순전히 사람들의 마음속에 개념으로 존재하고, 법률 속에 소중히 모셔져 있을 뿐이다. 정의를 구성하는 것이 무엇인지에 대해서는 어떤 보편적 합의도 존재하지 않는다.

동그란 도넛 안에 있는 구멍은 도넛 자체의 일부분이라 할 수 없다. 다시 말하면 도넛이 아닌 것이다. 그리고 그 구멍 안에 놓여 있는 당신의 손도 역시 도넛은 아니다. 그 구멍은 원래 도넛으로 채워져 있어야 할, 가운데의 열려진 공간으로 분명 뻥 뚫린 구멍은 맞다.(이 부분을 '빈 도우dough-not'라 칭하자) 사실 둘러싼 부분 때문에 도넛이라 불리기는 하지만 구멍은 그저 빈 공간일 뿐이다. 순전히 도넛(doughnut)이라는 단어의 구조 때문에 '빈 도우(dough-not)'라는 영예를 누리게 된 것이다.

당신이 머릿속으로 구상하고는 있지만 아직 글로 쓰지 않은 시에 대해 생각해보자. 그 시는 당신이 잊어버리거나 생을 마감하기 전까지는 당신의 마음속에 존재할 것이다. 그럼 그 시는 지금 어떤 존재의 형태를 띠고 존재했거나 미래에 존재할' 것이다. 편의상, 그리고 철학에서는 용어를 만들어낼 수 있으므로 앞으로는 '그것'을 '있는 그것(what/ever)'이라고 부르기로 하자.

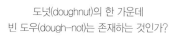

도넛(doughnut)의 한 가운데
빈 도우(dough-not)는 존재하는 것인가?

있는 것일까? 그리고 당신이 그 시를 잊어버리거나 죽는다면 그
때는 어찌 되는 것일까? 또, 당신이 잊어버렸다가 나중에 다시
기억해낸다면 그 사이에 존재했던 것일까?

이처럼 어떤 것들은 단어나 개념[생각]으로 존재하며, 물질 상
태로는 존재하지 않는 듯하다.

우리가 살펴본 대로 존재하는 것에 대한 확신은 생각보다 만만
한 일이 아니다. 철학자들은 우리의 판단과 신념의 근거에 대한
질문을 던짐으로써 이 문제를 더욱 까다롭게 만든다. 그들은 주
장을 그냥 받아들이기 이전에 존재하는 모든 것에 대한 증거를
요구한다. 심지어는 탐구심 그 자체의 존재 여부를 묻기도 한다.

우리가 어떤 것의 존재를 믿는다고 가정하더라도 여전히 의문
은 남는다. 그 존재하는 것에 대해 우리는 무엇을 알고 있는가,

트루먼 쇼
1998년 발표된 피터 위어 감독의 영화이다. 이 영화의 주인공인 보험 외판원
트루먼은 자신의 전 인생이 한 편의 TV쇼였으며, 자신이 실재라고 생각했던 것들 중
그 어떤 것도 실재가 아니었음을 깨닫는다. 트루먼은 30번째 생일날 자신의 '실재'에
이상이 있음을 발견하고, 거짓 세상을 벗어나기 전에 이를 조사하는 일에 착수한다.

하는 의문이다. 하늘에는 별들이 있다. 그 별들은 고대 사람들이 믿었던 것처럼 천구에 박혀 있는 빛일까, 아니면 현대 과학자들의 주장대로 핵융합 중인 가스 덩어리일까? 진리가 무엇인지 우리는 어떻게 알 수 있을까? 이것이 바로 인식론(認識論)의 주된 탐구 대상이다. 인식론은 바로 지식에 대한 철학이다(제4장 참조).

무엇이 존재한다고 받아들인다면?

우리가 존재한다는 사실을 받아들이면 그 다음에는 삶이라는 문제와 맞닥뜨린다. 어떻게 살 것인가? 행동지침을 알려주는 어떤 보편적 도덕률 같은 것이 있는가? 아니면 서로 다른 도덕률이 시대와 장소, 상황마다 다르게 적용되는가? 즉, 도덕이란 절대적인가 상대적인가? 이 중 어떤 문제들은 명확해 보인다. 대부분의 국가들은 살인을 잘못된 것으로 간주한다. 하지만 일부 나라들과 미국의 일부 주에서는 아직 사형 제도가 존재함으로써 '사법 살인'이 가능하도록 하고 있다. 또, 많은 사람들이 '정의로운 전쟁'의 필요성을 인정한다. 그렇기 때문에 우리는 독재자를 처단한다는 선한 명분하에 전쟁에 나가 어쩔 수 없이 살인을 저지른다. 전쟁의 피해자들이나 사법 살인의 대상자들 대부분은 죽고 싶지 않았을 것이다. 그렇지만 그들에게는 선택의 여지가 주어

❖ **철학자 중의 철학자**
플라톤이라면, 그 실체를 파악하기 위해 인간들이 끊임없이 노력하지만 결코 그 실체에 도달할 수 없는, 정의(正義)라는 이상적 형태가 있다고 말할 것이다.
프랑스 철학자 몽테뉴(1533~1592)였다면, 정의는 사회마다 달라서 어떤 정의도 다른 정의에 비해 절대적으로 뛰어난 것은 없다고 말했을 것이다.

지지 않았다. 죽기를 원하는 불치병 환자들은 어떨까? 그들을 죽이는 일은 정당한가? 대부분의 나라들은 이런 식의 살인[안락사]을 허락하지 않는다. 시장터에서 놀던 아이를 죽게 만드는 '정의로운 전쟁'에 대해서는 어떤 식으로 옹호할 수 있을까? 반대로 만성적 불치병에 시달리다 못해 죽기를 원하는 성인 환자를 죽이는 일은 왜 비난받아야 할까? 무엇이 옳고 그른지 그리고 우리가 도덕적 선택을 어떤 식으로 해야 하는지의 문제는 '윤리학'의 주된 대상이다(제5장 참조).

철학의 길잡이

다른 학문들과 달리 철학은 반드시 과거의 업적이 필요한 것이 아니다. 물리학에서는 뉴턴 없이는 아인슈타인을 생각할 수 없지만, 철학에서는 누구나 처음부터 시작할 수 있다. 1927년에 연구서를 출간한 독일의 철학자 마르틴 하이데거는 자기보다 앞선 철학자들의 견해를 몽땅 무시해버렸다. 그런 다음 그는 철학을 토대부터 다시 전개시켜 나갔다. 그리고 내일 다시 누군가가 이런 일을 반복할 수도 있다.

어떤 의미에서 이 책은 아무런 답을 내놓지 못할 것이다. 그러나 다른 한편으로는 이 책은 너무 많은 답을 줄 수도 있다. 이 책

'내 노력의 결과가 다른 철학자들과 얼마나 많이 일치하는지를 판단하고 싶지는 않다. …… 내가 근거를 밝히지 않는 이유는 나의 사유가 다른 누군가가 고대하던 그런 생각들과 같은지 그렇지 않은지에 대해 내가 별 관심이 없기 때문이다.'
– 비트겐슈타인 〈논리 철학 논고〉(1918) 중에서

철학의 분파

- 형이상학/존재론 : 존재에 대한 연구를 하는 학문. 무엇이 존재하는가? 그리고 존재한다는 것은 무엇을 의미하는가?
- 인식론 : 앎[지식]을 연구하는 학문. 우리는 무엇을 알 수 있으며, 그것을 어떻게 알 수 있는가?
- 논리학 : 유효한 논리를 연구하는 학문
- 윤리학 : 행위의 옳고 그름을 연구하는 학문. 우리는 무엇을 해야 하는가?
- 정치학 : 사회 내의 권력을 연구하는 학문. 허용되는 권력은 무엇인가?
- 미학 : 예술과 아름다움을 연구하는 학문

은 과거와 현재의 철학자들이 제기하고, 옹호하고, 때로는 뒤집어엎기도 했던 대답들의 일부를 들려줄 것이다. 그렇게 함으로써 당신에게 알맞은 답을 찾는 출발점이 되기를 바란다. 바로 '당신이 생사를 걸 만한 이상'을 찾아가는 길로 안내하고자 한다.

'거기 있는 것'은 지구로부터 1만 광년 밀리 떨어져
있는 행성상 성운도 포함하는가?

거기
무엇이
있는가?

WHAT IS THERE?

'원자와 빈 공간을 제외하면 존재하는 것이라곤 아무것
도 없다. 그 외 다른 모든 것은 의견일 뿐이다.'
– 데모크리토스(BC 460~370년경)가 남긴 말로 추정

'의문은 바로 이것이다 : 아예 아무것도 없지 않고, 어
떤 것이 무조건 존재하는 이유는 무엇인가?'
– 하이데거(1889~1976)

'있음'의 문제

철학자들은 적어도 2천 5백년 이상(어쩌면 이보다 훨씬 더 긴 세월)을 '있음'의 본질이 무엇인가, 하는 문제에 매달려왔다. 있음(being)과 실재(reality, 實在)가 밀접한 연관이 있지만 철학자들 모두가 이 둘을 같은 것으로 보지는 않는다. 철학의 다른 용어들과 마찬가지로 이 둘도 얼마든지 토론의 대상이 될 수 있다.

존재(existence)라는 측면에서의 '있음'은 인간뿐만 아니라 인간을 둘러싼 물질세계와 인간 내부의 정신적, 감정적, 영적 영역에도 적용되는 문제이다.

실재는 우리 외부에 펼쳐진 어떤 대상을 지칭하는 것일 수 있다.(하지만 이 견해는 틀린 것일지도 모른다.) 실재가 어떻게 구성되며(다시 말하면 우리가 마음속에서 실재라는 개념을 어떻게 형성하며), '거기 외부'에 있는 실제적인 어떤 것과 어떻게 연관이 되는지(또는 안 되는지)의 문제가 바로 '있음'과 '거기 있는 무엇'을 규명하는 핵심 요소이다. 한편 앞에서도 언급한 것처럼 우리가 '실재'라고 부르는 대상은 전혀 존재하지 않을 수도 있다.

거기 누구 있나요?

그리스 철학자 파르메니데스(BC 510?~440?년경)는 '있음'의 문제를 끊임없이 연구한 초기 철학자들 중의 한 사람이다. 〈자연에 관하여〉라는 시에서 파르메니데스는 실재를 단일하여 분리할 수 없는, 동질의 영원불변한 것으로 묘사했다. 여신으로부터 받은 계시라는 이 시를 통해 그는 존재하지 않는 어떤 것을 생각하거나 묘사하는 것은 불가능하다고 주장했다. 그 어떤 것을 생각하기만 해도 그것에게 존재를 부여하기 때문이라는 것이다. 이 주장은 언뜻 들으면 그럴듯하게 들린다. 하지만 우리는 곧바로 도대체 '있음'은 무엇인가, 하는 문제에 부닥치게 된다.

(무엇을 생각만 해도 그것이 '있다'는) 이와 같은 인식에서 출발하여 파르메니데스는 서양철학 역사상 처음이라고 알려진 연역적(演繹的) 추론을 제기했다.

- 현존하는 어떤 것을 떠올리는 것은 현존하지 않는 어떤 것의 존재를 시사(示唆)한다. 예컨대 우리가 어떤 것을 개라고 한다면, 그것은 고양이가 아님을 시사하는 것이 된다.
- 그러나 우리는 현존하지 않는 그 어떤 것이 '있지 않다'고 말할 수는 없다. 이미 고양이라는 존재가 시사되었기 때문이다.
- 그러므로 우리는 특정한 어떤 것이 있다고 말할 수 없다. 어떤 것이 있다고 말하는 순간 그것이 아닌 다른 어떤 것이 있어야 하기 때문이다.
- 결론적으로 우리는 세상 만물의 있고 없음을 구별할 수 없기 때문에 우리는 삼라만상을 단지 지속성을 지니고 있는 동질한 실재의 일부분으로 볼 수밖에 없다. 이 동질의 실재가 바로 존재라는 특질을 지닌 것이다.(당신은 이게 무슨 말장난인가 할 것이다. 우리에게 '고양이'니 '개'니 하는 단어가 없었다면 이런 골칫거리도 없었을 것이다. 하지만 2천년도 훨씬 전에 있었던 이야기라는 점을 감안하기 바란다.)

마찬가지로 만물은 변화하지 않는다. 만일 우리가 미래에 존재할 어떤 것을 떠올린다면 우리는 현재의 우리 마음속에서 그것에게 어떤 존재의 형태를 부여하는 것이 된다. 과거도 마찬가지다. 당신이 이미 사라져버린 어떤 것을 머릿속에 간직하는 것은 당신의 기억 속에 존재하게 된다. 그렇기 때문에 만물은 변화하지 않는다는 것이다. 요컨대 떠올릴 수 있는 모든 것은 존재한다. 그것이 한 개인의 마음속에서만 그려낸 것일지라도 존재하는 것이다. 그리고 모든 것은 영원불변한 전체의 한 부분일 뿐이라는 것이다.

좋은 것, 나쁜 것 그리고 추한 것 : 이상적인 세계와 열등한 세상

실재가 영원불변하다는 파르메니데스의 주장을 채택한 철학자가 플라톤(BC 427~347년경)이다. 하지만 플라톤 역시 우리는 세상을 영원불변한 것으로 인식하지 못한다고 인정했다. 그리고 세계의 본질과 그것을 인식하는 방법의 차이가 규명되어야 한다고 생각했다.

플라톤에 의하면 우리가 경험하는 세계는 환영(幻影)일 뿐이다. 그는 영원불변의 '이상적 형상(ideal Forms)'이 존재한다고 했다. 물질세계의 만상을 주관하는, 청사진처럼 작용하는 이상적 형상이 있다고 주장한 것이다. 우리가 감각적으로 경험하는 것들은 개별적 사례들이거나 이상적 형상의 복사판에 불과하다는 것이다. 이들 중 어느 것도 완벽한 것은 없다.

플라톤에 따르면 개별적인 말들이나 고양이들, 개들은 무수히 많지만 그들 모두는 하나의 보편적 말, 고양이, 개의 형상을 본떠 만들어진 것이다. 저 유명한 '동굴의 비유'를 통해 그는 우리의 경험 세계를 동굴의 벽에 비치는 그림자에 비유했다. 그 그림자는 사물 뒤에서 불타오르는 불빛이 만들어내는 환영이다. 여기서 그림자를 만들어내는 사물에 해당하는 것이 이데아(the ideal) 또는 형상(Form)이다. 우리는 벽에 너울거리는 그림자를 볼 수 있을 뿐이지 사물[실재] 그 자체는 결코 볼 수 없다. 그리고 우리가 보고 있는 것이 '실재'가 아니라는 사실조차 알지 못한다. 이런 이유 때문에 플라톤은 '이상론자 또는 관념론자'라고 불리는 것이다. 이상론자는, '실재'는 우리의 마음이나 영혼 속에 있다고 본다. 우리를 둘러싼 물질세계는 이 '실재'를 포착하려고 노력하는 우리의 마음이 만들어낸 결과물일 뿐이다.

플라톤이 '이상적 형상' 이론은 모든 것에 다 적용된다고 주장함으로써, 이를 이어받아 우리 인간도 인간이라는 보편적 형태를 본떠 만들어졌다는 논리가 가능해졌다. 이 논리가 이후 기독

괴물 같은 것은 없다……

당신이 마음속으로 어떤 괴물을 만들어냈다고 하자. 당신은 그 괴물이 실제로
존재하지 않는다는 사실을 알고 있다. 괴물은 외부 세계에 어떤 물질적 형태로
존재하지 않는다. 그저 당신이 방금 만들어낸 대상에 불과하다. 하지만 당신은 그
괴물을 상상하면서 어떤 존재의 형태를 떠올렸을 것이다. 세상에 분명히 존재하는
것과 마음속이나 언어 속에만 존재하는 것은 많은 차이가 있다.

우리는 고양이가 실제의 세계에서 우리들과 익숙하기 때문에 고양이는 존재하는
것이라고 말할 수 있다. 또, 문학이나 예술작품 등에 분명한 형태를 지닌 채 등장하는
경우가 많으므로 우리는 일각수[유니콘]가 존재한다고 믿을 수도 있다. 하지만
당신이 방금 만들어낸 괴물은 어떨까? 방금 생각해냈지만 이름도 없고 그림으로
그려지지도 않았고 소리 내어 말하여지지도 않았다. 이런 경우에도 어떤 형태가
존재한다고 말할 수 있을까? 만일 존재하는 것이라면 그건 무엇일까? 이 질문은
오늘날에도 철학자들의 뇌리에서 떠나지 않고 있다.

오래 전에 만들어진 뱀파이어 영화
노스페라투(Nosferatu, F.W.Murnau, 1922)를
본 옛날 사람들은 뱀파이어가 실제로
존재하지 않는다는 사실을 알면서도
공포를 느꼈나.

교 사상가들에게는 금과옥조처럼 작용했다. 인간이 하나님의 형상을 따라 만들어졌다는 기독교의 교리에 부합됐던 것이다. 또한 이런 논리는 초기 기독교 교리 창시자들 중의 한 사람인 성 아우구스티누스(354~430)에게 큰 영향을 미쳤다. 아우구스티누스는 플라톤의 형이상학을 기독교 이론에 접목시키고 고대 그리스 철학자[플라톤]가 유럽 철학에 지속적으로 영향을 미치도록 했던 인물이다.

플라톤은 자신의 이론을 물질적 대상에만 한정시키지 않았다. 그는 아름다움이나 정의, 진실 같은 추상적 개념이나, 더 나아가 숫자에도 이상적 형상이 있다고 생각했다. 20세기에 이르러 고트로브 프레게(1848~1925)와 쿠르트 괴델(1906~1978)이 플라톤의 사상을 뒷받침했다. 그들은 숫자에 형상과 같은 절대적 실재가 있다는 플라톤의 주장에 동조했던 것이다.

플라톤은 눈에 보이는 물질세계를 떠난 영역이 존재하는데 바로 그곳에 이 형상이 도사리고 있다고 했다. 그 영역은 과연 어디일까? 하나의 가능성은 그것이 시간과 공간을 떠난 곳에 있을지도 모른다는 것이다. 플로티누스(204~270)나 아우구스티누스 같은 신플라톤주의자들은 나중에 이 형상이 신의 마음속에 있다고 주장했다.

보편자, 또는 '붉음'과 같은 것이 실제로 있는가의 문제

수도사이며 철학자였던 영국의 윌리엄 오컴(1347년에 죽었다)은 플라톤과 정면으로 배치되는 입장을 취했다. 그는 인간의 이해 범위를 넘어서는 보편자란 존재하지 않으며, '붉음'이나 '인간' 같은 용어는 심리적으로 단순함을 꾀하기 위해 수많은 개별적 대상들을 한데 묶어놓은 결과에 불과하다고 주장했다. 실제 세상에는 개별자들만이 있으며, 모든 범주는 인위적으로 만들어진 것에 불과하다는 것이다.

현대에 와서 오컴과 같은 입장을 취하는 철학자들을 '유명론

동굴 속 인간의 비유

널리 알려진 대화편 〈국가론〉(BC 380년경)에서, 플라톤은 전 생애를 사슬에 묶인 채
동굴에서 벽만 바라보며 보내야만 하는 사람들을 묘사하고 있다. 그들 뒤에는
모닥불이 타오르고 있으며 그 모닥불 뒤로 바깥의 사람들이 동물의 조각상 같은
것들을 들고 지나다닌다. 결국 그들은 모닥불에 의해 만들어져 동굴 벽에 비춰지는
바깥사람들의 그림자만을 보고 평생을 보내야 하는 것이다. 사슬에 묶인 그들은
실재의 본질에 관하여 이런저런 생각을 한다. 그러나 그들이 생각하는 실재의 본질은
자신들이 바라보는 그림자에 근거한 것이고, 그것을 바탕으로 추론한 결과일 뿐이다.
그러다 어떤 사람이 자유의 몸으로 풀려나 세상을 있는 그대로 보게 되면 그는
처음에는 외부의 강렬한 햇빛 때문에 잠시 눈이 멀다가, 자신이 목격한 것 때문에
혼란을 일으키고, 도무지 적응할 수 없게 될 것이다. 그런 다음 그는 다시 동굴로
돌아와 자신이 목격한 것들을 동굴 안의 동료들에게 설명하려 한다. 그러나 그는
너희들이 보고 있는 것들은 실재가 아니라고 설득할 수가 없다. 동료들은 그의
설명을 믿으려 하지 않을 것이고, 그를 미친 사람 취급할지도 모르기 때문이다.
플라톤은 말했다. 동굴에서 벗어난 사람이 진정한 실재인 형상을 찾기 위해 벽에
비친 그림자를 넘어서려는 철학자를 닮았으며, 그가 찾고자 했던 것이 바로 우리
눈에 비치는 세상 너머에 존재하는 참 실재인 것이라고 했다.

자(唯名論者)'라 부른다. 유명론자들에게 보편자는 단지 어떤 것을 부르는 이름으로밖에 존재하지 않는다. 반면에 플라톤은 '실재론자'라 할 수 있다. 실재론자는 보편자가 존재한다고 믿는다.

고대 그리스 철학자 아리스토텔레스도 실재론자이기는 했지만 그는 다소 다른 성향을 보였다. 아리스토텔레스는, 보편자는 구체적으로 예시될 경우에만 존재하는 것으로 믿었다. 즉, 대상이 실제로 형상을 지니고 있는 경우에만 보편자가 존재하는 것이라고 주장했다. 반면에 플라톤은 보편자는 절대적 존재성을 지니는 것으로 믿었다. 구체적으로 예시되어야 하는 것과는 상관없이 독립적으로 존재하는 것이라고 주장했던 것이다. 전 인류가 멸종했다고 가정해보자. 플라톤은 그래도 유년기, 잔인함, 순결 같은 보편자들이 여전히 존재한다고 주장할 것이고 아리스토텔레스는 그렇지 않다고 주장할 것이다. 아리스토텔레스에게는 이제 더 이상 실제의 형상을 이끌어낼(예시해낼) 수 없으므로 그런 것들은 존재하지 않게 되는 것이다.

전체, 혹은 아무것도 없거나 뭔가 있는 것인가?

플라톤의 제자였던 아리스토텔레스는 대부분의 사람들이 세상을 살아가면서 기본적으로 가질 수 있는 보통의 입장을 택했다.

유명론(唯名論 : 名目論, nominalism)
• 유명론 : '전외', '녹색', '12'와 같은 개념들은 이들을 부르는 단어 외에는 어떠한 존재도 없다는 수장, 과격한 유명론자와 온건한 유명론자로 나뉜다.
• 서술 유명론자 : 이들은 서술적 용어인 '녹색'이 녹색을 지닌 모든 것들에 적용되기 때문에 녹색인 것들 모두는 단지 녹색일 뿐이라고 주장한다.(이때 사용된 '서술'은 주어부의 특질을 묘사하는 것을 의미한다.) '녹색'은 단어를 벗어나면 아무 존재도 없으며, 그러므로 녹색인 것들을 하나로 묶는 데는 단어의 사용 말고는 아무것도

그는 실재란 인간의 마음과는 상관없이 독자적으로 존재하면서 우리가 주변에서 볼 수 있는 현상과 물질세계를 구성하고 있다고 주장했다. 그에 의하면 물질이란 존재하는 것이며, 어떤 종류의 '구성 원리'에 의해 '실체적 형상'을 부여받는다. 서로 다른 물질들 간에 구별되는 고유의 특질이나 발전 가능성, 권능을 부여하는 것은 바로 이 '구성 원리'다. 그렇기 때문에 책상부터 기린에 이르기까지 세상 만물을 구성하는 물질적 재료는 모두 같기는 하지만 어떤 것에는 '책상다움'을 주고, 어떤 것에는 '기린다움'을 주는 것은 '실체적 형상'이다.

요약하자면 실재와 관련해서는 두 개의 대립적 입장이 존재할 수 있다.

- 이상주의(플라톤) : 우리가 경험하고 실재라고 받아들이는 모든 것은 우리의 불완전한 감각 때문에 만들어진 환영에 불과하며, 별도로 존재하는 이상적 형상의 영역은 우리가 직접 접근할 수 없다.
- 실재론(아리스토텔레스) : 인간이 경험하는 외부의 세계는 그 인간과는 독립적으로 존재한다. 보편자는 별도로 분리해낼 수 있는 경우에만 존재한다. 따라서 세상에서 붉은 색을 지닌 모든 것들이 사라진다면 붉은색 그 자체는 더 이상 존재하지 않게 된다(흔히 관념론에 반대되는 리얼리즘과는 다른 개념이다: 역주).

없다고 주장한다. 이 주장에는, 우리가 어떤 대상에 '녹색'이란 단어를 적용할 때 어떤 식으로 합의하는지의 의문이 뒤따른다. 하지만 이들은 '녹색'인 어떤 내상을 같이 바라보기는 하지만 서로 같은 경험을 공유하지 않을 수도 있다는 점은 인정하고 있다.
- 유사 유명론자 : 이들은 대상들이 녹색이라는 전범(典範, 플라톤의 형상)을 충분히 닮았다면 '녹색'이라 불릴 수 있다고 주장한다. 다만 그 닮은 정도가 경쟁 관계에 있는 '보라색' 같은 전범들을 닮은 것보다 현저하게 닮아야 한다.

위의 두 입장 차이 때문에 고대 그리스 이래로 다른 여러 주장들이 생겨났다. 이상주의와 실재론의 양극단 사이에는 또 다른 주장이 있는데, 물질과 비현실적인 어떤 것이 함께 존재한다는 '이원론'적 입장이 그것이다. 사실 이원론이 취하는 입장은 한 가지가 아니며, 수많은 변종들을 만들어냈다. 그러나 본질적인 면에서 이원론은 물질과 비물질의 차이에 주목하며(특히 인간의 문제와 관련하여 주목하지만, 꼭 인간만을 대상으로 하는 것은 아니다), 이 둘 사이의 가교 역할이 무엇인가에 대해 고민한다.

이원론자들의 궁극적인 고민은 물질적인 것이 비물질적인 것과 어떻게 상호작용하는지에 대한 것이다. 하지만 우리가 일상생활에서 경험하듯이 이 둘은 상호작용한다. 넘어져서 다리가 부러진 경우를 상상해보자. 다리가 부러지는 물리적인 피해를 입으면 당신은 정신적으로 참담함을 느끼고 화가 나며 좌절한다. 이것은 분명히 물리적 변화가 일으키는 정신적 작용이다. 이원론에 관해서는 제3장에서 보다 자세히 다룰 것이다.

하지만 왜 있는가?

아리스토텔레스 이후로 철학자들은 '있음' 그 자체에 주목하기를 멈추고 '무엇이 존재하는지를 어떻게 알 수 있는가'에 주목하

신플라톤주의

신플라톤주의는 플라톤의 업적을 이어받아 확장하고, 새롭게 적용한다. 특히 영적이고 신비주의적인 측면에 주점을 맞춘다. 이 사조는 플로티노스(204~270년경)로부터 시작됐다는 것이 일반적인 정설이다.

다원적 현실(多元的現實)

미국의 철학자 데이비드 켈로그 르위스(1941~2001)는 '모든 것이거나 아예 없다'라는
개념을 뛰어넘어 '모든 것보다 더 있음'이라는 입장을 취했다. 물리학자 휴 에베렛의
'다중우주론'을 받아들인 그는, 비록 공간적으로 그리고 일시적으로 분리되어 있기는
하지만(그렇기 때문에 이곳에서 당신에게 어떤 잘못된 일이 벌어진다 해도 당신은 지금과 평행한
다른 우주로 굴러 떨어질 수는 없다.), 가능한 여러 개의 다른 우주가 실제로 존재한다고
주장했다. 그는 이들 모든 우주들[세상들]에는 별도의 동등한 구체적 실재가
존재한다고 믿었다. 켈로그는 다음과 같은 진술을 진실로 받아들이는 우리들의
태도로 보아 위와 같은 평행우주론은 은연중에 우리들 내부에 자리 잡고 있음이
명백하다고 생각했다.

'만약 유효기간이 지난 그 샌드위치를 먹었다면 나는 병에 걸렸을 것이다.'(철학적
용어로는 이런 표현을 반사실적 조건이라고 한다.) 이 진술은 내가 유효기간이 지난
샌드위치를 먹고 병에 걸린, 또 다른 우주[세상]를 전제로 한다.

'다중우주론'에 의하면 독일이 제2차
세계대전에서 승리하는 세상이나 공룡이
멸종하지 않은 세상, 그리고 당신이 아예
태어나지도 않은 세상이 존재할 수 있다.

기 시작했다. 그러다가 1927년에 독일의 철학자 마르틴 하이데 거(1889~1976)가 등장했다. 하이데거는 서양철학이 플라톤 이래 로 잘못된 질문에 매달려왔다고 주장했다. 플라톤의 형이상학과 아리스토텔레스의 인식론은 '무엇이 존재하며, 그 존재하는 것 에 대해 우리는 무엇을 알 수 있으며, 그런 존재하는 것들은 어 떤 특질을 갖는가?'에 집중했다. 하이데거는 우리는 한발 물러서 서 먼저 '존재'와 '있음'이 의미하는 바가 무엇인지 물어야 한다 고 강조했다.('존재의 의의'를 말함 : 역주) 그는 '있음은 무엇인가'에 집중하는 동안 '왜 거기에는 아무것도 없지 않고, 뭔가가 있는 가?'라는 물음을 먼저 던져야 한다는 것을 깨닫게 되었다. 우리 가 철학을 처음부터 다시 쓴다면 이것이야말로 첫번째 질문의 대상이 될 것이다. 하이데거는 2천 5백년 철학의 유물들을 뒤집 어엎고 새로 쓰기로 결심했다.

아리스토텔레스는 어떤 특정한 존재를 구별하지 않는, 일반적 인 본질을 의미하는 '일반적으로 말하는 있음'에 대해 이야기했 다. 그는 사람이나 개처럼 살아있는 대상의 '있음'이나 테이블이 나 펜처럼 생명력이 없는 대상의 '있음'을 구별하지 않았다. 하 이데거는 바로 여기에서 시작했다.

플라톤의 제자였던 아리스토텔레스는 결국 스승의
사상과는 많은 점에서 차이점을 보이게 된다.

하이데거는 존재하는 '있음'에 대해 '현존재(Dasein, 독일어에서 da
는 there, sein은 being을 가리킴)'라는 용어를 사용했다. '거기에 있
음'이라는 말이다. 그는 의식적인 관찰자와 분리된 외부 세계가
존재한다는 주장(데카르트의 이원론적 입장)을 거부했다. 대신에 그
는 현상학적인 접근법을 시도했다. 사물에 대한 우리의 이해는
언제나 우리 자신과 관련이 있다는 입장을 견지한 것이다. 예를
들자면, 당신이 점퍼를 입고 있는 것은 그 점퍼가 당신을 따뜻하
게 해주거나 당신을 멋지게 보이도록 해주기 때문이지 그것이
털실로 만들어졌거나 몇 밀리미터의 두께로 되어 있기 때문이
아니라는 것이다. 옷의 두께라든가 원료 등은 당신과 아무런 이
해관계가 없다. 이런 주장은 지식에도 적용될 수 있다. 우리가
정치와 관련된 서적을 읽는 이유는 그것이 흥미롭거나 정치를
이해하는 일이 우리 주변에서 벌어지는 일들을 이해하는 데 도
움을 주기 때문이다. 우리는 이런 행위를 도구라거나 만족의 측
면에서 이해할 뿐이다.

　하이데거는 '현존재(주로 인간의 존재)'를 그 존재를 규정하는 세
계의 일부분이거나 그 세계와 완전히 일치된 상태로 인식했다.
의식과 외부 환경과의 차이란 있을 수 없다. '거기 있음(being
there)'에서 '거기'는 '있음'을 규정하는 요소이다. 우리는 닫힌 마

형이상학
형이상학(metaphysics)은 '물리학의 저편(beyond physics)'을 의미한다. 철학의 이
분야는 있음(being)과 실재(reality), 그리고 존재(existence)를 다룬다. 아리스토텔레스는
이 형이상학을 '첫 번째 철학'이라고 불렀다.

음으로 세계와 단절되어 있는 것이 아니다. 하이데거는 이렇게 닫힌 상태를 '의식의 캐비닛'이라고 불렀다. 그에게 '바깥에 있는' 세계와 우리 마음의 '내부'와의 차이는 무의미하다.

그러나 생명력 있는 존재와 그렇지 않은 물질 사이에는 차이가 존재한다. 의자나 선박은 정적인 존재이지만 인간은 흘러가는 유한한 시간을 인식할 수 있다. 시간 속의 순간은 우리가 살고 있는 '거기'의 일부분이다. 우리들 스스로의 존재 의식은 (흘러가는) 시간과 우리가 반드시 죽는다는 자각에 의해 규정된다. 하이데거의 이러한 사상은 장 폴 사르트르(1905~1980)나 알베르 카뮈(1913~1960) 같은 실존주의자들에게 전승되었다.

왜 거기에 있는가?

우리가 일단 '거기에 무엇이 있는가?'를 묻기 시작하고, 그 답이 '아무것도 없다'가 아니라면, 우리는 필연적으로 '(거기에 있는 것이 무엇이든) 왜 거기에 있는가?', 그리고 '나는 왜 나인가?'라는 의문을 갖게 된다.

우리는 인류가 언제부터 '나는 왜 존재하는가?' 또는 '나를 살아있게 하는 것은 무엇인가?'하는 의문을 갖기 시작했는지 모른다. 아마도 기록 문명이 시작되기

하이데거는 20세기 최고의 철학자 중의 한 사람으로 여겨진다.

훨씬 전부터였을 것이다. 이 질문들에 대해 우리가 알고 있는 가장 초기의 답변들은 종교적인 것들이었다. 사람들은 진흙이나 나무, 뼈 등을 이용해 물건을 만들기 시작하면서부터 필연적으로 자신들이 어떻게 만들어졌는지를 설명하기 위해 초인적인 실체를 상상했을 것이다. 존재의 경이로움을 느끼는 인간이나, 영성(靈性), 사랑, 미움, 희망, 절망 따위를 아는 인간이나, 그를 살아있게 하는 영적인 기운이 있다고 믿는 인간은 그 초자연적인 기운이야말로 존재의 원인과 목적이라고 믿을 수밖에 없을 것이다.

원동자들

만물의 기원은 종종 '원동자(原動子)'라 불린다. 종교적 측면에서 보는 원동자는 신(god)이다. 종교는 신의 기원이나 의미와 관련해 신자들이 의문을 품는 것을 허락하지 않는다. 그래도 그리스 사람들은 신들의 존재에 대한 의문을 풀어보려는 전통을 갖고 있기는 했지만 어쩔 수 없이 일정한 종류의 '원동자'로 환원할 수밖에 없었다. 어떤 설에 따르면, 원동자 역할은 크로노스 Chronos(時間, time)와 카오스 Chaos(空, the void)가 수행했다고 한다. 크로노스나 카오스 둘 중 하나로부터(또는 이 둘 모두로부터) 탄생한 태곳적 신들이 만물의 기원이라는 것이다. 우주가 시간과

첫 번째 실수

그리스 로도스 섬 출신의 철학자 안드로니쿠스는 BC 60년경에 아리스토텔레스의 저작들을 수집하고 정리했다. 그와 관련하여 이런 이야기가 전해지고 있다. 그는 책을 정리하면서 아리스토텔레스의 〈물리학(physics)〉 바로 다음에 '첫 번째 철학[형이상학]'과 관련된 책들을 놓아두고, 그것을 'ta meta ta physika biblia'라 불렀다. 이 뜻은 '물리학에 관한 책 다음에 나온 책'이라는 뜻이다. 이것이 이후 혼선을 일으키다가 'meta physika' 또는 'beyond physics(물리학 너머)'로 줄어들면서 결국 오늘날 'metaphysics(형이상학)'이라는 용어가 탄생하게 되었다.

3만 1천년의 역사를 지닌 이 프랑스 동굴벽화는 13종류의 서로 다른 동물 종을 묘사한 그림이다. 이 벽화는 살아있는 존재를 모사했던 인류의 흔적 중 가장 오래된 것에 속한다.

공간(또는 카오스)으로부터 탄생했다는 생각은 놀랍게도 오늘날의 우주론과 밀접하게 닮아있다.

신을 배제한 의문

사물의 존재와 관련하여 초현실적인 입장을 배제한 설명을 시도 했던 첫 번째 철학자는 탈레스(BC 624~546년경)였다. 탈레스는 고

"인간이 세상에 나아가, 세상을 이해하고 난 다음부터는 그 세상에 대한 새로운 깨달음[앎]은 다시 예전의 '의식의 캐비닛'으로 돌아가서는 읽혀지지 않는다. 그보나는 세상에 대한 이해를 새롭게 획득하고 유지함에 있어, 그것에 대해 알고 있는 현존재는 '의식의 캐비닛' 외부에 현존재로 남아 있게 된다. 존재들 속의 한 존재의 위치에 대해 어렴풋이 감지하기만 해도 …… 그러한 단순한 생각만 가지고도, 나는 내가 애초에 존재들에

대 그리스의 항구도시 밀레투스(현재의 터키 지방)에서 태어났다. 그는 현대철학의 아버지라 불린다. 그가 뭔가를 기록으로 남겼을지도 모르지만 현재까지 전해지는 것은 아무것도 없다. 우리가 탈레스의 생애와 사상과 관련해서 알 수 있는 것들은 모두 아리스토텔레스나 고대 그리스의 역사가 헤로도토스(BC 484~425), 플루타르크(46~120년경) 등의 기록을 통한 것들뿐이다. 그 중 특히 주목할 만한 것은 BC 3세기에 전기 작가 디오게네스 라에르티우스가 남긴 기록이다. 하지만 이 정도의 기록만 가지고도 탈레스의 인식이 획기적이었음을 짐작하기에 충분하다. 의인화(擬人化)된 신의 의지와 변덕과 관련된 이야기를 통해 세계의 본질을 설명하려던 시대에 탈레스는 자신을 둘러싼 세계에 대해 보편적이고 근원적인 원리원칙을 발견하려 애썼다.

아리스토텔레스의 기록에 의하면, 탈레스는 지구가 마치 통나무나 배가 바다를 떠다니듯 물 위에 떠있다고 믿었다. 그렇기 때문에 진노한 신이 지진을 일으킨다고 주장하는 대신에 땅이 지표 아래의 진동 때문에 흔들리는 것이라고 주장했다. 어떻게 보면 현대의 판구조론과 놀랍도록 흡사한 관점이다. 판구조론에 따르면 지진은 마그마 용액 위에 떠있는 지구 판들의 움직임으로 발생하는 것이다. 탈레스가 (이 세계는) 물이라고 설명한 것이 틀렸을지 모르지만, 물리적 변화 과정이 초자연적 원인이 아니

대한 이해를 획득한 바로 그대로 그 존재들과 함께 '의식의 캐비닛' 바깥에 존재한다. 과거에 진실이라고 알려진 것들과 존재의 모든 관계가 끊어져 망각하는 수준에 이르러도 그것은 이전 암흑시대[원시시대]를 개선하려는 노력으로 받아들여져야 하며, 이는 실수와 시행착오 속에서도 여전히 유효하다 할 것이다."
— 하이데거 〈존재와 시간〉(1927) 중에서

라 자연적 원인에 의해 일어난다는 인식은 현대 과학의 초석이 되었다.

채식주의자

탈레스는 고대 그리스 철학자이자 수학자였던 피타고라스(BC 570~495년경)가 25살 쯤이던 BC 546년에 세상을 떠났다. 피타고라스도 자연 현상과 관련하여 설명 가능한 근원을 찾고자 했으며, 그 근원을 숫자를 통해 찾아냈다. 이것은 마치 오늘날의 과학자들이 우주의 움직임을 수학적 법칙에 의해 설명하려는 것과 같다. 그는 자신의 수학과 신비주의를 결합시켰으며, 그가 세운 학교는 독특한 숭배 의식을 갖고 있었다. 그의 추종자들은 흰색의 어린 수탉을 만져서는 안 되었다. 또, 빛이 비추는 곳에서 거울을 들여다보거나 콩을 먹는 것(루벤스의 그림 참조)을 금기시했다.

 또한 피타고라스는 윤회사상을 강하게 신봉했다. 윤회란 영혼이 죽음을 물리치고 다른 살아있는 사람이나 동물에게로 옮겨간다는 생각이다. 따라서 고기를 먹는 것은 전생(또는 다음 생)의 친지들의 영혼을 먹는 행위와 같으므로 채식주의는 당연한 귀결일 수밖에 없었다.

어떤 것이 존재하는 이유에 대해 가장 쉬운 설명은 신과 같은 창조자를 동원하는 것이다. 하지만 그런 식의 설명은 '창조자는 왜 존재하는가?'라는 의문을 무색하게 만들어 버린다.

콩에게 짓궂게 굴지 마세요!

피타고라스는 콩을 신성시했다. 그는 추종자들에게 고기와 콩을 먹지 못하도록 금지했다. 그렇게 하는 몇 가지 이유가 제시되었다. 콩이 성기[고환]의 모양을 닮았기 때문이라거나, 사자(死者)들의 나라인 하데스(Hades)의 문을 닮았다거나, 모든 식물들 중 유일하게 줄기에 마디가 없기 때문이라는 것이었다.(이 이유들은 아리스토텔레스에서 비롯된 것이다.) 그 중 마지막 이유인, 마디 없이 뻥 뚫린 콩 줄기는 아마 윤회 중인 영혼의 통로[도관]라는 생각 때문이었을 것이다. 이런 생각은 '콩을 먹는 것은 부모의 머리를 먹는 것과 같다'는 기묘한 믿음으로 뒷받침되었다. 이런 이야기들에 근거해보면 피타고라스가 콩이나 콩줄기를 보호하라는 명령을 내린 사실을 이해할 수 있을 것이다. 그리고 그가 적으로부터 살해 위협을 받았을 때, 콩을 훼손시키면서 콩밭을 통해 도망가기보다 죽음을 선택했다는 전설도 그럴듯하게 들리기는 한다.

피터 폴 루벤스의 그림(17세기).
다리를 포개고 앉아 있는 피타고라스가
그의 추종자들을 향해 채식주의를
옹호하고 있다.

탈레스와 피타고라스는 인류를 오늘날 과학('science'는 라틴어 'scienta'에서 유래했는데 이는 지식이라는 뜻이다.)이라고 부르는 길에 들어서게 했던 인물들이다. 과학적 사고방식은 철학의 한 분야라 할 수 있다. 실제로, 19세기 후반까지만 해도 과학적 탐구는 '자연 철학'이라 불렸다. 자연 철학의 주제는 과학적 사고를 바탕으로 생성되었으며, 명백히 참된 것은 무엇인가를 발견하려는 의지를 반영했다. 자연 철학 분야에서 처음으로 교수 자리를 차지한 인물은 1577년 파두아(파도바)대학에서 나왔다. 피타고라스가, 우주는 자기 스스로의 법칙에 의해 움직인다는 결론을 얻었을 때 이를 증명할 근거는 없었다. 그것은 그리스의 신들의 경우와 마찬가지로 단순한 주장과 신념에 불과했다. 이후 뉴턴은 같은 결론을 얻어내면서 수학과 과학적 도구들을 이용해 자신의 결론이 옳다는 것을 증명해낼 수 있었다. 행성의 움지임은 어떤 법칙을 따른다. 추락하는 사람의 움직임이나 대포로부터 발사된 포탄도 역시 정해진 법칙을 따른다.

아직 멀었다

과학은 우주와 생명의 발생에 대한 신비주의적인 해석을 배격한다. 하지만 과학은 아직도 여전히 그 본질적 질문에 대한 답을 내놓지 못하고 있다. 빅뱅은 어디에서 유래했으며, 왜 일어난 것일까? 어떻게 그리고 왜 생명이 없는 화학물질에서 생명이 생겨났는가? 생명과 우주의 기원과 관련하여 개인적으로 종교나 과학의 설명 중 어느 것을 선호하든 관계없이 우리는 다음과 같은 질문에 다다르게 된다. '원동지(신이나 빅뱅 물질)'는 어디서 온 것일까? 그리고 왜 발생한 것일까? 이에 대해 종교는 '묻지 마라. 그것은 신비의 영역이다. 인간의 이해를 뛰어넘는 문제이다.'라고 말한다. 그러나 과학은 '우리는 아직 모른다.'라고 말한다. 가끔은 종교와 과학은 모두 '그것은 항상 그곳에 있었다.' 혹은 '시

공간/신은 시작도 없고 끝도 없다.'고 말한다. 이런 이유 때문에
종교와 과학이 반드시 서로에게 배타적인 것만은 아니다.

우주는 과연 신적인 존재가 주관하고 있을까?

신은
있는가?

IS THERE A GOD?

'내가 신성(神性)의 부재(不在)를 직접 목격한다면 나는
확고히 부정적인 입장을 취할 것이다. 반대로 내가 어
디에서나 창조자의 흔적을 볼 수 있다면 나는 믿음 속
에서 평화롭게 영면에 들 것이다. 그러나 신을 부정하
기 위해 너무 많은 것을 찾고, 확신을 위한 일에는 게을
리 함으로써 나는 지금 비참한 처지에 놓이게 됐다. 그
래서 나는 신께서 자연을 떠받치고 있다면 그 분명한
증표를 드러내기를 수백 번도 더 기원한다.'
- 파스칼 〈팡세〉(1669) 중에서

'어떤 것을 믿고자 하는 욕망은 그 어떤 것이 존재한다
는 사실을 입증하지 못한다.'
- 볼테르 〈파스칼 사상에 관한 소고(小考)〉지 중에서

'무엇이 왜 거기에 있는가?'라는 물음에 대한 가장 일반적인 대답은 '신(God)'이다. 이 답은 '무엇이 있는가?'에도 적용된다. 그곳에 '있는 그것(what/ever)'에는 신도 포함되는가? 그렇다면 그 신은 어떻게 생겼을까?

신은 존재하는가?

신의 존재를 입증하는 데는 몇 가지 접근법이 있다.

- 세계나 우주의 복잡성 그리고 그 안에 있는 만물은 곧 어떤 설계자가 있음을 나타낸다. 그런 복잡한 체계가 우연히 발생했을 것이라고는 상상도 할 수 없기 때문이다. (우주론적인 논쟁)
- 모든 것에는 어떤 원인이 있어야만 한다. 그러므로 첫 번째 원인이 분명히 있을 것인데 그것이 바로 우리가 신이라고 부르는 존재이다. (신학적 논쟁)
- 우리가 신의 형상을 상상할 수 있으므로, 신은 분명히 존재한다. (존재론적 논쟁)
- 신이 확실히 존재한다는 믿음(개인적이고 내적인 신념)이 있으므로 신은 분명 존재한다.

유신론(有神論, theism)
유신론은 전지전능하며 사비로운 하나의 신만을 인정한다. 유대교와 이슬람교는 명백하게 유일신교이다.

철학적인 측면에서 보면 위의 어떤 '증명'도 만족스럽지 않으며, 그동안 철학자들이 답을 구하려 했던 '신'의 개념에는 몇 가지 문제점이 드러난다. 하지만 신을 믿는 사람들은 신의 존재에 대한 논증이 부족하다고 해서 신을 버리지는 않는다. 사실 믿음의 본질은 이성의 바깥에 존재한다. 그래서 신이 존재한다고 해서 이를 입증하기 위해 반드시 증거가 필요한 것은 아니다.

나는 생각한다, 그러므로 그분은 존재한다

과거의 많은 철학자들에게 있어 신의 존재를 믿는 것은 당연한 일이었다. 그들이 살던 사회는 신의 존재를 기정사실로 인정했으며, 신에 대한 의심은 범죄로 취급되기까지 했다. 그러다가 1093년 캔터베리의 대주교였던 성 안셀무스(1033~1109)가 신의 존재에 대해 처음으로 이성적인 접근을 시도했다.

안셀무스 시대에 이르러 플라톤과 아리스토텔레스의 업적은 재발견되었으며, 스콜라 철학자라 불리던 기독교 철학자들은 두 사람의 업적을 자신들의 신학과 통합시키려는 노력을 기울이게 되었다.

그리스 철학을 공부했던 안셀무스의 제자들은 신의 존재에 대한 이성적인 정당성을 찾으려 했다. 아리스토텔레스와 플라톤은

스콜라 철학

스콜라 철학자들은 중세 시대(1100~1500년경)의 대학에서 기독교 철학자 역할을 했다. 그늘은 자신들의 사상인 스콜라 철학을 변증법적인 접근법에 따라 전개시켰다. 이는 결론에 도달하기 위해 질문을 던지고, 답을 제시하고, 그 답을 반박하는 등의 방법을 이용하는 것이다. 스콜라 철학자들의 목표는 두 가지의 위대한 자원을 한 축으로 통합하는 것이었다. 기독교의 자원(성경과 교부敎父들의 저작물들)과 그리스 고전 자원(주로 아리스토텔레스와 플라톤의 업적을 말하지만, 플라톤의 경우에는 신플라톤파의 해석으로 걸러진 것을 말한다.)의 통합을 말한다.

신들이 존재한다는 증거로 세계의 복잡성을 내세웠다. 그에 대한 안셀무스의 논법은 — 신의 존재에 대한 '존재론적 논쟁' — 수많은 논란거리를 낳고 있는 철학 논쟁 중의 하나이다.

'신'이라는 용어를 통해, 우리가 상상할 수 있는 가장 위대한 대상을 의미한다고 가정해보자. 그러면 다음과 같은 정의(定義)로 인해 신의 존재는 필연적으로 입증되는 것처럼 보일 수 있다.

- 존재하지 않는 가공의 신은 존재하는 마음속의(인식되는) 신보다 위대할 수 없다.
- 신이 생각할 수 있는 가장 위대한 것이면서 동시에 존재하지 않는다는 것은 모순이다.(즉, 인식되었으면 존재해야 한다.)
- 우리가 분명하게 신의 모습을 떠올릴 수 있기 때문에(인식할 수 있기 때문에) 신은 반드시 존재한다.

캔터베리의 성 안셀무스는 명망 있는 대주교였으며, 스콜라 철학의 아버지로 여겨진다.

위의 주장에는 명백한 오류가 있다. 안셀무스를 처음으로 비판한 사람은 당대의 베네딕트 수도사 고닐로였다. 그는 만일 안셀무스의 추론이 옳다면, 있을 수 있는 가장 완벽한 섬[島](인식할 수 있는 최상의 섬)인, 상상 속의 잃어버린 섬도 존재해야 한다고 주장했다. (인식에서 만들어낼 수 있는) 표상으로 그것이 가장 완벽하므로 반드시 존재해야 한다는 것이다. 그렇지 않으면 그것은 완벽한 것보다 못한 것이 되기 때문이다. 이처럼 안셀무스의 추론은 상상할 수 있는 모든 대상들이 존재한다는 쪽으로 흐를 수 있기 때문에 명백히 잘못된 것이다. 안셀무스는 이러한 반론에 대해 완벽함은 오로지 신에게만 적용되는 것이기 때문에 존재론적 논리는 상상 속의 섬이나 신이 아닌 어떤 다른 대상의 존재를 입증하는 데 사용될 수 없다고 했다.

줄곧 진행 중인 논쟁

철학자들과 논리학자들 사이에서는 안셀무스의 논법 중 어느 부분에 명백한 논리적 오류가 있는지를 놓고 지금도 논란이 거듭되고 있다. 철학에서는 어떤 것이 허튼소리에 불과하다는 식의 너무 명백한 주장은 환영할 만한 것이 못된다. 그것이 묵살될 정도의 것일지라도 허튼소리라는 것을 명확하게 입증할 수 있어야 하는 것이다.

프랑스의 철학자이자 수학자였던 르네 데카르트(1596~1650)는 종종 현대 철학의 아버지라 불린다. 데카르트는 아주 단순한 자신만의 존재론을 갖추고 있었다. 사실 그것은 너무나 단순하기 때문에 너무 사소한 공리(公理)처럼 되어있다. 그는 초월적 존재의 본질 자체가 그것이 존재함을 포함하고 있기 때문에 신은 분명히 존재한다고 주장했다. 이 주장은, 신에 대한 우리의 생각은 태생적으로 주어진 것이라는 또 다른 주장에 근거해 세워진 것이다.

독일의 철학자 임마누엘 칸트(1724~1804)는 초월적 존재의 유무에 대해 다음과 같이 말했다.

"본질은 존재를 전제로 하지 않기 때문에 초월적 존재의 본질도 그러하다 할 것이다. 이것은 초월적인 존재가 꼭 존재해야 한다는 것을 의미하지 않는다. 게다가 신의 존재가 완벽하다는 것을 전제하는데, 그것은 잘못된 말일 것이다. 그럼에도 불구하고 존재론적 논쟁은 철학자들이 줄곧 파고들어야 할 충분한 흡인력은 있다고 본다."

1960년대에는 미국의 철학자 노먼 말콤(1911~1990)이 과거의 비판들을 피해가면서 새로운 존재론을 들고 나왔다. 그는 신을 '전적으로 무한한 존재'로 재정립하고 나서 다음과 같이 전개해 나갔다.

- 다른 어떤 것에 의존하거나, 방해받을 수 있는 존재라면 한계가 있는 것이므로 신이라 할 수 없다.
- 제시된 그 어떤 것이라도 존재할 가능성은 있으며(하지만 필연적인 것은 아니다), 존재할 필요성이 있거나 불가능할 수도 있다.
- 그것의 존재가 가능하지만 필연적인 것이 아니라면 어떤 세계에서는 존재할 가능성은 있지만 또 다른 세계에서는 그렇지 않을 수도 있다(즉, 비존재이다). 다른 세계에서의 비존재는 어떤 것이 있어서(또는 어떤 것이 없

존재론(ontology)
존재론은 존재에 대해 그리고 무엇이 존재하는가를 연구하는 학문이다.

임마누엘 칸트는, 본질에 가까운 것은 존재 유무와는 관련이 없다고 주장했다.

어서) 그것의 존재를 가로막고 있다는 것을 의미한다. 따라서 그
것은 무한한 존재가 아니다.

- 만약 '존재할 가능성은 있지만, 필연적인 것이 아니라면' 무한한
  존재가 아니며, 신은 '존재할 가능성은 있지만 필연적이지 않은'
  존재는 될 수 없다.
- 그러므로 신의 존재는 불가능하거나 필연적으로 존재해야 한다.

여기에서 남은 문제는 '신이 불가능하지 않음'을 입증하는 일
이다.

이성적으로 접근하다

안셀무스의 존재론에 대한 또 다른 비판자는 성 토마스 아퀴나
스였다. 아퀴나스는, 어리석은 인간이 초월적인 — 그렇기 때문
에 감지할 수 없는 — 신의 존재를 무조건 받아들여야 한다는 주
장을 불편하게 여겼다. 사실, 아퀴나스의 존재론에 대한 비판이
너무 완벽했기 때문에 그 이후 수세기 동안 안셀무스는 설 자리
를 찾지 못했다. 그 사이 데카르트가 나타나 안셀무스를 잠시 옹
호하기는 했지만 이 또한 좌절되고 말았다.

아퀴나스는 신의 존재에 대한 가장 명쾌하고 간명한 논증을

'내가 믿을 수도 있는 대상을 이해하려는 것은 아니지만, 내가 이해할 수도
있다는 것을 믿는다. 또한, 이런 이유로 인해 내가 먼저 믿지 않는다면
이해할 수 없을 것이라고 믿는다.'
– 캔터베리의 성 안셀무스 〈신의 존재에 관한 담론〉(1077~1078)

제공했다. 그가 신의 존재를 입증하는 데 사용한 '다섯 가지 증명'은 〈신학대전〉(1266~1273)에 처음으로 등장했다. 그는 이 방법이 절대적 입증 그 자체라기보다는 입증을 향하는 과정이라고 했다. 이는 만물을 움직이게 하는 '원동자'가 분명히 존재한다는 아리스토텔레스의 우주론을 발전시킨 것이다.

변화가 존재하므로 신이 존재한다는 '다섯 가지 증명'은 다음과 같다.

제1단계

- 이 세상에는 변화 과정에 있는 것들이 있다.
- 그것들은 저절로 변화할 수 없으므로, 변화는 반드시 다른 어떤 것에 의해 일어난다.
- 우리가 '제1 원동자'를 받아들이지 않는다면 우리는 이 인과관계의 연속을 무한정 반복할 수밖에 없을 것이다. 바로 이 제1 원동자가 신이다.

제2단계는 1단계와 비슷하다. 이것은 사물은 스스로 움직이지 못하며 외부의 인자에 의해서만 작용한다는 가정을 전제로 한다. 제2단계는, '그 자체를 움직이게 하는 하나의 무엇이 있어야 하며 그것은 바로 신이다.' 라는 다소 역설적인 결론으로 끝을 맺는다. 몇몇 철학자들은 아퀴나스가 입증하고자 했던 전제가 논증의 와중에 그 스스로 부인했던 전제라는 이유로 그의 사유

'손이 막대기를 움직이지 않는다면 막대기 또한 아무것도 움직이게 될 수 없을 것이다.'
- 토마스 아퀴나스 〈신학대전〉(1266~1273)

토마스 아퀴나스(1225~1274)

토마스 아퀴나스는 시실리에서 태어나 나폴리와 쾰른의 대학에서 수학했으며 파리와 나폴리에서 학생들을 가르쳤다. 1323년에 교황 존12세는 그를 성인으로 공표했다.

아퀴나스가 남긴 저작물의 상당 부분은 아리스토텔레스로부터 비롯된 것이다. 그는 아리스토텔레스의 업적을 교회의 가르침에 접목하려 노력했다.(이것은 아우구스티누스가 플라톤의 업적을 교회에 접목시킨 것과 비교할 수

성 토마스 아퀴나스는 가톨릭교회가 좋아하는 철학자이다.

있다.) 또, 아퀴나스는 아리스토텔레스의 사상을 명확히 하고 더욱 확장시켰다. 그의 방대한 〈신학대전〉에는 '다섯 가지 증명'이 등장하는데 아마 논증을 통해 신의 존재를 입증하고자 했던 가장 뚜렷한 시도일 것이다. 첫 번째 단계에서는 신과 창조, 인간의 본성을 다루고, 두 번째 단계에서는 도덕을 다루고, 세 번째 단계는 그리스도와 성체(聖體)의식으로 시작한다. 아퀴나스는 이 세 번째 과정을 완성할 수 없었는데, (그의 말에 따르면) 어느 날 신비로운 환상을 경험한 후 갑자기 자신이 그때까지 기록했던 내용들이 모두 지푸라기처럼 하찮게 보였기 때문이었다고 한다.

방식이 몹시 혼란스럽다고 불평을 늘어놓곤 한다.

제3단계는 변화에 의존하다.

- 우리는 세상의 만물이 태어난다는 것 그리고 죽는다는 것도 알고 있다.

- 하지만 세상 만물이 다 생겼다 없어지는 것만은 아니며, 한때 아무것도 존재하지 않았던 시기도 있었을 것이고, 그랬다면 그로부터는 아무것도 생성될 수 없었을 것이다. 즉, 아무것도 없는 상태에서는 어떤 것도 생길 수 없다.

- 그 어떤 것은 언제나 존재해야만 하며, 바로 그 어떤 것이 우리가 신이라 부르는 존재이다.

위의 주장은 고대 그리스 철학자 파르메니데스의 주장을 떠오

르게 한다. 파르메니데스는 무(無)에서는 아무것도 나올 수 없으므로 그 어떤 존재는 반드시 언제나 있어야만 한다고 주장했다.

위에 언급한 세 가지 단계는 우주론적 논쟁의 변형이라 볼 수 있다.

제4단계는 안셀무스의 존재론적 주장과 연관이 있다.

- 만물은 더 뜨겁거나, 덜 뜨겁거나 또는 선하거나 악한 것처럼 여러 다양한 특질을 나타낼 수 있다.
- 이러한 다양한 특질은, 그 자체로 완벽하며 총체적인 특질을 지닌 어떤 것에 의해 발생한다. 그렇기 때문에 그 자체로 가장 뜨거운 태양은 다른 것들에게 열을 주는 것이다.
- 선(善)을 드러내는 것들이 있기 위해서는 그 자체로 전적으로 완벽하게 선한 것이 있어야 하는데, 그것이 바로 신이다.

제5단계는 아리스토텔레스의 '목적인(目的因, telos)' 개념에서 그 기원을 찾을 수 있으며, 일종의 목적론적 논쟁이라 할 수 있다.

- 만물은 지향하는 궁극적인 목표가 있다.
- 그 목표를 주관하는 대정신(大精神)이 분명히 존재하는데 그 뒤에는 신의 마음이 있다.

오늘날의 철학자 대부분은 아퀴나스의 '다섯 가지 증명'을 부정하지만, 가톨릭교회만은 아직도 이 증명을 받아들이고 있다.

누가 최초인지……
아리스토텔레스의 '제1 원인(원동자)'론을 고전주의 시대 이후에 부활시킨 최초의 인물은 아퀴나스가 아니었다. 이슬람 철학자 아비센(980~1037년경)가 창조자로서의 신을 믿는 자신의 신앙과 아리스토텔레스와 플라톤 철학의 요소를 결합하려 시도했다. 아비센나와 당대 이슬람 학자들의 해설서들이 라틴어로 번역된 후 스페인을 통해 유럽으로 유입되어 아퀴나스와 스콜라 철학자들에게 지대한 영향을 미쳤다. 아비센나가 신의 존재를 입증하려 했던 방법은 아퀴나스의 그것과 놀랍도록 유사하다.

그러다가 13세기 말경에 이르러 신의 존재와 관련하여 우주론적이고 목적론적이며 존재론적인 논쟁이 대두했다. 그 이후로는 주로 이 논쟁들을 보강하거나 강하게 비판하는 주장들이 이어졌다. 그밖의 다른 주장들, 예컨대 기적이 신성(神性)을 입증한다는 주장 같은 것들은 실제로는 신의 존재와 관련한 논쟁이라 할 수 없다. 우리가 기적이 실제로 일어났다고 받아들인다 해도 그것은 기적의 존재 여부에 관한 것이지 신의 존재와는 상관없기 때문이다.

안 믿으면 지는 것 : 파스칼의 도박

신의 존재 여부는 전적으로 철학적인 문제만은 아니다. 신이 인간사에 관심이 많아서 보상과 처벌을 골고루 내린다고 믿는 사람들에게 신의 존재 여부는 사후세계와 그에 따른 저주 혹은 구원과 관련되어 있다. 이 문제는 단순한 지적 호기심의 차원을 넘어선다.

프랑스의 합리주의자 블레즈 파스칼(1623~1662)은 지식을 향한 엄격한 과학적 접근을 주장한 철학자였지만, 신에 대해서만은 다른 규칙을 적용해야 한다고 주장했다. 파스칼은, 이성의 한계를 뛰어 넘는 문제에서 우리가 할 수 있는 일은 성서의 권위에

- 사물은 존재하기도 하고 존재를 벗어나기도 한다. 따라서 존재 그 자체는 본질적 특질은 아니다.
- 어떤 것이 존재하기 시작한다면 그것이 발생하도록 한 원인이 반드시 있을 것이다.
- 최초로 그 작용이 일어나도록 만든 원인이 없다면 무한히 반복되는 사건은 있을 수 없다.
- 이 최초의 원인은 독립적으로 존재하며, 두말할 것도 없이 신이다.

의존하는 것밖에 없다고 했다. 사실, 그는 매우 신앙심이 깊은 사람이었으며 말년의 대부분을 자신의 사유의 결과물인 〈팡세〉를 정리하는 데 바쳤다. 〈팡세〉는 사상을 담은 서적이라기보다 일종의 비망록과 같은 책이며, 그의 기독교 신앙에 대한 고백서라 할 수 있다. 이 책에서 파스칼은 이성의 한계와 절대적 확신의 결여에 관해 이야기한다.

〈팡세〉의 가장 인상적인 부분은 신의 존재와 관련하여 파스칼이 '내기'를 거는 장면이다. 이는 신의 존재에 대한 실질적인 논쟁이기보다 기독교 신앙에 대한 우호적 입장을 합리적 관점에서 설명하려 한 것이었다.

우리가 신의 존재를 이성으로 알 수는 없다 해도, 우리는 그 존재를 믿든지 안 믿든지 어느 한쪽을 선택해야만 한다. 즉, 내기를 걸어야만 한다는 것이다.

- 만약 신이 없다 해도 우리가 신을 믿었다는 사실 때문에 피해를 볼 일은 없을 것이다. 우리가 믿든 안 믿든 죽음은 모든 것을 소멸시킬 것이기 때문이다.
- 그러나 만약 신이 있다면 그 신을 믿음으로써 우리는 모든 것[구원]을 얻을 수 있을 것이다. 하지만 신을 부정한다면 반대로 모든 것을 잃을 것이다[저주].

신앙고백서[아폴로기아, apologia]
아폴로기아, 또는 신앙고백서는 자신의 신앙적 입장을 이성적으로 설명하는 책이다.

나는 기독교가 진실하다는 믿음에 잘못 이끌리게 되는 것보다 내가 착각 속에서 기독교의 진실성을 받아들이게 되는 것이 더 두렵다.
– 파스칼 〈팡세〉(1669)

- 그러므로 신이 있는 것처럼 행동하는 것이 현명한 처사라 할 것이다. '얻게 된다면 모든 것을 얻겠지만, 잃을 것이라고는 아무것도 없다.'

파스칼의 이와 같은 내기에 뚜렷한 반기를 든 인물은 그로부터 약 100년 뒤 나타난 프랑스 철학자 드니 디드로(1713~1784)였다. 디드로는 '내기'를 한다면 실제로는 수많은 내기들이 있어야할 것이라고 했다. 파스칼은 오로지 가톨릭교회의 신만을 거론했지만 세상에는 다른 신들도 많이 있으며, 역사 속에서도 선택가능한 많은 신앙 체계들이 있어 왔기 때문이다. 파스칼은 가톨릭교회의 가르침에 따라 살면서 '내기'를 걸었을지 모르지만 그는 사후에 저주를 받았을지도 모른다. 왜냐하면 사후에는 크리슈나(Krishna), 토르(Thor) 또는 제우스 같은 신들이 있을지도 모르기 때문이다.

더 나은 **방법을** 선택하다

미국의 소설가 헨리 제임스의 형으로 심리학자이자 철학자였던 윌리엄 제임스(1842~1910)는 신앙에 대한 또 다른 실용적인 접근법을 제시했다. 그는 인생을 끊임없는 선택의 연속으로 보았으며, 어떤 선택은 강제적인 것이라고

마오리족은 타네(Tane) 신이 하늘과 땅을 가르고, 하늘에 별을 심었다고 믿는다. 또 어떤 전설에 따르면 타네 신이 최초의 인간을 창조했다고 한다. 만일 이 신앙이 진실된 것이라면 우리들 중 상당수는 큰 혼란에 빠질 것이다.

보았다. 중립적인 입장을 취할 수는 없고 어떤 답을 내려야만 한다는 것이다. 그는 신앙이야말로 강요된 선택이라고 생각했다. 만약 믿음을 선택하지 않는다면 그건 반대의 선택인 불신을 선택한 것이 된다.

어떤 선택들은 인생에 너무 큰 영향을 끼치므로 매우 중대한 선택에 해당한다. 신을 믿는 것이야말로 윌리엄 제임스가 말한 중대한 선택 중의 하나이다. 그는 신앙을 선택하는 것은 그 사람의 도덕과 심리 구조에 변화를 주며, 삶을 풍요롭게 하고, 삶의 목표를 제시해준다고 주장했다. 그는 불신을 통해서는 얻을 것이 아무것도 없기 때문에 현명한 사람이라면 언제나 믿음을 선택할 것이라고도 했다.

윌리엄 제임스의 이 같은 주장은 어떤 하나의 종교를 다른 종교에 앞세워 주장하거나, 인간의 삶에 기준을 잡아주고 목표를 제시해 주는 여타의 다른 신념들보다 종교를 더 앞세운 것은 아니었다. 하지만 제임스의 이런 보편적인 입장은 파스칼보다 더 공격에 취약하게 만들 수도 있다.

입증할 필요 없음

신의 존재를 입증하는 모든 과정을 혐오하거나 아예 관심조차 두지 않는 철학자들도 있다. 그들 중 한 사람이 독일의 철학자 데시데리위스 에라스무스(1466~1536)였다. 그는 특히 가톨릭교회의 위선과 세속화를 참지 못했으며, 스콜라 철학자들은 물론 플라톤과 아리스토텔레스에 대한 그들의 연구와는 담을 쌓고 살았다. 에라스무스는 차라리 아우구스티누스와 그의 신앙고백에 보조를 맞췄다. 에라스무스에게 신에 대한 믿음은 이성이 아닌 순수한 신앙적인 문제였다.

에라스무스는 자신의 저서 〈우신예찬〉(1509)에서 올바른 종교적인 삶을 신발 끈의 매듭을 얼마나 정확히 맞춰 매느냐에 달려 있다고 믿는, 수도회의 형식적인 분위기를 신랄하게 풍자하고 비판했다. 대신에 그는 참된 신앙은 마음으로부터의 믿음이며 매개자로서의 교회의 역할은 필요 없다고 주장했다. 그는 또 종교는 단순하고 직접적인 것으로 우신(愚神)을 믿는 제도라고 생각했다. 신앙은 오로지 우리의 순수하고 철저한 인본주의를 바탕으로 해야 한다. 즉, 신을 인식하고 숭배하는 인간 영혼을 신뢰해야 한다는 것이다.

에라스무스는 신의 존재를 입증하는 일만큼이나 교회의 제도적 문제에도 관심이 많았다. 그러나 인간의 영혼이 자연적으로 신을 이해하고 사랑하게 된다는 사고는 신의 존재에 대한 가장 비이성적인 논란거리들 중의 하나가 되고 있다.

몇 명의 천사가 바늘 끝에서 춤을 출 수 있는가?

스콜라 철학과 신학 논쟁의 다양함 속에서 발견되는 기발함은 타의 추종을 불허했다. 하지만 그들이, 몇 명의 천사들이 바늘 끝에서 춤출 수 있는지를 놓고 논쟁을 벌였다는 사실은 현존하는 문서로는 확인하기 어렵다. 이 논란이 처음으로 등장한 것은 17세기 중반이었다.

"그리고 쉬블러와 다른 교사들은 연장(延長. 물질의 특성 중 하나 : 역주)의 차이를 이렇게 설명했다. '천사들은 자신들의 몸을 수축시켜 좁은 공간으로 집어넣을 수 있다. 그러면서도 서로 부딪히지 않고 별개의 몸으로 남을 수 있다.' 그러자 학생들이 이렇게 물었다. '그렇다면 몇 명의 천사들이 바늘 끝에 올라선 수 있나요?'"
– 리처드 박스터 〈기독교의 이성〉(1667) 중에서

이 논쟁은 아마도 토론을 훈련하는 과정에서 일어난 것이 아니었을까 한다. 아니면 이는 토론 대상의 난삽함과 어리석음을 풍자하기 위한 패러디로만 존재했던 것으로 짐작된다.

천사와 그 실체와 관련한
진지한 논란들이 많았지만
그들이 춤을 췄다는 이야기는
찾아보기 힘들다.

신앙과 이성

에라스무스는 교회가 종교를 취급하는 방식에 대한 문제 제기는 했지만, 신의 존재나 그리스도의 성육신(成肉身) 등 기독교의 핵심 사상을 거부했던 것은 아니었다. 에라스무스가 사망한 후 얼마 되지 않아서 계몽주의 시대가 되었다. 종교적 교리와 권위로 대표되는 신성(神性)의 획일화로부터 멀어지려는 움직임이 일어난 것이다.

흔히 볼테르라는 필명으로 더 알려진 프랑스의 철학자 프랑수아 마리 아루에(1694~1778)도 신에 대해 진보적 시각을 지녔던 계몽 철학자 중의 한 명이었다. 그는 진정한 신성을 이해하기 위해서는 어느 특정한 상표의 종교를 믿어야 한다고 생각하지 않았다. 그는 신에 대한 자신의 믿음과 신념을 잘 조화시킬 수 있었다. 그의 신념이란 물질과 도덕(영혼) 속에 공히 존재하는 모든 것은, 아직 발견되지는 않았지만, 어떤 설명할 수 있는 법칙에 의해 지배받는다는 것이었다.

'신앙이란 무엇인가? 눈에 보이는 확실한 무엇을 믿는 것인가? 그렇지 않다. 내 마음속에서 가장 확실한 것은, 꼭 있어야 하고 영원하며 최고의 자리에 있는 지적인 존재가 있다는 사실이다. 그것은 신앙이 아니라 이성이다.'

유대계 독일 철학자 바뤼흐 스피노자(1623~1677)도 신성의 존재에 대해 관심이 많았고, 이를 규명하기 위해 존재론적 논쟁을 즐겼지만 어떤 특정한 종교적 가르침을 따르기를 거부했다. 그는 일반적으로 범신론의 창시자로 분류되지만, 그를 범신론자로 치부해버린다면 그의 업적이 너무 단순해지게 된다. 스피노자는 전체를 아우르는[汎] 하나의 형태가 있는데, 그 전체적 존재가 바로 최고의 신성이라고 주장했다. 이것은 자연세계가 신이지만, 신 그 자체의 모든 것은 아니라는 의미이다. 자연은 신의 모든 것이 아니라 부분집합에 속한다. 스피노자가 신을 바라보는 관점에는 의인관(擬人觀)이 전혀 없었으므로 당연히 유대교와 기독교의 가르침과 배척되었다. 그의 신은 성육신(成肉身)하지도 않고, 인격이나 의지, 의도, 의식도 없었기 때문이다. 발생하는 모든 현상은 신의 의지가 아니라 신의 본성에 따라 필연적으로 일어나는 것이다. 이 신의 본성이라 함은 어떤 불변의 법칙을 말하는데, 이 법칙은 신에 의해 만들어진 것이 아니다.

이와 같은 사상은 불가피하게 스피노자를, 17세기적 용어로, 무신론자로 만들었으며 그는 1656년에 '괴기한 행동'과 '혐오스러운 이단범죄'를 저질렀다는 이유로 유대인 사회에서 파문되고 저주를 받았다.

볼테르가 신앙을 이성적 행위를 통해 설명하고자한 반면에 쇠렌 키에르케고르(1813~1855)는 종교를 이성이 아니라 불가피한 열성적 행위로 보았다. 그는 이성은 단지 믿음을 망가뜨릴 뿐 아니라 그 믿음을 정당화하지도 못한다고 주장했다. 신의 존재와 관련하여 안셀무스나 아퀴나스가 제기한 이성적 존재 증명들은 신에 대한 믿음과는 아무런 관계도 없다는 것이다. 진정한 신앙은 내부로부터 솟아나는 맹목적 믿음이어야 하며, 지금 우리가

대부분의 중세 학자들은 과학(특히 천문학, 점성학, 기하학)과 신성(神性)을 연계해서 바라봤다.

범신론
범신론은 신의 의지가 자연 세계의 전 분야에 걸쳐 명백히 드러나며 자연과 불가분의 관계에 있다는 믿음이다. 신은 의인화할 수 없으며 의지나 목적, 의식이 없는 존재이다.

하고 있는 일이 정당한 일이라는 이성적 확신이 필요한 것이 아니라는 것이다. 신의 존재가 이성의 지배를 받아야 한다면 신앙이 왜 필요하며, 그런 신앙은 무의미하다는 것이다.

위와 같은 열성적 신앙심에도 불구하고 키에르케고르는 제도화된 교회를 신랄히 비판했다. 그는 당시의 교회는 기독교와 전적으로 배치되는 조직이라고 보았다. 그는 교회에 참석하고 성경을 암송하는 등의 부차적인 행위들은 참된 종교적 삶과 아무런 상관이 없는 것으로 보았다. 참 종교는 신과의 개인적이고 직접적인 대면이 포함되어야 한다고 주장했다.

신은 죽었다, 혹은 존재하지 않았다

당연하게도 신의 존재를 입증하기 어려울 수 있는 한 가지 이유는 바로 신이 존재하지 않는다는 것이다. 여러 시대를 거치면서 철학자들이 이러한 입장을 받아들이는 데는 많은 시련이 따랐다. 철저하게 신앙으로 똘똘 뭉친 사회에서는 신이 존재하지 않는다고 주장하는 철학자는 잘못하면 목숨을 잃기 십상이고 잘해야 조롱거리로 전락했기 때문이다. 그러나 18세기에 이르러 이성의 시대가 도래하자 그러한 선택도 가능하게 되었다. 이성이 시대를 풍미하고 교회의 압력이 느슨해진 시대가 펼쳐진 것이

이성의 시대
이성의 시대는 1650년경 시작되었는데 인간 이성의 힘에 대한 신뢰가 기저가는 시대였다. 이 시대는 또 새로운 과학적 발견과 사유 방법의 발전 가능성을 열어준 시대이기도 했다. 계몽주의 시대라고도 알려진 이 시기에 미신, 신앙, 고전적 권위의 무조건적 수용들이 각각 회의주의, 과학, 지적균형으로 대체되었다. 사상가들은 이성의 시대를 촉발시킨 장본인들을 스피노자, 볼테르, 뉴턴, 그리고 로크 등이라고 생각한다. 이성의 시대는 주로 영국과 프랑스에서 시작되어 다른 유럽 국가들과 미국으로 전파되었다.

다. 경이롭게도 어떤 집단에서는 신의 존재를 부인하는 것이 유행처럼 번지기도 했다.

신의 존재를 공개적으로 부인한 첫 번째 사람들 중의 한 명은 스코틀랜드의 철학자 데이비드 흄(1711~1776)이었다. 흄은 지독한 회의론자여서 개인의 감각을 통해 얻은 경험이 아닌 것은 아무것도 인정하지 않았다. 이는 분명코 빈대를 잡으려다 초가삼간까지 다 날리는 격이었다. 그 빈대들 속에는 자아의 존재나 논리적 필연성, 인과관계, 귀납적 논리 자체의 타당성 등이 포함되어 있었다. 흄의 저서 〈자연 종교에 관한 대화록〉(1779)에는 회의론자인 필로라는 주인공이 등장하는데, 필로는 신의 존재를 설명하는 모든 주장에 대해 반론을 제기한다. 흄의 이러한 도발적인 태도는 어느 정도는 시기가 너무 이른 것이어서 그의 저서는 그의 사후 3년이 지나서야 출간될 수 있었다.

독일의 철학자 프리드리히 니체(1844~1900)가 활동할 즈음에 이르러서는 신을 부정하는 것이 그다지 주목을 받을 만한 행위는 아니었지만 스피노자 시대만큼 위험하지는 않았다. 신교도 목사였던 니체의 아버지는 그의 아들이 겨우 네 살 되었을 때 사망했다. 그로 인해 니체는 어머니와 이모들에 의해 엄격한 루터교 신앙 속에서 자라야 했다. 니체는 특히 기독교에 대한 반감이 강해서 기독교를 '노예의 도덕'이라고 불렀다. 이 말은 기독교가 나약한 피압박 민중의 고혈과 분노 속에서 자라난다는 의미이다. 이들 피압박 민중은 사회 속에서 자신들의 열악한 처지에 맞서 싸우거나 자신들의 분노를 이겨낼 내부적 힘을 기르기보다 자신들을 억누르는 세력이 응분의 저빌을 받는 싱상의 세계를 고안해냈다는 것이다. 현실의 세계에서는 복수를 감행할 힘이 없기 때문이었다. 니체에 따르면, 피압박 민중들은 '노예의 도덕'에 따라 자신들에게 굴종을 강요하는 세력에게 반감을 지니게 되고, 그 반대 세력을 칭송하는 경향을 보인다. 따라서 부자와 권력자들은 악한 세력이고 가난하고 소박한 사람들은 선한 세력

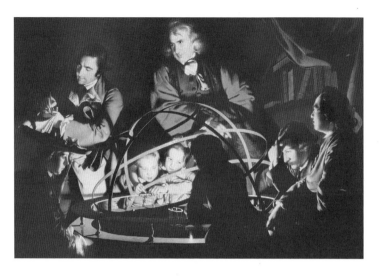

이성의 시대는 과학을 향한 열정과 과학적 방법의 발전을 가져왔다.

이 되는 것이다. 악한 세력은 사후에 벌을 받을 것이고 선한 사람들은 보상을 받게 된다는 것이다.

종교가 대중의 관심을 다른 곳으로 유도하려는 유혹이라고 본 철학자는 니체뿐이 아니었다. 독일의 철학자 칼 마르크스의 유명한 경구인 '종교는 민중의 아편이다'라는 말도 같은 정서를 담고 있다. 다만, 칼 마르크스는 종교가 억눌린 대중들의 의식에서 솟아난 것이 아니고 제도가 프롤레타리아트(무산계급)에게 강요한 것이라고 다르게 해석했다.

마르크스는, 인간은 자신의 형상에 따라 신을 창조해냈다는 철학자 겸 인류학자인 루드비히 포이어바흐(1804~1872)의 주장을 따랐다. 포이어바흐는 아울러 신을 믿는다는 것은 인간이 스스로의 권위를 누리지 못하는 행위라고 주장하기도 했다. 하지만 마르크스는, 포이어바흐가 인간이 왜 종교의 마력에 빠지는지 설명하지 못했다고 비판했다. 마르크스는 인간이 물질생활에서 소외된 결과 영적인 위안거리를 찾게 된 것이라고 주장했다. 그는 이런 소외 현상은 두 가지 양식으로 나타난다고 했다. 노동

에서의 소외와 사회적 소외가 그것이다. 이중 두 번째 사회적 소
외는 인간이 타고난 공동체적 본성을 인식하고 훈련하지 못하도
록 만드는 당대 사회로부터 발생하는 것이다.

인간은 공동체의 일원으로 존재하는 것이며 우리의 삶은 우리
가 광대한 사회, 경제적 네트워크에 의존해서 살기 때문에 가능
한 것이다. 그는 종교에 의해 비뚤어지게 인식된 사회를 개선할
방향에 주목한 것이다. 그 사회는, 원래 우리 인간은 신의 눈으
로 보면 모두 평등함에도 불구하고 공동체에 대한 잘못된 사상
을 양산하는 사회인 것이다.

시민적 상태는, 법률적 관점에서 공동체 안에서 우리 모두 평
등함에도 불구하고 그 공동체에 대한 또 다른 환상을 제공한다.
대중들이 진정으로 해방되고 공동체의 참모습을 깨닫게 되면 종
교는 자연스럽게 시들어버릴 것이다. 러시아의 무정부적 혁
명가 미하일 바쿠닌(1814~1876)은 신에 대해 더 큰 반감을
드러냈다. 그는 신이란 그때까지 인류에게 닥친 거의
모든 병폐가 상상 속에서 구체화된 것이라고 보았다.

신이 존재하기 않기 때문에 우리는 그를 창조했다
오스트리아 출신의 심리학자 지그문트 프로이
트(1856~1939)도 신은 인간 정신의 산물이라

'신이라는 생각은 인간의 이성과 정의의 포기를
의미한다. 그것은 인간의 자유를 전면적으로 부정하는
것이며, 이론과 실제에서 필연적으로 인류의 노예화를
가져오게 되어 있다.'
ー미하일 바쿠닌 〈신과 국가〉(1882) 중에서

미하일 바쿠닌은 러시아 혁명의
철학자로서 무정부주의의 창시자로
간주된다. 무정부주의자는 국가란 어떤
형태라도 바람직하지 않다고 주장한다.

고 믿었다. 그러나 그는 신의 존재는 정치적 조작의 산물이 아니라 인간 내면의 욕구에서 솟아난 것이라고 주장했다. 그는 또 종교를 인간의 성적이고 파괴적인 성향을 억제하는 데 필요한 환영으로 설명했다. 종교는 '자연에 대한 공포에서 벗어나게 해 주고 …… 운명의 가혹함을 조정해 주며 …… 문명으로부터 받는 고통을 보상해줄 아버지 상에 대한 간절한 바람에서 비롯된 것'이라고 주장했다.

상상이기보다는 비현실적이다

독일 철학자 게오르그 헤겔이 제시한 또 다른 주장은 신을 재정립하는 것이다. 비현실주의자의 신관(神觀)이라고 불리는 이 주장은 신은 독립적으로 존재하는 어떤 것이 아니라 인간이 영적 사상과 도덕이라는 틀을 거론하는 하나의 방법이라는 것이다. 이 주장은 교묘하게 위장된 무신론이라는 비판을 받았지만, 신의 정의와 종교의 역할에 대한 전면적인 대수술을 감행한 것이었다. 신이 '그곳에 있는' 어떤 독립적인 감각 내에도 존재하지 않는다면 천국이나 지옥도 없는 것이며 신의 존재나 그 밖의 이적들도 종교와는 아무런 상관이 없게 된다. 이 철학은 일부 성직자들을 포함한 다수의 현대 사상가들의 지지를 받고 있다.

어떤 신이든 선택하라

신의 존재에 대한 어떤 주장이라도 받아들인다면 우리는 종교를 인정하기 시작한 것이다. 그러나 철학자들이 제기하는 어떤 증거들도 그들이 의도하는 신의 존재를 정확히 입증하시는 못한다. 우리가 제1 원인이 있어야 한다거나, 반드시 위대한 설계자가 있다고 여기거나, 우리가 사유하기 때문에 신은 무조건 존재한다고 믿을지라도 그것은 존재하는 신이 반드시 성경이나 코란, 또는 다른 특정 종교적 전통 속의 신이라는 어떤 증거도 제

구약성서에 따르면 신은 살아갈 원칙을 제시한 계율을 내려주었다. 모세가 석판에
새겨진 계율을 대부분이 문맹자였던 이스라엘 민족에게 들어 보이고 있다.

'신에 대해 이야기하는 것은 우리가 추구해야 할 도덕적, 영적 목표에 대해
그리고 우리가 도달해야만 하는 상태에 대해 이야기하는 것이기도 하다
…… 진정한 신은 그림 같은 초자연적 실체가 아니라 종교적 이상으로서
존재하는 것이다.'
— 돈 큐피트 〈신앙의 바다〉(1988) 중에서

시하지는 못한다. 이것이 바로 파스칼의 실용적 '내기'와 연관된
문제였다.

현대 유럽의 주된 종교(기독교, 유대교, 이슬람교)를 지지하는 사
람들에게는 신에 대한 믿음이나 특히 신의 본성에 대해서는 논
쟁의 여지가 없다. 하지만 철학자들에게 이것은 주된 문제가 되
어 왔다.

신은 어떤 모습을 하고 있을까?

밀레투스의 탈레스는 관찰할 수 있는 세상을 자연주의적으로 설
명하려 했지만 신은 여전히 세상의 정신이며 만물에 특성을 부
여했다고 여겼다. 크세노파네스(BC 570~475년경)는 인간의 모습
과 사고와는 조금도 닮지 않은 유일신이 존재하며 그기 마음에
서 우러난 의지대로 만물의 형상을 만들어낸다고 믿었다.

위와 같은 생각은 호메로스의 신들과는 명백하게 다르다. 호
메로스에 등장하는 의인화된 신의 무리들은 야비하기도 하고 앙
심을 품기도 한다. 기회가 있을 때마다 인간사에 간섭하고 심지
어는 인간들과 섹스를 나누기도 한다. 고대 그리스 철학자 에피
쿠로스(BC 341~270)도 역시 간섭하는 신들의 모습을 배척했다.

종교적 관용에 관한 논쟁
영국의 철학자 겸 의사였던 존 로크(1632~1704)는 〈종교적 관용에 관한
서간문〉(1689~1692)에서 세 가지 이유를 들어 종교적 관용의 필요성을 역설했다.
첫째, 인간은 죽을 수밖에 없는 운명이므로 다른 종교의 주장을 폄하해서는 안 된다.
둘째, 나의 종교가 진정한 종교라는 확신이 든다 해도 그 신앙을 강요해서는 안 된다.
강요와 강압이 낳은 최상의 결과란 단지 넘쳐나는 분노를 숨긴 피상적 순종일
뿐이다. 셋째, 강요는 관용보다 단절과 폭력을 더 많이 만들어낼 것이다.

그가 남긴 첫 번째 토론집인 〈악의 문제〉에는 이런 질문이 나온다. '신은 기꺼이 악을 배척하려고 하지만, 그럴 능력이 없는 것 아닌가? 그러면 그는 전능한 분이 아니다. 반면에 신은 악을 배척할 수는 있지만 기꺼이 나서지 않는 것인가? 그러면 그는 악의에 가득찬 신이다. 또, 신은 악을 배척할 수도 있고 충분히 그럴 의지도 있는가? 그렇다면 어떻게 세상에 악이 존재할 수 있는가?' 에피쿠로스는 신들은 인간사에 아무런 관심이 없다는 결론을 내렸다.

약 500년 후에 이집트 태생의 철학자 플로티노스(204~270년경)는 플라톤의 저작들을 재해석하여, 그 중심에 세 개의 신(삼위일체)을 배치하는 방식을 택했다. 이 재해석으로 인해 플로티노스는 — 플로티노스를 통해 플라톤은 — 그 즉시 기독교적인 전통에 다가섰고, 기독교 신학 내에서 환영받는 이교도로서의 플라톤의 위치가 자리 잡게 되었다. 플로티노스는 신플라톤주의의 창시자로 간주되고 있다. 플라톤은 수세기 동안 주로 플로티노스를 통해 세상에 전파되었다.

최초의 삼위일체
플로티노스의 삼위일체는 유일자(the One)와 지성(the Intellect) 그리고 영혼(the Soul)으로 나뉜다. 이들은, 기독교의 삼위일체와는 달리 동일체가 아니며, 사색하는 존재의 연속된 단계이다. 때때로 '신'이라고 불리기도 하는 유일자는 신비스럽고 형언하기 어려운 실재(實在)의 원천으로서, 묘사가 불가능하다. 만상은 이 유일자에서 비롯된다. 플로티노스는, 인간은 사색을 통해 유일자 또는 궁극적인 존재와 일체를 이룰 수 있다고 믿었다. 지성은 '정신(Nous)'이다. 이 지성은 신의 마음이나 이성과 소통하며, 유일자로부터 솟아나온 첫 번째 것이다. 이 지성으로부터 세계의 영혼이 나오며, 이 세계의 영혼들로부터 각각의 영혼과 물질이 탄생한다. 그런 다음 만상은 창조의 계층적 연쇄사슬에 돌입하는데, 이 창조의 연쇄사슬은 유일자로부터 하향해서 펼쳐진다. 하지만 만상은 동시에 유일자의 일부분이다. 그것으로부터 나왔기 때문이다.

기독교의 전파(더 정확히 말하면 이슬람교의 전파)로 인해 천년 이상 신의 본성에 대한 의문은 더 이상 진행되지 못했다. 그러다가 이성의 시대로 진입하여 스피노자와 볼테르 같은 사상가들이 당시의 지배적 도그마에 도전하기 시작하자 신의 본성에 관한 논쟁이 다시 불붙기 시작했다. 파스칼의 도박(어느 신에게 내기를 걸 것인가)과 관련한 논쟁은 유대교와 그리스도교, 또는 이슬람교의 각기 다른 종교의 색깔들 중 어느 것을 선택할 것인가의 문제에서부터 스피노자가 묘사한 범신론적인 정령 형태의 신(Geist-style God)을 받아들이는 문제까지 아우를 수 있는 길을 열었다. 이러한 신은 어떤 현존하는 교리에 얽매이지 않으며 인간사에도 관심이 없는 신이다. 어떤 측면에서 보면 이 신은 신지(信者)들의

1790년에 제임스 길레이가 그린 이 그림은 '무신론적 혁명가'인 리처드 프라이스를 묘사한 것이다. 프라이스는 유니테리언(Unitarian, 신의 삼위일체적 본성을 부정하는 사람들)이었기 때문에 '무신론적'이며, 미국의 독립을 주장했기 때문에 '혁명가'로 간주된다.

신이라기보다는 철학자들의 신에 가깝다. 인간사에 개입도 안 하고 관심도 없는 신을 숭배하거나 기도를 하는 것은 아무런 의미도 없는 행위에 속한다. 그러한 신은 키에르케고르가 원한 '내가 생사를 걸 만한 이상(理想)'에도 답을 하지 않으며, 도덕 강령의 토대나 사회구조를 제공하지도 않는다. 그러나 이 신은, 인간사에 간섭하는 인자한 신의 존재를 옹호하려는 철학자들을 괴롭히는 중대한 문제로부터 자유로울 수는 있다.

신과 악

'무한히 전능하고 자비로운 신에 의해 창조되고 감시받는 세상에서 어떻게 악이 존재할 수 있는가'라는 문제는 지금부터 2,300년 전 에피쿠로스의 저작으로부터 제기되었다. 고난의 문제도 비슷하다. 하지만 고난의 문제는 철학적 관점에서는 비교적 단순하다 할 수 있다. 고난은, 우리가 이해할 수 없는 보다 큰 계획의 일부분이거나 사후에 받을 수 있는 커다란 보상의 전조로 설명될 수 있다. 그러나 악의 문제는 만만치 않다. 왜 무한히 선한 신께서 악의 존재를 허락하거나, 심지어 악을 지으셨는가? 아래에 철학자들이 제기한 답들이 있다.

이레니우스(125~202년경)는 세상에 악이 없다면 우리가 도덕적 선함과 신을 향한 사모의 마음을 가질 수 없었을 것이라고 했다. 악은 우리가 영혼을 굳건히 하기 위한 필요 존재라는 것이다.

성 아우구스티누스는 악이 발생하는 것은 타락의 결과라고 주장했다. 그러나 악은 그 자체로 존재하는 것이 아니라 선의 일탈이거나 선의 결핍이다. 그것은 마치 맹목이 '어떤 대상'을 지칭하는 것이 아니고, 통찰의 결여인 것과 같다. 아담과 이브는 신을 거역하는 선택을 함으로써 선하지 않은 길을 선택했던 것이다. 다른 사람들도 이와 같은 선택을 할 수 있다.

성 토마스 아퀴나스는 주로 아우구스티누스의 주장에 동조하면서 악은 객관적 실재(實在)로서 존재하는 것이 아니라 주관적 판단 하에서 존재하는 것이라고 덧붙였다. 만물은 다른 사건이나 사물, 그리고 사람들과 연계해 판단을 내릴 때만 악한 것이다. 만물은 본래 선하지만 우발적으로 악한 결과를 낳게 된다. 그래서 만물의 원천은, 설령 악한 것이라 할지라도 선하다. '악을 존재하게 하고, 거기에서 선을 만들어내는 이 권능은 하나님의 무한한 선함의 일부분이다.'

종교개혁 운동가였던 마르틴 루터(1483~1546)와 장 칼뱅(1509~1564)은 모두 악을 인간 타락의 산물로 해석했다. 하지만 이 두 사람은 예정설도 신봉해서 타락은 불가피한 신의 계획이며 그에 따라 모든 악이 발생하는 것이라고 믿었다. 신의 계획은 인간으로서는 이해할 수 없다는 것이다.

수학자로 널리 알려진 고트프리트 라이프니츠(1646~1716)는 가능한 모든 세계를 신이 창조한 것이므로, 모든 것이 가능한 세상에는 어느 정도의 결함은 필연적으로 찾아올 수밖에 없다고 주장했다. 그에 따르면, 정신적 죄악과 육체적 죄악은 불완전한 인간들이 저지른 결과인데 이 인간들은 부족한 이해력 탓으로 자신들의 자유의지를 최상의 방법으로 사용하지 못하는 것이다. 어떤 악은 '최적의 가능한' 세상이 성립하기 위해 피치 못하게 존재하는 것이다. 이것은 마치 용기나 도덕과 같은 미덕이 그와 대비되는 위협이나 악덕이 없다면 의미를 잃어버리거나 아예 존재 의미

모든 최적의 가능한 세상
라이프니츠의 '모든 최적의 가능한 세상' 이론은 볼테르의 풍자 소설 〈캉디드〉(1759)에서 조롱거리로 등장한다. 소설 속에서 순진한 청년 캉디드는 낙관적인 금욕주의로 포장된 일련의 재앙을 만나 비탄에 빠진다. 그는 자신이 모든 최적의 가능한 세상에 살고 있다는 스승 팡글로스의 가르침을 신봉하려 하지만, 캉디드와 그의 동료들은 자신들이 치러야 하는 고통이 극심해서 스승의 가르침을 배반하게 된다. 결국 캉디드는 환멸을 느끼고 물러나 말년을 채소밭을 경작하며 보내게 된다.

추기경과 함께 있는 마르틴 루터.
종교개혁과 신교도의 탄생을
주도한 사람이다.

조차 없는 것과 같은 이치이다. 신은 '최적의 가능한' 해답을 얻기 위해 선과 악 사이에 오묘한 균형을 맞춰야만 하는 것이다.

영국의 성직자 토마스 맬서스(1766~1834)는, 악은 인간이 배고 픔과 가난을 탈피하기 위해 열심히 일하고 도덕적으로 살도록 이끌기 위해 존재한다고 주장했다. '세상의 악은 절망을 퍼뜨리기 위해 존재하는 것이 아니라 행동을 촉구하기 위해 존재하는 것이다.'

악이라는 문제에 대한 논쟁은 여전히 계속되고 있다. 신을 믿는 사람들은 신비로운 사건들에 빠져드는 경향이 있지만 철학에는 전혀 어울리지 않는 이야기이다. 가장 완벽한 해결책은 '신은 존재하지 않는다' 이거나 '신에 대한 정의가 틀렸다' 이 둘 중 하나인 것처럼 보인다. 신은 무한히 선하지도 않고 무한히 전능하지도 않다는 것이다. 그러나 그렇게 되면 우리가 정의해왔던 그 존재로서의 신은 존재하지 않는다는 의미가 되고, 어떤 다른 것이 존재하거나 아예 아무것도 존재하지 않는다는 의미가 된다.

인간이 된다는 것은 무엇을 말하는 것일까?

WHAT IS IT TO BE HUMAN?

'인간은 얼마나 뛰어난 예술 작품인가! 그처럼 고결한 이성과, 그처럼 무한한 재능과 뛰어난 용모라니! 행동은 또 얼마나 민첩하며 놀라운가! 몸가짐은 천사와 같이 우아하며 판단력은 신과 같구나! 세상에서 가장 아름다우며, 살아있는 모든 것들의 본보기! 하지만 나는 여전히 이 인간의 본모습이 무엇인지 궁금하구나!'
- 셰익스피어 〈햄릿〉(1599~1602) 중에서

'그대야말로 진짜구려. 아무것도 차려 입지 않은 인간이란 그대처럼 그저 가련한 두 발 달린 벌거숭이일 뿐이구려!'
- 셰익스피어 〈리어왕〉(1603~1606) 중에서

당신은 무엇인가? 마음? 아니면 육체? 그도 아니면 마음과 육체 모두? 육체 안의 마음? 당신은 진정 존재하는 것인가? 그러면 왜 존재하는가?

우리는 존재하는가?

자신이 실제로 존재하는지 증명할 필요가 있다고 생각한다면 현학적으로 보일 수도 있겠지만 존재의 문제는 '인간다움'의 사전 정리 작업이라 할 수 있다. 우리의 존재를 확실히 하지 않는다면 인간이 된다는 것의 의미를 밝히는 일은 의미 없게 되고 만다.

많은 철학자들이 존재를 의식 속에서 찾으려 했다. 우리의 존재 여부를 생각하기 위해서는 우리가 어떤 형태로든 존재해야 하므로, 존재를 의식하는 것이 우리가 존재하는 충분한 증거가 된다는 것이다. 아리스토텔레스는 '우리가 지각하거나 생각한다는 사실을 의식하는 것이 바로 우리가 존재한다고 의식하는 것'이라고 주장했다. 성 아우구스티누스는, 우리가 존재하지 않는다고 주장할 수는 없다고 했다. 존재하지 않는 것은 논쟁의 대상이 될 수 없으므로 비존재의 주장 자체가 잘못된 것이기 때문이다.

오늘날의 우즈베키스탄 지역에서 태어난 이슬람 철학자 아비세나(또는 이븐 시나)는 감옥 생활을 하면서 한 가지 생각을 떠올

'외부 대상의 실재(實在)는 엄격한 증거가 될 수 없다. 반면에 우리(의 기신과 상태) 내부 감각 대상의 실재는 의식을 통해 그 즉시 명백해진다.'
- 칸트 〈순수이성 비판〉(1781) 중에서

렸다. '공중 인간'이라고도 알려진 이 묘안은, 어떤 인간이, 육체는 물론 아무런 형태도 주어지지 않은 채 갑자기 공중에 모습을 드러내는 상황을 전제로 한다. 아비세나에 따르면 그런 상황에서도 그 인간은 여전히 의식과 사고를 유지할 수 있다는 것이다. 아비세나의 결론은 이러하다. 그 인간이 생각하고 스스로를 의식하는 그 행위가 바로 그의 존재를 입증한다는 것이다. 더 나아가 아비세나의 착상은 인간의 마음이나 영혼이 육체와 아무런 교류 없이도 육체와 분리돼서 존재하고 움직일 수 있음을 보여준다. '공중 인간'의 첫 인식은 아마도 자신의 존재 혹은 본질이었을 것이다. 이와 같은 자아는 분명 어떤 물리적 육체에 의존하는 것이 아니므로 마음과 육체는 별개의 것이 된다. 그리고 마음은 형태가 없는 비물질적인 것이다.

존재의 입증과 관련하여 가장 유명한 말은 르네 데카르트의 '코기토 에르고 섬(cogito ergo sum)'일 것이다. 이 말은 '나는 생각한다, 그러므로 나는 존재한다'(또는 '나는 의심한다, 그러므로 나는 생각한다, 그러므로 나는 존재한다.')는 뜻이다. 주장하는 면에서는 아리스토텔레스와 아우구스티누스의 입장과 동일하지만 데카르트의 간결한 문장이 뜻을 더 명쾌하게 전달한다. 그리고 같은 입장을 견지한 칸트의 주장은 훨씬 더 장황하다.

이러한 권위있는 모든 철학자들과 존재에 대한 상식적인 접근에도 불구하고 존재의 증거에 의문을 품는 사람들은 항상 있어 왔다. '생각[사유]'은 '나는 생각한다'는 사실만을 입증할 뿐이지 '나는 존재한다'는 것을 입증하는 것은 아니라는 비평가들도 있다. 빈란느의 철학사 사료 린디기(1929~2015)가 지적한 대로, 존재한다는 설명이 잘못된 것이라면 우리는 불가능의 세계에 갇히게 된다. 예를 들어, '나는 존재하지 않지만, 여전히 나는 옳지 않다.'는 문장의 경우 당신이 존재하지 않는다면 당신은 옳지 않을 수도 없는 것이다. 프랑스 철학자 피에르 가상디(1592~1655)는 생각은 오로지 생각 자체의 존재만을 시사하는 것이라고 주장했

> **21그램**
>
> 미국의 의사 던컨 맥두걸(1866~1920)은 영혼의 무게를 알고 싶었다. 그래서
> 그는 결핵으로 죽어가는 노년의 환자 6명의 체중을 측정하고 임종 순간에
> 평균 21그램의 체중 손실이 있음을 기록으로 남겼다. 그는 양(羊)에게도 같은
> 실험을 한 결과 사망 직전에는 체중이 약간의 증가를 보이다가 곧바로
> 줄어드는 것을 알아냈다고 주장했다. 그에 따르면 영혼이 육체를 빠져나가기
> 직전에 영혼의 입구에 도착하는데 이때 몸무게가 약간의 증가를 보인다는
> 것이다. 그는 같은 실험을 개를 동원해서 진행했지만 개의 경우는 무게에서
> 차이를 보이지 않았다. 그는 이러한 실험들을 통해 영혼의 무게는 약 21그램
> 정도이며, 개에게는 영혼이 없고, 양은 영혼이 있을지도 모른다는 결론에
> 도달했다고 주장했다. 하지만 의사 맥두걸의 주장을 신뢰하는 사람은 거의
> 없다.

다. 생각은 우발적인 사건에 불과하다는 것이다. 프리드리히 니
체나 쇠렌 키에르케고르, 그리고 데이비드 흄 등도 모두 같은 주
장을 했다. 데카르트가 주장한 '나'의 존재를 상정하는 문제는 뛰
어넘기 어려운 주제이다. 생각의 존재를 인식하는 것은 사람이
어떤 특정한 생각을 하는 존재라는 증거가 되지 못한다. '나는
생각한다, 그러므로 나는 존재한다.'고 생각하는 사람은 데카르
트처럼 우물 안의 개구리가 되기 쉬우며, 개인적인 정체성을 전
체적으로 잘못 이해할 수도 있다는 것이다.

육체와 영혼

아주 오래 전부터 사람들은 산 사람과 죽은 사람 사이에는 분명
한 차이가 있나는 것을 알았다. 죽은 사람에게선 무언가가 시리
진다. 죽은 사람에게는 더 이상 생기가 없는 것이다. 라틴어 아
니마(anima)는 혼[영혼]을 의미한다. 죽은 이들에게는 혼령이 없
거나, 그것이 무엇이든, 사람을 살아있게 하고 생각하는 존재로
만드는 그 무엇이 없다. 수천 년 동안 사람들은 죽은 이들이 간

중국 다쭈에 있는 환생의 바퀴(1177~1249)는 영혼이 인간이나 다른 생물을 통해
윤회한다는 불교의 믿음을 보여주는 유적이다.

'육체 안에 있을 때, 그것을 살아 있도록 만드는 것은 무엇일까?
바로 영혼이나.'

– 플라톤 〈파이돈〉 중에서

다고 여겨지는 장소를 설명하기 위해 이야기를 만들어 내거나 종교를 동원해왔다. 어쩌면 그곳은 보편자(universal One)가 있는 곳일지도 모른다. 또, 어쩌면 죽은 자들은 산 자들의 삶에 개입하기 위해 이승을 어슬렁거리는 조상신으로 남을지도 모른다. 또, 어쩌면 개인적 정체성을 완전히 보전한 채 다른 영역 어딘가에 자리 잡고 있을지도 모르는 일이다. 또, 어쩌면 죽은 이들은 윤회하여 동물이나 사람 혹은 새로운 생명체 속에 모습을 드러내고 있을지도 모른다. 아니면, 가장 끔찍한 상상이기는 하지만, 죽은 이들은 그냥 사라져 아무것도 아닌 무(無)가 돼버렸을지도 모른다. 정신과 육체를 별개로 보는 이원론은 여러 문화권에서 다양한 형태로 나타났으며 종교와 철학 내에서 확고한 위치를 확보하고 있다.

종교는 육체와 영혼이나 정신이 분리되는 곳에서 번성한다. 그 영혼은 자기가 머물고 있는 육체를 여러 형태로 통제하거나, 육체적 욕망에 의해 타락의 죄로 빠지게 하는 힘을 갖고 있는 영혼이다. 철학에서는 육체와 영혼의 문제는 우리가 '나'라고 부르는 것을 어디에 정립해야 하는지를 포함한 다양한 논점들을 제시한다. 그리고 마찬가지로 우리의 지식이 육체적 감각과 비육체적 이성 중 어느 것을 통해 습득되는 것이 더 믿을 만한 것인지에 대한 많은 논란거리를 제공하는 출발점이 되고 있다.

정신과 육체의 문제

정신과 육체의 문제는 본질적으로 다음과 같다. 정신과 육체 사이의 관계는 무엇인가?(또는 물질적 현상과 정신적 현상의 차이는 무엇인가?) 두 가지 상태가 존재하는 것만은 확실하다. 즉, 물질적인 상태와 정신적인 상태. 물질적인 상태는 겉으로 드러난다. 예를 들어 어떤 사람이 뚱뚱하거나 날씬하거나, 키가 크거나 작다면 우리는 그의 그런 상태를 눈으로 볼 수 있다. 반면에 정신적인 상태는 드러나지 않고 은밀하다. 우리는 비록 겉으로 드러난 물

유령의 존재를 믿는 것은 인간의 존재에 대한 이원론적인 입장을 전제로 한다. 육체가 사망한 후에도 영혼이나 의식같은 것은 계속 존재한다는 믿음을 말한다.

질적 징표를 이용해 실마리를 찾을 수는 있지만, 어떤 사람이 무엇을 생각하고 느끼는지 알 수 없다. 그 밖의 질문들은 정신과 육체라는 가장 중요한 질문에서 비롯된다. 물질적인 상태와 정신적인 상태는 무엇을 말하는가? 정신은 육체에 어떻게 작용하며, 육체는 또 정신에 어떻게 작용하는가? '나'는 무엇이며, 내가 나 자신이라고 여기는 '나'는 어디에 있는가? 정신에 있는가, 육체에 있는가? 의식은 무엇이며, 그것은 정신과 육체에 어떤 관련을 맺고 있는가?

위의 질문들에는 대략 세 가지 종류의 해답이 가능하다. 물리주의자(혹은 물질주의자, 유물론자)들은 모든 것은 물질적 실대이며, 심지어 정신까지도 그렇다고 생각한다. 관념론자들은 이 세상의 모든 것이 정신 작용이라고 말한다(예를 들어, 우리는 경험에 근거해 현실을 구성한다). 그런가 하면 이원론자들은 물리적이고 정신적인 것들 모두 다 현실이라고 주장한다.

하나, 둘 또는 세 부분?

플라톤은 〈파이돈〉에서 인간은 영혼, 마음, 육체의 세 부분으로 구성된다고 주장했다. 영혼은 보편적 존재의 일부분으로서 불멸이다. 살아 있는 동안 우리의 영혼은 마음과 함께 육체에 갇혀 있게 된다. 마음은 이상적인 형상을 알고 싶어 하지만 육체는 세속적이고 감각적인 욕망에 이끌린다. 마음과 육체를 통합하는 역할은 영혼이 맡고 있다. 이것은 전차(戰車)의 기수가 말고삐를 잡고 전차를 몰고 가는 것과 흡사하며, 결코 쉽지 않은 일이어서 성공보다 실패가 훨씬 많다. 따라서 대부분의 사람들이 육체적인 필요와 욕구에 지배되는 삶을 살고 있는 것이다.

플라톤은 영혼은 물질적인 것이 아니어서 죽음으로 인해 소멸되지 않는다고 생각했다. 그 대신 보편적인 존재로 회귀하며 나중에 다른 존재로 환생한다. 이런 사상은 플라톤 이전에는 널리 받아들여지지 않았던 것으로 보인다. 그래서 〈파이돈〉에는 소크라테스가 영혼은 사후에도 숨결이나 연기처럼 흐트러지는 것이 아니라고 말하자 사람들이 놀라는 장면이 등장하기도 한다.

영혼의 종류

플라톤의 제자인 아리스토텔레스는 영혼을 어떤 존재의 활기찬 활동을 떠맡고 있는, 그 존재의 일부분으로 받아들였다. 그는 형태에 따른 세 가지 영혼의 계층구조가 있으며, 상위에 속한 영혼이 하위의 것들을 아우른다고 보았다. 가장 아래쪽에 속한 영혼은 영양(營養)과 생식(生殖)을 담당하고, 다음 단계의 영혼은 운동과 지각을, 그리고 가장 높은 수준의 영혼은 사고(思考)를 담당한다. 최하층부에서 허드렛일을 담당하는 영혼은 식물에 활력을 불어넣고, 중간 단계의 영혼은 동물에 생기를 주지만 인간을 살아 있게 하는 일은 최상급 영혼만이 할 수 있다.

아리스토텔레스는 영혼은 육체와 불가분의 관계가 있다고 생각했다. 육체가 활동할 수 있도록 힘을 불어넣어 준다는 것이다.

그의 관점에 따르면 영혼은 육체의 죽음을 되살려낼 수 없을 뿐만 아니라 개별적인 특성을 지닌 것도 아니다. 그리고 우리는 개별적인 인간이므로 영혼도 각각 다르지만, 사람들의 뼈가 모두 비슷한 것처럼 영혼들도 상당히 닮은 점이 많다고 보았다. 그래서 영혼은 육체와는 다른 물질이지만 독립적이거나 지속적으로 존재하거나 환생하지도 않으며, 미덕을 떠맡거나 반대로 악행에 대해서도 책임이 없다.

아리스토텔레스는, 물질을 영혼과 분리되는 독립된 특질을 소유한 것으로 보지 않았다. 물질의 작용은 스스로가 속한 형상에 의존하는 것이므로 그 형상은 영혼으로부터 부여받은 것이다. 그렇기 때문에 어떤 육신은 인간이 되기도 하고 어떤 육신은 사슴이 되기도 한다는 것이다. 다시 말해 물질의 구성 성분은 모두 같지만 영혼[Form]은 모두 다르다.

한 방울의 영혼

에피쿠로스는 좀더 강한 물리주의적인 견해를 갖고 있었다. 그는 모든 물질이 극히 작은 입자들이나 원자들로 구성됐다는 데모크리토스의 주장을 지지했다. 에피쿠로스에 따르면 영혼의 원자들은 육체의 원자들보다 움직임이 기민하다고 한다. 그렇다고 해도 이 원자들은 물리적 실체일 뿐

비잔틴 시대의 도상학(圖像學)에서는 영혼을 새장에 갇힌 새로 묘사했다. 이 새는 죽음에 이르러 자유로운 몸이 된다.

이다. 하지만 그는 데모크리토스의 이론에 중요한 수정을 가했다. 에피쿠로스에 따르면 원자들은 근본적으로는 허공에서 평행을 이루며 움직이지만, 자유의지에 따라 방향을 틀어 다른 원자들과 충돌을 일으킨다는 것이다. 이 충돌 때문에 우주에는 서로 다른 물질들이 탄생한다.(원자들이 평행을 이룬다는 주장만 빼고는 이 이론은 근본적으로 현대 물리학과 입장을 같이 한다. 서로 충돌하는 경우 수소 hydrogen atoms들이 헬륨을 생산하고, 나아가 더 많은 조합에 의해 다른 원소들을 만들어내는 현대물리학 이론과 일치한다.) 에피쿠로스는 자신의 이론을 인간에게 적용하면서 영혼은 물질인 육체 내에서 일어나는 원자들의 움직임에 불과하다고 주장했다. 그러나 영혼의 원자들은 자유롭게 방향을 바꿔가며 돌아다닌다고 보았다. 이러한 원자의 자유의지적 특징은 설명이 불가능한 것으로서 인간들이 누리는 자유의지로 연결되는 것이다.

영혼과 관련된 이론의 스펙트럼은 이미 이들 세 명의 고전주의 철학자들로부터 싹트기 시작했다. 그 스펙트럼의 폭은 육체와 분리된 불멸의 영혼이라는 주장부터 전적으로 물질적인 어떤 것이면서 형태상으로는 육체와 근소한 차이를 보이는 그 어떤 것이라는 주장을 모두 포함한다. 오늘날의 우리는 물질의 움직임과 관련한 에피쿠로스의 주장에 더 이상 동의하지는 않지만 그의 이론은 현대 신경학에서 말하는, 모든 사고(思考)와 의도,

'그렇다면 나는 무엇인가? 생각하는 그것, 그것은 무엇인가? 의심하고, 이해하고, 확신하고, 부정하고, 의지대로 행동하고, 거부하고, 그러면서도 상상하며 지각하는 바로 그것이다.'
-데카르트 〈성찰〉(1641) 중에서

라파엘의 〈아테네 학당〉(1509~1511). 플라톤(중앙 왼쪽)이
아리스토텔레스(중앙 오른쪽)와 이야기를 나누고 있다.

성품이 순전히 물리적이고 화학적인 과정을 통해서만 발생한다
는 이론과 일맥상통한다. 아니면 프랑스 철학자 메를로퐁티가
20세기에 들어 주장한 바대로 '나는 나의 몸이다.'라는 말에 들
어맞는지도 모른다.

신플라톤주의적 영혼

물질에 대한 고대 철학자들의 위와 같은 믿음들은, 다른 많은 이
론들과 마찬가지로 플로티노스와 초기 번역자들의 저작물들을
통해 걸러지면서 중세와 르네상스의 유럽에 침투했다. 플로티노
스는 플라톤의 주장을 새로운 상황에 맞게 조정했다. 그도 세 단
계로 이루어진 접근법을 채택했다. 유일자를 최상의 위치에 두
고, 지성을 그 다음으로, 그리고 영혼을 지성 바로 밑에 두었다.
이 중 영혼은 두 가지 방향성을 지닌다. 한쪽은, 지성(정신)를 통

해 신을 향해 상향 혹은 내부를 지향하고, 다른 한쪽은 자연이라
는 외부적 성격을 지닌다. 자연은 물질세계를 떠맡고 있다. 영혼
은 이성적 사고와 조화를 이룬다. 지성은 원형(原型)이나 플라톤
의 '형상'에 해당한다. 그리고 지성의 영역에서는 사고(思考)와
대상, 지각하는 사람과 지각되는 대상 사이에 아무런 구별이 없
다. 플로티노스는 지성을 태양빛처럼 존재하는 것으로 묘사했다.
지성은 유일자를 비추며, 유일자가 자기 자신을 성찰하는 수단
이 된다는 것이다. 영혼의 두 가지 측면은 인간에게 내재되어 있
다. 그래서 인간이 저급한 특성, 즉 자연의 육체적 관심사에 사
로잡혀 살지, 아니면 지성을 향한 고급한 특성, 즉 고상한 삶에
헌신할지는 순전히 우리 인간의 선택에 달린 문제인 것이다.

이러한 실재(實在)의 세 단계, 즉 유일자, 지성, 영혼은 시간을
통해 변화하는 대상이 아니고, 단일하고 영원한 실재를 응시하
는 단계이다. 자연은 신성(神性)을 응시할 수 없으므로 시간을 일
종의 임시방편으로 만들어낸다. 플로티노스에 따르면 영혼은 형
상을 직접 응시할 수 없고, 일련의 순간들 속에서 지각된 대상들
의 파편에 불과하기 때문에 시간은 단지 존재의 하위 질서에서
만 발생하는 것이다.

신에 붙들린 육체와 영혼

유럽에서 기독교가 나타나고 성장하면서 육체와 영혼은 다소 다
른 양상을 띠며 점점 고정된 형태를 갖추게 되었다. 토마스 아퀴
나스는 언제나처럼 아리스토텔레스와 기독교 교리의 연관성에
대해 사색하던 중 형상을 부여해 주는 영혼과 함께 육체가 물질
과 형상으로 이뤄졌다는 아리스토텔레스적인 모델을 착안해냈
다. 그러나 그는 기독교 사상에 충실했기 때문에 육체와 영혼이
공히 타락할 수 있고 사후에는 흩어져 버린다는 아리스토텔레스
의 사상은 받아들이지 않았다. 교회는, 영혼은 죽음을 이겨내는

육체를 떠나는 영혼을 묘사한 윌리엄 블레이크의 그림은 육체와 영혼이 각각 별개의
존재임을 보여준다.(1808)

불멸의 존재라고 가르쳤던 것이다.

하지만 아퀴나스는, 영혼이 육체가 사라진 바로 그 사람과 같은 대상이라고는 생각하지 않았다. 육체가 죽음을 맞이하면 그 사람의 인격과 기억들은 사라진다. 그는 심판의 날에는 육체와 영혼이 완전한 인격을 이루기 위해 재결합한다는 당대의 기독교적 가르침을 신봉했다.

의심을 물리치다

데카르트는 의심할 수 있는 것과 확실한 것에 대한 판단을 통해 자신의 생각을 점검했다. 그는 정신의 존재는 의심할 수 없지만 육체의 존재는 의심할 수 있다는 결론을 내렸다. 그리하여 자신이 의심하는 대상들은 의심하지 않는 대상들과 분명히 다를 것이므로 정신과 육체는 다를 수밖에 없다는 결론을 얻어냈다.

기계 속의 유령

육체와 영혼을 별개로 보는 이론의 가장 유명한 기록은 이른바 데카르트의 이원론일 것이다. 르네 데카르트(1596~1650)는 정신과 물질, 이렇게 오직 두 종류의 실체(實體)만이 존재한다고 믿었다(신은 어느 쪽 실체에도 속하지 않는 것으로 간주했다). 이들 두 실체는 분명히 구별되는 고유한 특질을 갖고 있다. 물질의 특질은 공간을 차지하는 물리적 연장(延長), 즉 '거기 있음(thereness)'이라고 할 수 있다. 정신의 경우에는 사고 활동이라는 특질을 지닌다.

더 나아가 데카르트는 육체는 나눌 수 있지만 정신은 그렇지 않다고 했다. 우리가 다리를 잃는다 해도 육체는 생존할 수 있지만 정신이나 사고는 반(半)으로 나눌 수 없다. 존 로크는 데카르트의 이와 같은 주장을 다음과 같이 반박했다. '우리는 의식을 잃거나 수면 상태일 수가 있다. 그럴 경우 정신 상태는 계속 유지되는 것이 아니다.' 하지만 이 말은 존 로크가 시간적인 단절을 의미했다는 점에서 대단한 반박이라 할 수는 없다. 데카르트가 주장한 것은 시간적 연속이 아닌 공간적으로 나눌 수 없다는 것을 말한 것이기 때문이다.

물질은 결정론적 법칙을 따른다. 물질은 마구잡이식으로 원칙없이 움직일 수 없다. 물리적 법칙이 물질계를 지배한다는 이론

'나는 나의 육체 안에 있지만, 그것은 뱃사람이 배 안에 있는 것처럼 단순한 방식은 아니어서 …… 육체와 단단히 결합되어 있는데, 말하자면 서로 뒤섞여 완전한 결합을 이루면서 그것과 단일체가 되어 있다.'
– 데카르트 〈성찰〉(1641) 중에서

은 데카르트 시대의 발견을 나타내는 요소 중 하나이며 수학 역사에 남긴 그의 업적은 이 발견의 일부분이라 할 수 있다. 데카르트는 육체를 정신에 조종당하는 하나의 기계로 봤다. 그러나 실체가 없는 정신이 육체와 어떻게 서로 작용하는지의 문제, 즉 그 기계가 움직이도록 어떻게 작용한다는 것일까? 이 문제에 대해 데카르트는 인체 내에 이러한 상호 작용을 가능하도록 하는 기관이 있으며, 그것을 송과선(松果腺)이라고 생각했다. 송과선은 대뇌 깊숙한 곳에 위치한 자그마한 기관이다.

신이 끼어들다

정신(혹은 영혼)을 인체의 기관에서 찾으려는 시도 역시 상호 작용한다는 기계적 원리를 설명하지 못한다. 정신과 육체가 다르다면, 다시 말해 정신이 형체를 지닌 것들과 완전히 다른 무엇이라면 일상의 삶에서 어떤 식으로 육체에 영향을 미치는 것일까?

우리의 정신과 육체가 어떤 형식으로든 교류한다는 것은 분명하다. 문틈에 손가락이 끼이면 통증을 느끼며, 우리가 물리적인 행동을 취하겠다고 마음먹으면 육체가 이에 반응하는 것이다.

정신과 육체의 딜레마를 풀기 위해 프랑스의 철학자 니콜라 말브랑슈(1638~1715)는 신을 끌어들였다. 말브랑슈는 신이야말로 가장 일상적인 힘이라고 주장했다. 개위의 정신은 신이라는 보편적 위일자의 정신이 제한되어 나타나는 것이다. 인간의 정신은 물질계에서 어떤 것을 일으킬 수 있는 아무런 힘이 없다. 뿐만 아니라 이떤 물질도 다른 물질에 영향을 미치지 못한다. 어떤 것이 일어나도록 만들

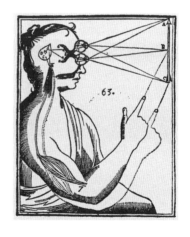

데카르트가 제시한 정신과 육체가 상호 작용하는 방법을 나타낸 그림이다. 물체로부터 출발한 빛이 눈에 도달한 다음 그 정보가 송과선으로 전달된다. 데카르트는 우리 몸의 일부분인 송과선이 정신과 물질의 조정을 책임지고 있다고 믿었다. 손을 움직이라는 명령은 송과선에서 시작될 수도 있다.

기 위해서는 일어나게 하는 방법을 알아야 하기 때문이다. 대부분의 경우 신은 자유의지에 의한 행위가 일어나도록 함으로써 중재자의 역할을 한다. 이 주장이 맞다면 무척이나 피곤할 듯하다. 인간이 팔이나 다리를 들고자 할 때, 눈을 감으려 할 때, 컵을 들 때처럼 뭐든 필요할 때마다 신이 개입해야 하기 때문이다. 모든 인간들의 모든 행위를 지켜봐야 하는 신은 얼마나 피곤할까? 정신과 육체는 신이 태엽을 감고 시간이 맞도록 관리하는 두 개의 시계와 흡사하다. 이와 같은 이론이 우인론(偶因論)의 주장이다.

비록 우인론이 정신과 육체의 상호작용이라는 문제를 푼 듯이 보이지만 신의 존재라는 담론은 물론이고, 그 자체의 문제들도 많이 포함되어 있다. 어떤 신도 믿지 않았던 흄은 우인론의 주장에 대해, '인간의 정신이 작동하는 법도 말하지 못하면서 신의 마음이 어떤 식으로 움직이는지 말하려는 우리는 대체 누구란 말인가?'라고 비아냥거렸다.

이원론을 부정하다

정신은 단순히 물리적인 뇌의 산물이거나 한 가지 측면이라는 극단적인 유물론자[물질주의자]들은 이원론을 부정하는 것으로 이원론자의 문제를 해결한다. 스피노자는 정신과 육체는 모든 것을 아우르는 동질의 단일한 대상을 바라보는 서로 다른 시각의 차이일 뿐이라고 보았다. 이런 견해는 정신과 육체가 분리된 개별적 존재라는 사실 자체를 부인함으로써 답을 구하고자 하는 것이다. 독일의 철학자 프리드리히 셸링(1775~1854)도 스피노자와 비슷한 접근법을 사용했다. 하지만 셸링의 해법은 너무도 혼란스럽고 우회적이어서 헤겔조차도 이해하는 데 어려움을 겪고, '이 모두가 …… 뒤죽박죽으로 뒤엉킨 추상의 집합'이라고 비난할 정도였다.

흄은 정신과 육체가 서로 떼어낼 수 없는 존재라는 데카르트의 주장에 이의를 제기했다. 그는 우리의 사고나 지각작용이 다양하지 않고 통일되어 있다고 전제할 아무런 근거가 없다고 했다. 우리는 수많은 생각과 지각을 하며, 많은 꿈을 꾼다. 그렇기 때문에 우리가 어떤 근거로 그들 모두가 하나이며 정신은 불가분의 것이라고 말할 수 있는가? 생각하는 것으로 존재하는 자아(自我)라기보다 단지 '지각(知覺)의 한 묶음'이라고 볼 수밖에 없다. 그런데 사실 이 '묶음'이라는 용어조차도 통일된 어떤 대상이라는 것을 의미한다.

임마누엘 칸트는 이 문제에 대해 다음과 같이 언급했다. '지각하기 위해서는 에고(ego, 자아)의 필요성을 전제해야 한다. 그렇지 않으면 우리가 나무를 보거나 바람소리를 듣고 해석하는 감각자료는 해석되지 않은 채 남아 있을 것이며, 그것들은 아무런 의미도 없게 된다.' 칸트는 정신은 퇴화될 수 있음을 지적하면서 정신이 육체와 함께 죽을 수 없거나 죽지 않을 것이라고 가정할 아무런 이유도 없다고 주장했다.

육체를 조종하는 정신이라는 데카르트적 모델에 대해 '기계 속의 유령'이라는 용어를 만들어낸 길버트 라일(1900~1976)은 이원론을 '범주오류(範疇誤謬)'라고 단정했다. 정신과 육체는 같은 것이며 정신 활동과 육체적 행위 사이에는 사실상 아무런 차이가 없다는 것이다. 정신적 느낌은 육체적 행위 안에 명백히 존재하는 것이며 그 느낌이 명백하게 구별되는 것처럼 느껴지는 것은 언어가 만들어낸 것에 불과하다는 주장이다. 그것은 오로지 발생한 사태를 묘사하기 위해 우리가 언어를 사용하는 방식 때문이라고 보았다. 그는 또 이원론자의 표현 방식에서 정신은 항상 부정적인 용어로 표현된다고 강조했다. 비물질적, 비공간적, 비세속적, 불가해한 등의 표현이 그것이다. 육체가 시계장치라고 봤을 때 정신은 '그 시계장치의 일부가 아니라 …… 그 시계가 아닌 다른 것의 일부'라고 본다는 것이다. 그는 또한 정신이나 감정의 상태를 말할 때, 우리가 실제로 묘사하는 것은 일정한 방식으로 행동하려는 경향이라고 했다. 우리가 누군가 화가 났다거나 슬프다고 말할 때, 그러한 감정을 드러내는 행위를 바라거나 예상하는 것이라 할 수 있으며, 우리가 어떤 내적인 상태를 직접적으로 이해하지 않는다는 것이다.

현재의 당신은 과거의 그 사람인가?

자신의 정체성이 개별적인 정신 내에 있거나 '지각의 묶음들'속에 있거나 상관없이 우리는 모두 자신이 어떤 사람이라는 생각을 갖고 있다. 하지만 그 어떤 사람을 규정하고 명확하게 설명하는 것은 쉽지 않다. 자아는 포착하기 쉬운 대상이 아니며, 시간과 경험을 거치면서 변하기 쉽다. 그렇다면 우리는 도대체 어떤 방식으로 똑같은 사람으로 유지하고 있는 것일까?

〈인간 지성에 관한 시론〉(1689)에서 존 로크는 (자아의) 정체성을 결정하는 것은 의식의 지속성이라고 주장했다. 그는 정체성이나 지속성의 뿌리를 영혼은 물론 육체에 두지도 않았다. 그는 어떤 사람을 플라톤이 환생한 것으로 볼 수도 있지만 의식의 지속성이 없으므로 플라톤 본인은 아니라고 보았다. 우리가 같은 사람이라는 동일성(정체성)을 유지하고, 과거에 전념했던 행동과 일관성을 유지한다는 것은 과거를 기억하고 지속적인 감정과 인성을 유지하는 형태로 동일한 의식이 유지된다는 것을 전제로

범주오류(範疇誤謬, category mistake)

범주오류는 어떤 개념이 잘못 이해되거나 잘못 적용되어있을 때 발생할 수 있나. 예를 들어, 소 두 마리와 소 한 쌍을 가리키며 '들판에 세 개의 동물들이 있다'고 말하는 것이다. 또 다른 예는 대학을 구성하고 있는 빌딩들을 ─ 도서관, 체육관, 기숙사 ─ 둘러본 다음 대학 그 자체는 어디 있느냐고 묻는다면 대학의 개념을 잘못 이해하고 있는 것이다.

한다.

흄은 '지각의 묶음'이라는 이론을 내세우면서 자아가 설 자리는 없다고 주장했다. 그는 영혼이나 의식의 파편들은 지각, 사고, 기억, 의견들의 집합체이거나 그것들이 느슨하게 결합된 상태라고 믿었다. 사실, 흄은 더 나아가 개인의 동일성(정체성)은 허구라는 말까지 했다. 그는, 〈인간의 본성〉이라는 논문의 부록을 통해 자아에 대한 자신의 기록에 만족하지 못한다는 견해를 피력하기는 했지만, 개인의 자아를 인정한 적은 단 한 번도 없었다.

스코틀랜드의 철학자 토마스 리드(1710~1796)는 '용감한 장교' 논쟁을 통해 시간적 지속성에 뿌리를 둔 개인적 동일성이라는 로크의 주장에 반기를 들었다. 리드의 주장은 다음과 같다.

'어린 학생 시절에 과일 서리를 하다가 매를 맞은 적은 있지만, 첫 번째의 전투에서 용감하게 적군의 깃발을 빼앗고, 이후 장군까지 되는 장교를 떠올려 보라. 적의 깃발을 빼앗는데 성공했을 때 그가 자신이 어렸을 적 매를 맞은 사실을 기억할 것인지, 그리고 이후 장군이 되었을 때 군기를 쟁취한 사실은 기억하면서 어릴 적 매 맞은 사실은 완전히 의식에서 지워 버렸는지를 생각해보자.'

로크의 이론대로라면 그 장군은 그 용감한 장교와 동일한 사람이어야 하고, 그 용감한 장교는 그 소년과 동일한 인물이어야

존 로크는 인간이 갖고 있는 사고와
이해의 메커니즘 연구에 기초를 닦은
철학자이다.

> **테세우스의 배**
>
> 그리스의 철학자 플루타르크는 테세우스의 배와 관련한 역설을 묘사했다.
> 테세우스는 배의 일부가 낡아서 못쓰게 되자 그것들을 새로운 목재로
> 수리했다. 결국 나중에는 원래 배를 만들었던 목재는 하나도 남지 않게
> 되었다. 그렇다면 그 배는 원래의 배와 여전히 동일한 배일까?
> 이러한 역설은 인간의 육체에도 적용될 수 있다. 살아 있는 동안 인체의
> 세포들은 끊임없이 교체되어, 물리적 존재라는 측면에서는 문자 그대로 전혀
> 다른 사람이 된다. 그러나 우리는 스스로를 동일한 사람으로 여기고 있는
> 것이다.

한다. 하지만 그 장군과 그 소년 사이에는 아무런 심리적 연관성이 없으므로 그들은 같은 사람이라 할 수 없다. 논쟁의 초점은 로크의 입장이 결국 모순을 드러낸다는 것이다. 그 장군은 학생 시절에 매를 맞은 그 소년일 수도 있고 아닐 수도 있기 때문이다. 동일성의 이행성이란 만약 A=B이고 B=C라면 A=C라는 원칙이다. 그러나 로크의 개인적인 동일성에 대한 기준은 이 원칙에 위반된다. 그러므로 동일성에 대한 그의 필요조건이거나 충분조건은 무시되어야만 한다.

'자아는 의식하며 사고하는 바로 그것(그것이 영적으로 구성되었거나 세속적으로 구성되었거나, 혹은 단순하거나 복잡하거나는 문제가 되지 않는다.)으로 감각적이거나, 고통과 쾌락을 느낄 수 있는 것이거나, 행복과 불행을 감지할 수 있는 대상을 가리킨다. 따라서 자아는 의식이 신장되는 한 스스로를 돌볼 수 있다.'
－존 로크 〈인간 지성에 관한 시론〉(1689) 중에서

개인의 부상(浮上)

인간의 정체성을 인체의 역학 구조로 정의하거나, 웅대한 우주적 영혼에 부합하는 것으로 규정하느냐의 문제는 우리의 정체성에 대한 개인적인 경험과는 무관하다. 이런 방법론들에 대한 반발이 18세기 무렵에 일어났다. 스위스 출신 프랑스 철학자 장 자크 루소(1712~1778)와 독일 철학자 아더 쇼펜하우어(1788~1860), 그리고 프리드리히 니체도 인간의 의식은 기계적으로 움직이는 인체로 환원되거나, 모든 것을 아우르는 신이나 자연적 영혼으로 환원될 수 없다고 믿었던 사람들에 속했다.

낭만주의 운동이라고 알려진 움직임이, 산업혁명으로 야기된 누추하고 기술 지향적인 고된 노역으로부터 인류를 구해내 철학 속에서 차지하는 인간 개인의 자리를 원위치로 돌려놓았다. 자연과 예술이 인간 영혼의 참다운 원천으로 간주되기 시작했으며, 자아실현을 가능케 하고 고양시키는 힘의 근원으로 작용하기 시작했던 것이다. 개인의 강력한 열정이 — 자아의 줄기찬 노력과, 타인 및 신 그리고 자연과의 활발한 교류에 대한 강한 욕구가 — 인간 경험의 중심에 놓이게 되었다.

위의 그림에는 낭만주의 운동의 정신이 담겨 있다.
그림 속의 인간은 고귀하고 의기양양한 모습으로
자연을 응시하고 있다.

아동기 : 새로운 개인을 길러내다

루소는 당대의 사회와 교육과 관련된 몇 가지 중요한 작품들을 남겼다. 이는 어쩌면 전시대에 걸쳐 커다란 영향을 미친 업적일지도 모른다. 그는 어린 시절부터 세심하게 가꿀 수 있다면 인간은 완벽한 상태에 도달할 수 있다고 생각했다. 개인의 자유와 사회적 책임에 대한 그의 주장은 프랑스 혁명과 미국 독립 선언서의 핵심 사상이 되었다.

루소는 인간이 선천적으로 선하며 도덕적이지만, 이런 특질들이 당대 사회의 본성에 의해 더럽혀지고 변질된다고 믿었다. 그는 자연스럽고 보편적인 교육을 강조했는데 아동들에게 처음에는 도덕을 가르치고 지적 훈련은 나중에 실시하는 것이 좋다고 역설했다. 특히 종교 교육은 아동의 비판능력이 신장되는 18세가 되면서부터 실시하는 것이 좋다고 보았다. 그는 세뇌교육이나 검증되지 못한 믿음을 혐오했다. 하지만 아이러니하게도 다른 모든 이들에 대한 선한 의도에도 불구하고 루소는 자녀 교육에 들어가는 비용과 번거로움을 피하기 위해 자신의 자식들은 네 명이나 고아원에 보냈다.

루소에게 있어 당대의 사회나 산업화 그리고 탐욕과 과학은 인간의 타고난 고결함 위에 타락의 껍질을 씌우는 대상들이었다. 자연 친화적이며 인간의 감정과 동정심에 초점을 맞춘 단순한 생활만이 인간들이 자신들의 가능성을 실현하고 태어난 목적대로 살아가는 방법이라는 것이다. 그의 저작 중 가장 뛰어난 〈사회계약론〉과 〈에밀〉은 1762년에 출간되었다.

루소는 〈에밀〉을 통해 젊은이들을 대상으로 하는 이상적 교육의 줄기를 잡았다. 그는 교육 과정의 중심에는 아동이 있어야 한다고 생각했다. 아이들은 자연 속에서 자라야 하고, 아이들에게 실험정신을 부여하면서도 위험에 빠뜨리지 않을 교사의 지도 아래에서 교육되어야 한다고 강조했다. 초기 교육은 감성적인 것이어야 하며, 이성적 교육은 12살 이전에 실시되어서는 안 된다.

루이 16세는 루소의 가르침에 따라 열쇠공의 기술을 배운 것으로 보인다. 서글프게도
루이 16세의 잔혹한 운명은 열쇠공으로 새로운 삶을 살지 못하도록 만들었다. 그는
프랑스 혁명의 와중에 처형되었다.

그는 아이들에게 일찍부터 이성을 동원하도록 하는 일반적 교육
방법에서는 미덕을 찾아볼 수 없다고 주장했다. 만일 아이들이
이성적으로 사고할 수 있다면 교육이 무슨 필요가 있겠냐는 것
이다. 그는 또 청소년들에게 목공과 같은 실용적인 기술의 습득
을 권했다. 그 이유는 그런 일들이 실제로 가져다주는 이득도 적
지 않지만 혹시 닥칠 수도 있는 어려움에 대비하기 위해 필요하
기 때문이었다.

　독일의 볼프강 괴테(1749~1832)는 낭만주의 운동 시대에 가장
널리 알려진 문학가이다. 그의 작품은 철학에도 심대한 영향을
미쳤다. 그의 작품에 되풀이해 등장하는 주제는 개인의 열정과
그에 반하는 사회의 억압이었다. 그가 영향을 미친 인물 중 한
명이 쇼펜하우어인데, 아마 그는 모든 시대에 걸쳐 가장 비관적
인 철학자일 것이다.

의지에 저항하다

인간의 가능성을 바라보는 루소의 관점이 극도로 낙관적이었던 반면 쇼펜하우어는 정반대였다. 쇼펜하우어는 '의지(the Will)'의 강력한 힘 때문에 인간은 영원히 불구로 살 수밖에 없다고 보았다. 그 '의지'는 각 개인을 덫에 가두고 노예화하는 영속적이며 우주적[보편적]인 힘이다. 칸트와 더불어 쇼펜하우어도 현상(물리적 세계)을 환영으로 보았다. 그는 실재(實在) — '물자체(the thing-in-itself)'— 가 바로 실질적인 '의지'라고 믿었다. 이런 사실은 '의지'가 자신을 간절히 드러내고자 하기 때문에 모든 현상들이나 존재들 속에서 뚜렷하게 발견할 수 있다. 우리 모두는 그 '의지'에게 자비를 구해야 하는 신세이며, 또 '의지'의 전횡에 굴종하는 노예 신세를 면치 못하고 있는데, 이렇듯 '의지'야말로 인간의 모든 고통의 원인인 것이다. '의지'는 주관적 자아에 즉각적으로 그리고 비개념적으로 드러나지만, 그 사람 자신은 이 즉각적인 인식[깨달음]이 무엇으로 구성되어 있는 것인지 절대로 설명하지 못한다.

쇼펜하우어가 구상한 시나리오가 얼마나 음울한 것인지는 단순히 상상해보는 것조차 만만한 일이 아니다. 그는 세상은 지옥이며, 사람들은 그 지옥에서 저주받은 영혼과 고통스러운 악령의 역할을 서로 나눠서 하고 있다고 역설했다.

쇼펜하우어는 고통으로부터 벗어나는 길은 '의지'를 이겨내고 그의 압제로부터 우리 자신을 자유롭게 하는 길뿐이라고 느꼈다. 우리는 예술(특히 음악)에 집중하고, 자비심을 키우며, 종교적 명상과 고행을 통해 '의지'를 극복할 수 있다. 미술과 음악은, 객관성이라는 수난을 통해 우리 자신의 개인적인 노력과는 동떨어진 '우주적인 의지'를 깊이 생각할 수 있도록 해준다. 다른 사람과 자비심을 나누는 것은 그들 속에서 우리 자신을 발견하고 반대로 우리 속에서 그들을 발견할 수 있도록 이끌며, '의지'의 욕구를 잠재울 수 있도록 해준다. 하지만 다른 무엇보다 평화의 근

2부작인 괴테의 〈파우스트〉는 자유의 문제와 지식과 성취를 향한 개인의 강렬한 욕망의
문제를 다루고 있다. 파우스트 박사는 지식에 대한 대가로 자신의 영혼을 내놓겠다는
계약을 악마와 맺는다. 괴테의 〈파우스트〉는 완성하는 데 무려 60여년의(1773~1831)
시간이 걸렸다.

'놀랍게도, 우리는 영겁의 세월 동안 존재하지 않다가 갑자기 존재하게
되었다. 그리고 우리는 잠시 있다가 다시 존재하지 않을 것이다. 영겁의
세월 동안 사라져 버릴 것이다. 내 영혼은 바로 이 사실의 부당함을 외치고
있는 것이다.'
  – 쇼펜하우어 〈의지와 이상으로서의 세계〉(1819) 중에서

본적인 원천은 종교적 성취이다. '의지'를 거부하는 고행과 명상은 행복으로 충만한 '공(空)'이라는 사색의 세계로 우리를 이끌 것이다.(쇼펜하우어는 동양 종교에 심취한 최초의 서양 철학자이다.)

쇼펜하우어는 우리가 노예 상태에 있다는 것을 받아들이게 되면 죽음의 공포에서 벗어날 수 있다고 강조했다. 우리가 개인적으로 존재하게 되고, 그에 따른 고통을 겪게 되는 현상의 세계에 머물도록 하는 것이 '의지'의 욕구이다. 우리가 '의지'의 힘에 저항해야 한다는 쇼펜하우어의 주장은 '의지'의 사악한 의도를 좌절시키기 위해서는 자살을 선택하기를 권하는 것처럼 보인다. 하지만 자살은 '의지'가 바라는 바이기 때문에 지식인이기를 포기하는 행위에 해당한다면서 자살을 회피하는 쪽으로 결론을 내렸다. 명상과 사색을 통해 '의지'를 물리치는 것이 좋다는 것이다.

니체는 쇼펜하우어에게 지대한 영향을 받았지만 인간의 운명에 대한 그의 극단적인 비관주의는 공유하지 않았다. 니체는 '의지'와 인간의 관계를 주종 관계로 보지 않고, 여건만 갖춰진다면 인간을 위대한 성취로 이끌 수 있는 강력한 힘으로 보았다. 그의 '초인(Übermensch)' 개념은 아리스토텔레스가 주장한 '도덕적 인간'과 흡사하다. 초인은 기독교의 '도덕적 노예 상태'에 굴종하지 않는, 정신적으로 강력한 의지를 지닌 사람으로 현 인류(19세기 후반의 인류)가 전혀 새로운 세상을 향해 발걸음을 내딛게 될 수 있도록 이끄는 새로운 이상과 가치를 만들어내는 사람인 것이다.

니체가 〈차라투스트라는 이렇게 말했다〉(1883~1885)를 통해 묘사한 초인은 인류가 스스로 도달할 수 있는 목표이므로, 미래의 인류는 보다 우월한 종족이 될 수 있는 것이다. 우월한 엘리트 지배자민족을 꿈꾸었던 정치권력은 니체의 사상을 손쉽게 왜곡했다. 나치 정권은 니체의 초인이라는 용어를 엉뚱하게 도용하여 '열등인간(Untermensch)'이라는 신조어를 만들어 냈으며, 그것을 하층민들에게 적용해 그들을 짓밟는 데 악용했다.

초인(타이즈를 입지 않은 슈퍼맨)

니체는 1844년에 지금은 독일의 영토가 된
라이프치히에서 태어났다. 루터교 목사였던 그의
아버지는 1849년에 사망했으며, 그의 어린 형제도
그 다음해에 죽었다. 니체와 그의 어머니, 그리고
여동생은 조부모와 함께 살아야했다. 니체는
1864년 신학을 공부하던 중 신앙을 포기하고
언어학으로 돌아섰다. 그러다가 1865년에
쇼펜하우어의 저작물들을 섭렵하고 난 후 철학에
빠져들었고, 결과적으로 자신만의 철학 연구에
몰두하게 되었다. 짧은 군대 생활을 거친 후, 불과
24살의 나이에 바젤 대학으로부터 교수직을
제안받은 그는 이 새로운 직업을 얻기 위해
스위스로 이주하면서 프러시아 국적을 포기해야
했고, 이후 남은 여생 동안 무국적자로 살았다.

1879년에 건강이 나빠져 교수직을 계속 유지할 수
없었던 그는 이후 10년 동안을 독립적인 작가로
유럽을 여행하며 살았다. 1889년에 뇌에 심각한
문제가 발생했고, 1900년에 사망할 때까지 심각한
뇌질환에 시달려야 했다.

니체는 역사상 가장 심오하고 불가해한 철학자
중의 한 사람으로 남아 있다. 그런가하면
불행하게도 나치가 그의 사상을 도용함으로써
그는 가장 논란이 많은 철학자이기도 하다.

니체는 삶의 말년에 이르러 세계적인 명성을 얻었지만, 여동생이 그의 작품들을
나치에 넘겨 나치 이념의 선전에 활용하도록 함으로써 그 명성의 빛이 바래졌다.
여동생 엘리자베스는 유대인 혐오주의에 사로잡힌 남자와 결혼함으로써 오빠와
불화를 겪었다. 그녀는 그 남자와 함께 파라과이로 건너가, 독일 문화와 사회의
미덕을 토대로 한 이상적 성격의 공동체인 '신독일 운동(Nueva Germania)'에 헌신했다.
하지만 식민지에서의 운동은 그리 성공적이지 못했으며 그녀의 남편은 자살했다.
그녀는 1893년에 독일로 돌아와 오빠의 문학적 유산들에 대한 권리를 서서히 장악해
나가기 시작했다. 그녀는 니체의 미완성 유작인 〈권력의 의지〉를 비뚤어지게
해석했고, 나치는 그녀의 동의를 얻어 그 작품을 니체가 자신들의 이념에 동조했다는
증거로 활용했다. 이는 사실과 다르다. 니체는 독일적인 어떤 것도 좋아하지
않았으며, '독일 문화'라는 표현 자체가 모순이라는 생각을 갖고 있었다. 1935년
엘리자베스가 사망했을 때, 히틀러가 그녀의 장례식에 참석하기도 했다. 여동생
때문에 니체의 철학은 오물을 뒤집어썼으며, 그 오명으로부터 아직도 완전히
벗어나지는 못하고 있다.

개인적 인간

키에르케고르는 인간의 문제를 한층 더 개인적인 입장에서 바라
보고자 했다. 그는 데카르트의 이원론을 부정하고, 이성이나 경
험 중 어느 것이 더 세상을 올바르게 바라보는 것이냐의 문제에
매달리는 것은 핵심을 잘못 짚은 것이라고 보았다. 둘 다 인간의
본질과 인간 조건의 토대를 잘못 이해하고 있다는 것이다. 그는
헤겔이나 괴테에 대해 비판적인 입장을 견지하면서 각각의 인간
이 개인으로서의 삶을 어떻게 살아야하는가의 문제를 고민하는
것이 철학의 과제라고 믿었다. 인간은 중대한 국면마다 선택의
기로에 놓이게 되는데 올바른 선택이 쉽지 않기 때문에 삶이 고
달픈 것이라고 보았다. 이 책의 서문 첫머리에 철학의 주요 쟁점
에 대한 설명으로 소개된 키에르케고르의 인용구는 위에 설명한
바대로 진퇴양난에 봉착하게 된 인간을 묘사한 것이다.

'내게 진정으로 부족한 것은 내가, 무엇을 알아야할지기 아니
라, 무엇을 해야 할지 마음속으로부터 명확하지 않다는 것이다.
…… 그것은 내가 진실이라고 인정할 수 있는 진실과 생사를 걸
만한 이상(理想)을 찾는 일이다.'

키에르케고르의 작품들 속에서 반복적으로 등장하는 이러한
삶의 괴로움은 실존주의자들에게도 인식되었다. 사실 키에르케
고르는 최초의 실존주의자로 불리기도 한다. 그는 〈불안의 개념〉

'각 세대는 저마다 특징적인 타락의 징표를 지니고 있다. 우리 시대의 경우,
쾌락이나 방종이나 음란함이라기보다 개인을 향한 방탕한 범신론적
경멸일 것이다.'
—키에르케고르

(1844)이라는 책을 통해 우리에게 행동의 자유와 선택의 자유는 주어졌지만 올바른 선택을 하도록 지도해줄 원리원칙의 부재로 인해 생기는 불안과 걱정에 대해 명확하게 다루었다.

그는 세 단계 이론 또는 상충하는 생활 철학들을 발전시켰다. 미(美)를 추구하는 사람들의 관심은 바로 이곳 현세의 삶이며, 현세의 고락이지 위대하고 거룩한 것에 대한 헌신은 아닌 것이다. 절망은 바로 이런 미적 추구에서 발생하는 허무함으로 인해 발생한다. 윤리적 인간이라면 이상의 중요함을 인식하지만 그의 원래 기준대로 살지 못하게 될 때 필연적으로 죄책감으로 인해 피로감을 느끼지 않을 수 없을 것이다.

키에르케고르는 이에 대한 답을 찾기는 했지만, 열렬한 실존주의자라면 그의 해답에 실망하지 않을 수 없었다. 그 해답이 종교이기 때문이었다. 그의 세 번째 단계인 종교적 인간은 전적으로 초월적 이상에 헌신하는 개인을 지칭한다. 키에르케고르는 종교적인 믿음을 이성적 행위가 아닌 신앙적인 행위로 보았다. 실제로 그는, 종교적 진실이 설명 가능한 것이라면 신앙이 설 자리는 없을 것이기 때문에, 신앙을 이성의 반대 개념으로 받아들였던 것이다. 그에게 있어 종교는, 적절한 방식으로 각 개인들에게 다가온 신과 연관된 지극히 개인적인 일이었다.

니체는 종종 가장 뛰어난 낭만주의자로 일컬어지곤 한다. 하

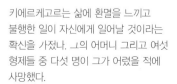

키에르케고르는 삶에 환멸을 느끼고 불행한 일이 자신에게 일어날 것이라는 확신을 가졌다. 그의 어머니 그리고 여섯 형제들 중 다섯 명이 그가 어렸을 적에 사망했다.

지만 19세기가 물러가고 20세기가 그 자리를 대신하게 되면서 낭만주의 운동의 유산으로 낙관주의가 자리를 잡을 것 같았지만 사실은 그렇지 않았다. 쇼펜하우어의 음울과 불안과 근심의 와중에서 횃불을 찾고자 했던 키에르케고르의 혼란이 실존주의 운동에 길을 열어주게 되었다. 실존주의는 인간의 필연적인 고독과 삶의 의미를 찾고자 하는 절망적인 몸부림을 포착한 철학 사조이다.

실존주의를 향해 나아가다

키에르케고르가 실존주의의 토대를 마련했다면 그 씨앗을 뿌린 철학자는 마르틴 하이데거(1889~1976)였다. 여러 면에서 실존주의는 낭만주의 운동의 후속편이라 할 수 있었다. 그것은 특히 개인적인 경험에 의해 자아가 어떤 식으로 형성되는지를 밝힌 프로이트의 뛰어난 연구 업적과 전 인류를 지배하고 있던 종교적 믿음의 퇴보를 배경으로 하고 있었다. 인류는 죽을 수밖에 없는 운명을 직시하면서 삶을 구축해 나가야 한다는 하이데거의 주장은 20세기 철학의 중요한 전환점이 되었다. 그의 저서인 〈존재와 시간〉은 1927년에 발간되어, 다방면에 걸쳐 수많은 후대의 사상가들에게 영향을 끼쳤는데, 특히 장 폴 사르트르가 전개한 실존주의와 알제리 출신의 프랑스 철학자 자크 데리다(1930~2004)를 중심으로 한 해체주의 비평 운동에 지대한 영향을 미쳤다.

실존주의 이전의 존재 문제
실존주의는 하이데거가 '현존재(Dasein)'에 대해 탐구하면서 시작되었다. '현존재'라는 말은 '현실에 있는 우리 자신이라는 존재' 또는 문자 그대로 해석해서 '거기에 있음'을 가리킨다.

하이데거는 '현존재'를 자의식을 지닌 실체(자신의 무상無常함을 알고 있는 실체)라고 보았다. 그 실체는 자신이 유한하며, 죽을 수

나치의 철학자 : 마르틴 하이데거(1889~1976)

마르틴 하이데거는 아마 20세기의 가장 뛰어난 철학자일 것이다. 하지만
그는 (적어도 한동안은) 나치였다. 바로 이 사실 때문에 그의 뛰어난 사상이
매우 복잡한 취급을 받고 있는 것이다. 마르부르크 대학의 철학과 학생
시절에 하이데거는 철학자이자 수학자였던 에드문트 후설(1859~1938)의
영향을 받고 그의 도움으로 직업을 얻게 되었다. 후설이 은퇴하자마자
하이데거는 1928년에 프라이부르크 대학에서 후설의 교수 자리를
물려받았다. 5년 뒤 하이데거는 프라이부르크 대학의 총장에 취임했고, 국가
사회주의 독일 노동자당(일명 나치당)에 가입해서 히틀러를 지지하는 연설을
했다. 그는 이듬해 총장직을 사임했고 나치와의 관계는 더욱 소원해졌다.
그러나 그는 1945년 나치당이 해체될 때까지 나치당원으로 남아있었다. 그는
나치에 협력한 이유 때문에 1945년부터 1949년까지 교수직을 금지당한 이후
단 한 차례도 원직에 복직하지 못했다. 그는 나치에 대한 자신의 태도에 대해
공개적으로 사죄한 적은 없었지만, 자신의 행위를 '내 생애 가장 멍청한
짓'이었다고 사적으로 언급한 적이 있었다. 그가 나치의 공식적인 개혁
조치들에 대해서는 지지를 했지만, 적어도 부분적으로는 은밀하게 반대했을
가능성도 있다. 하지만 그 어느 경우도 확실한 증거는 없다.

밖에 없기 때문에 치명적 운명과 마주해야만 하는 것이다. 이런
인식은 필연적으로 인간을 불안과 공포로 몰고 간다. 그러나 한
편으로 그러한 요소들 때문에 삶은 또한 분명한 의미를 띠기도
한다. 우리가 삶의 확고한 목표를 지니고 살 수 있는 것은 우리
의 유한한 삶을 제대로 인식하는 경우에만 가능하다. 올바른 자
기 인식으로 인해 우리는, 두려움과 죽음의 공포를 마주하면서
도, 우리 자신을 위해 선택한 목표만을 바라보며, 무(無)에서 새
로운 삶을 창조할 수 있는 것이다.(이 선택에 대한 하이데거의 강조는
매우 중요하다.) 이것은 삶을 바라보는 불굴의, 그러므로 쉽지 않은
태도인데 그 태도 안에는 삶의 목표를 제공해 주었던 신의 자리
는 없다. 개인으로서의 우리는 신을 통해 우리 자신을 발견해야
한다고 설파했던 성 아우구스티누스나 키에르케고르와 같은 초
기 철학자들과 다르게 하이데거는 신은 철학적 관점에서는 아무

런 상관이 없는 존재로 보았다. 우리 삶에 방향을 제시해 주는 것은 우리가 죽을 것이라는 확고한 앎뿐이라는 것이다.

인간의 존재는 시간에 의해 규정된다. 과거의 경험들이나 미래에 대한 희망들이 우리가 누구이며, 우리는 무엇을 하는 인간인가를 알려주기 때문이다. 이런 시간적 경험이나 희망은 무생물에게서는 발생하지 않는다. 무생물의 존재 형태는 정적인 것이다.

하이데거는 삶의 참된 방식과 거짓된 방식을 구분했다. 참된 삶은 우리 스스로 선택하고 구축한 것들 중 하나다. 하지만 거짓된 삶을 선택하는 문도 우리에게는 자유롭게 열려 있으며, 하이데거는 거짓된 삶을 선택한다고 해서 꼭 열등한 삶을 사는 것이 아니라는 점을 설명하려고 애썼다. 참[진실]은 세계의 일부분이 되어, 세계 속에서, 우리가 바라는 바대로, 우리 자신을 규정하면서 움직이고 있다. 그러나 '현존재'가 세상에 너무 몰입되어 있기 때문에 그 참을 성취하기란 용이한 일이 아니다. 그렇지만 다행인 것은 불안이 중재자로 거기에 함께 존재한다는 점이다. '현존재'가 실존적 불안에 시달릴 때, 그리고 세상이 갑자기 의미를 상실하고 우리가 우리의 필연적 종말을 직시할 수밖에 없을 때 세계는 뒤로 물러나게 된다.

죽음에 대한 확신 때문에 우리가 자유롭게 삶을 선택할 수 있다는 말은 모순처럼 들린다. 그러나 만일 당신이 불로장생을 보장하는 만병통치약을 찾아냈다고 가정해보라. 그렇게 되면 당신의 모든 야망은 빛을 잃게 된다. 당신은 아랍어를 공부한다거나 정치인이 되겠다는 포부를 지니고 있었다. 그런데 갑자기 무한한 시간이 확보되었다. 그러면 당신은 한가로이 인터넷을 서핑하거나 정원을 가꾸며 시간을 보내도 된다. 당신이 목표를 성취하기 위해 필요한 시간에 한계가 없어져 버렸고, 달성하고자 하는 목표도 무한대로 가능해진 것이다. 성취를 위해 안달복달할 필요가 없어진 것이다. 그리고 당신에게 시급한 것이 무엇인지 공부하거나 선택해야 할 필요도 없어져 버렸다. 삶의 유한성이 야말로 그 삶에 목표를 제공해주는 주요 인자인 것이다. 우리는 반드시 죽을 운명이기 때문에 우리는 선택의 자유를 활용하여 어떤 선택이든 해야만 하는 것이다.

나중에 하이데거는 자신이 실존주의자가 아니라고 부정하기는 했지만, 실존주의의 중요한 동기들은 모두 〈존재와 시간〉 속에 최초로 소개되었다. 〈존재와 시간〉 속에는 존재의 '거기 있음(현존재, being-there)' — 세계 속에서 인간 자신의 위치에 대한 중요성 — 다시 말해 개인의 중요함 — 특히 군중과의 관계 속에서의 중요함 — 불안과 근심, 그리고 죽음과 허무에 사로잡힌 인간, 인간은 어떤 존재인지에 대한 의문을 과학이 제공하지 못하고 있다는 외침, 선택을 통해 자기실현을 완성함에 있어 참[진실]이 서야 할 자리의 문제 등이 다뤄지고 있다. 실존주의는 인간 존재를 구분하는 기존의 시스템을 부정하고 우리 자신을 규정함에 있어 개인의 중요성을 부각시켰다. 본질보다 존재가 더 중요하다는 것이다.

위의 주장은 겉으로 보는 것보다 훨씬 복잡하다. 우리의 개인적 행위들이 우리가 누구인지 보여준다. 그 행동들은 자유로이 선택된 것들이다. 그러므로 우리의 본질은, 유전적으로 결정되거나 사회에 의해 규정된 채 미리 결정되는 것이 아니라, (행동에 따른) 우리의 존재로부터 발생한다. 착한 행위를 하면 그 사람은 착한 사람으로 규정되는 것이고, 잔인한 행위를 하면 그 사람은 잔인한 사람으로 규정되는 것이다.

무엇을 선택할 것인가?

전후 프랑스 실존주의의 대표적인 인물인 장 폴 사르트르는 하이데거와 키에르케고르에 깊이 빠져들기도 했지만, 실상은 그들보다 훨씬 더 멀리 나갔다고 볼 수 있다. 〈존재의 무〉(1943)를 통해 사르트르는 한 시대의 영혼을 사로잡는 강력하고 명징한 설명을 내놓았다. 그는, 인간은 먼저 아무런 목표나 정의(定意) 없이 존재하다가 세상에 속한 자신의 모습을 발견하고, 경험에 대한 반응으로, 삶의 의미를 정의하고자 한다는 사실을 설명하려 했다. 이러한 움직임은 개인적인 노력으로서, 우리가 최선이라고 느끼는 삶을 선택하는 것은 우리들 각자의 몫이라는 것이다. 이는 인간이 어떤 목표를 위해 창조되었으며, 인간은 그 목표의 실현을 위해 꾸준히 노력해야 한다는 아리스토텔레스의 주장과 정반대되는 관점인 것이다.

사르트르에게 인간은 그들의 행위에 의해 규정되는 것이다. 겁쟁이처럼 행동하는 인간은 바로 겁쟁이다. 그러나 그 사람이 겁쟁이가 되도록 강요하는 타고난 본성은 존재하지 않으며, 그 사람이 다른 경우에 용감하게 행동한다면 그는 용감한 사람이 되는 것이다.

과학을 뒷받침하다 : 지그문트 프로이트(1856~1939)

지그문트 프로이트는 오스트리아 출신의 심리학자이며 정신분석학의 창시자이다. 정신분석은 어린 시절의 어떤 경험들이 인간 의식에 의해 억압된다는 믿음을 근거로 한다. 일반적으로 이러한 경험들은 성(性)과 관련이 있지만, 아이가 다른 사람들로부터 야단을 맞았다고 생각하는 일정한 경험도 이에 해당할 수 있다. 이 억압된 기억들은 이후 심리적 혼란을 일으키고 정신병의 원인이 된다. 치료방법에는 환자의 기억을 환기시키고, 그에 대해 토론하는 것이 포함된다. 프로이트의 사상은 시앙 설학과 이념에 엄청난 영향을 미쳤다.

공명심이 강했던 프로이트는 자신이 개척한 혁명적 심리학이 '코페르니쿠스적 혁명'이라고 강조하며, 합리주의자[이성주의자]나 데카르트 철학이 이구동성으로 말하는 것처럼 의식과 자아가 껍데기[그 사람 자신]를 좌지우지하는 것이 아님을 입증했다고 주장했다.

심지어는 신의 존재를 믿는 것도 사르트르에게는 선택의 문제로 비쳤다.(하지만 사르트르 자신은 무신론자였다.) 파스칼이나 성 아우구스티누스가 주장한, 신의 계시를 경험했다거나 이적의 현신을 목격했다는 이야기들에 대한 대답으로 사르트르는 그것들이 진정 신의 계시인지 아니면 환영인지를 판단하는 것은 여전히 개인적인 문제에 해당한다고 말했다. 그 판단은 개인적으로 내려진 것이지 신전(神殿)에 바쳐야할 것은 아니라는 것이다.

사르트르는 모든 행위의 책임을 개인에게 전가함으로써 어떤 강요의 존재를 부정한 것이다. 때때로 어떤 행위는 극한 환경에 대한 반응이나 반발로 촉발된 것이지만, 강요된 선택일지라도 선택으로 유효한 것이고 개인적인 힘이 발휘된 것이다. 이는 자신의 머리에 들이댄 권총으로 위협받는 사람이 명령에 복종할 것인지 아니면 죽음으로 항거할 것인지 선택할 수 있는 것과 같은 이치이다. 그 선택에 따른 결과가 끔찍할지라도 선택의 존재 자체를 필요없는 것으로 만들지는 않는다.

물론 자유의 이면에는 책임이 존재한다. 모든 것이 자유의지로 선택된 것이라면 우리는 우리들의 행위에 전적으로 책임이 있다. 핑계를 대거나, 다른 누군가에게 책임을 전가하거나, 모든 것을 신의 뜻으로 돌릴 수는 없다. 이런 식으로 책임을 회피하는 것은 불성실이나 자기기만적 행위에 해당한다.

사르트르가 규정한 개인으로 사는 일은 쉬운 일이 아니다. 우리들 각자에게는 세 개의 무거운 걸림돌이 있다. 번민과 포기, 그리고 절망이 그것이다. '번민'은 우리가 책무를 인식함에 따라 발생한다. 우리의 선택과 행위들은 다른 인류의 전범(典範) 역할을 한다. 각각의 선택들은 삶이 어떠해야 하는지에 대한 우리의 확신들을 세상에 공표하는 행위에 해당한다. '포기'는 신이 존재하지 않고, 도덕적 문제에 있어 우리에게는 도움이나 지침이 존재하지 않는다는 사실을 인식함에 따라 생겨난다. 우리는 살아가면서 순전히 우리의 힘으로만 문제를 해결해야 하는 것이다.

장 폴 사르트르(중앙)와 시몬 드 보부아르는 파리의 카페에서 정기적으로 만나 토론을 벌였던 철학자, 작가, 그리고 다른 지식인 그룹의 일원이었다.

'절망'은 희망이 부재한 상태에서 일어나는 행위이다. 우리는 모든 것이 최상의 상태가 된다고 확신할 수 없으며, 우리의 믿음을 신의 섭리에 ― 그런데 이 섭리란 것은 존재하지 않는다 ― 맡길 수도 없다. 반대로 우리 자신이야말로 우리가 신뢰할 수 있는 모든 것이며, 우리는 우리의 행위와 선택을 우리가 바라는 바가 이뤄질 수 있도록 재단해야만 한다.

위의 모든 생각들의 결론은 우리는 '자유롭도록 운명지워졌다'는 것이다. 이것은 버거운 짐이기는 하지만, 반드시 비관주의나 절망으로 귀착되는 것은 아니다. 사르트르는, 실존주의는 그 메시지 안에 '엄중한 낙관주의'를 포함하는 것이며 '인간의 운명은 그 자신 내에 위치한다'고 했다. 현대 심리학 용어를 사용해 말하자면 '자율권'을 부여받은 것이다.

사회 내에서 존재하기 그리고 실존주의

개인으로서 우리는 자기 결정권이 있으며, 다른 어떤 대상이나 다른 사람과의 관계에 있어 어떤 책무를 지지 않는다는 사르트르의 확신을 받아들인 프랑스 철학자 시몬 드 보부아르(1908~1986)

는 사회와 시류(時流)가 개인성을 정의함에 있어 반드시 해야 할 역할이 무엇인가에 대해 탐구했다. 보부아르는 〈제2의 성〉(1949)을 통해 개인은 자유롭게 태어났지만 성별의 구분은 필연적으로 여성을 특정한 틀에 ― 그 틀은 사회에 따라 다양한 형태로 나타난다 ― 가둔다는 점을 역설했다. 각각의 여성은 그 자신이 속한 사회의 상황이 규정한 '여성'이라는 용어가 의미하는 바대로 되는데, 솜씨좋은 가정주부가 될 수도 있고, 커리어 우먼이 되기도 하고, 요염한 여성일 수도 있고, 슈퍼맘이나 그 밖의 다른 어떤 것이 되기도 한다. 여성(female)은 사회가 그 여성에게 부합하는 것으로 규정한 역할을 받아들이고 그 역할에 따라 살면서 여자(woman)가 되는 것이다.

사르트르라면 다른 사람의 기대대로 행위하고 나서 그것을 비난하는 것은 '잘못된 믿음'의 소산이라고 말했을 것이다. 그러나 보부아르는 '잘못된 믿음'은 선택의 가능성을 인지하고, 그래서 잠재적으로 자유가 주어질 수 있는 경우에나 붙일 수 있는 수식어라고 주장했다. 사르트르의 주장이 언제나 옳은 것 같지는 않다. 아동들은 그들의 행위가 부모나 보호자에 의해 통제되기 때문에 '잘못된 믿음'에 따라 행동할 수 없다. 그들에게는 어떤 것이 되고자 하는 선택권이 없는 것이다. 아동들은 사춘기에 이르게 되어 실존적 불안이 자리 잡게 되면 각성을 하게 된다. 보부

'여성으로 태어나는 것이 아니라 여자가 되는 것이다.'
– 시몬 드 보부아르 〈제2의 성〉(1949) 중에서

아르는 여성들도 역사적으로 비슷한 통제 속에서 살아왔다고 강조했다. 사회 경제적인 환경이 여성들을 존재로 규정했기 때문에 자유에 대한 잠재적 가능성을 알지 못한 채 살아왔다는 것이다. 결과적으로 여성들이 사회가 바라는 바대로 된 것은 '잘못된 믿음'이 낳은 결과가 아니라는 것이다.

시몬 드 보부아르는 여성해방론자들의 아이콘이 되었다. 〈제2의 성〉과 〈모호성의 윤리〉를 통해 발표된 보부아르의 사상은 여성해방 운동의 중심이 되었다. 여성해방 운동은 여성들이 자신들의 자유를 인식하고, 자신들의 존재를 규정할 줄 알아야 하고, 사회의 규범과 가치가 인간에게 덧씌운 사회적 노예 상태로부터 자신들을 해방시켜야 한다는 주장이다.

어떻게 견뎌낼 수 있을까?

자신들의 신앙을 두고 갈등을 겪는 문제와는 **별개**로 신이 존재한다고 믿는 사람들은 실존적 불안에 동조하거나 그 불안을 핑계로 삼지 않는다. 삶의 목표가 분명한지, 아니면 삶이 거대한 미스터리 덩어리인지에 대해 의문을 갖지 않는다. 하지만 신의 존재를 부정하는 사람들에게는 '내가 왜 여기 있는지'에 대한 의문은 풀기 어려운 숙제이다. 다른 것은 몰라도 '아무런 이유는 없다'라는 대답만은 받아들이기 어려운 것이다. 존재의 위기와

카뮈는 철학자일 뿐만 아니라 훌륭한 축구선수이기도 했다. '나는 스포츠 덕분에 도덕과 인간의 의무에 대해 가장 분명하게 알게 되었다.'고 말하기도 했다.

우리가 왜 있는지에 대한 앎의 위기는 신의 존재를 믿지 않는 사람들에게만 진실로 절박한 것이다. 실존적 불안은 20세기의 특질이다. 하지만 실존주의는 존재에 대해 번민하는 10대들만의 문제는 아니다.

알제리 출신의 프랑스 작가이자 철학자였던 알베르 카뮈(1913~1960)는 실존주의자였으며, 장 폴 사르트르와 파리에서 친구로 지냈다. 하지만 두 사람은 1951년 결별 후 단 한 차례도 대화를 나눈 적이 없었다. 카뮈의 실존주의 철학이 가장 도드라지게 드러난 저작물은 〈시시포스의 신화〉(1942)로서 '부조리'의 문제가 주된 테마이다. 카뮈는 우리 인간의 존재는 의미 없는 세상에서 의미를 찾으려는 시도를 하기 때문에 부조리한 것이라고 주장했다. 그는 모든 인간 노력의 허망함과 무용(無用)을 묘사하기 위해 그리스 신화에 등장하는 시시포스를 끌어들였다. 시시포스는 신들의 저주를 받아 평생 동안 바위를 산 위로 올려야 하지만, 정상에 올리는 즉시 그 바위들이 다시 굴러 떨어지는 형벌을 끊임없이 수행해야 했다. 마찬가지로 우리 인간들도 아무것도 달성하는 바 없이 헛고생만을 하고 있다는 것이다. 존재의 무의미에 대한 서글픈 고민은 필연적으로 다음과 같은 질문을 낳는다. '나는 어째서 자살하지 않는 것인가?' 카뮈는 다른 작가들과 후설이나 키에르케고르, 사르트르, 독일 심리학자 칼 야스퍼

'모든 시대의 모는 노농과 헌신, 모든 영감(靈感), 백일허에 드러나는 인간 창의성의 모든 찬란함들은 태양계의 광대함 안에서 사멸할 수밖에 없는 존재들이다. 그리고 인간의 업적을 모아놓은 전당(殿堂)들은 모두 폐허가 되어 우주의 잔해 속에 파묻힐 수밖에 없다.'
ー버트런드 러셀

> **부조리**
>
> 부조리주의는 세상에서 벌어지는 일들에는 아무런 의미가 없다는 주장이다.
> 이는 불교의 업보(선한 행동을 하면 선한 결과를 낳는다는 믿음)와는 반대되는
> 사상이다. 이들은 세상 자체에는 도덕이란 없다고 믿는다. 사람 자신의
> 도덕적 태도와 행동과는 상관없이 어떤 일은 어떤 누군가에게 발생한다는
> 것이다. 이러한 태도는 모든 것에 우선하는 감추어진 목적이나 방향을
> 부정함으로써 기독교 신앙과는 극명한 대조를 이룬다.

스(1883~1968) 같은 실존적 경향을 지닌 철학자들이 모두 이러한
결론으로부터 도피했다고 보았다. 그들이 실존적 신념을 유지하
기보다 이성적[합리적] 인간과 비이성적[비합리적] 사회 사이에
서 벌어지는 문제들을 조정하려고만 애썼다는 것이다. 그에게
있어 이러한 문제들은 해결될 성질의 것이 아니며 자살은 하나
의 해결책이 될 수도 있다고 본 것이다. 우리는 모두 궁지에 몰
려 있는 것이다. 우리가 부조리라는 입장을 받아들인다면 우리
는 죽음을 받아들여야만 한다. 이를 거부한다면 우리는 벼랑 위
에서 저 아래 심연을 바라보며 위태로운 삶을 사는 꼴이 된다.
우리는 우리가 죽을 수밖에 없는 운명이라는 사실과 삶의 허망
함을 동시에 아주 분명하게 인식하면서 존재하는 것이다.

　카뮈는 '반란'을 옹호했다. 그 반란이란 물러서지 않겠다는 각
오로 현실을 철저하게 자각하는 것을 말한다. 이런 경우 자살은
우리 존재의 조건들을 거부하는 패배 행위가 된다. 그는 '투쟁
그 자체로 우리는 정신을 채울 수 있으며, 시시포스가 행복하다
고 받아들여야 한다.'라고 말했다.

기계로 돌아가다 — 하지만 영혼은 없다

인간을 고려함에 있어 신의 역할이나 어떤 초자연적, 또는 천상
의 영혼을 제거하면 우리는 다시 물질적인 견해로 돌아가게 된

다. 데카르트가 주장한 인체라는 기계가 떠오르지만 이번에는 그 기계를 움직이는 영혼이 존재하지 않는다.

다니엘 데닛(1942~)은 이와 같은 입장을 취한 미국의 철학자이다. 그는 우리의 모든 활동은 뇌가 어떻게 움직이는지를 관찰하면 파악할 수 있다고 주장하면서 정신이 육체와 분리된 실체라는 주장을 받아들이지 않았다. 인성(人性), 지성, 의견, 사고, 꿈 따위의 모든 것들은 신경학으로 치환될 수 있다는 것이다. 그는 세상으로부터 의미를 만들어낸다는 뜻에서 인간의 뇌를 '의미 기계'로 묘사했다. 인간의 의식에는 본래부터 어떤 특별함이나 신비로움이 있을 수 없다고 주장하면서, 의식이 있는 것처럼 보이는 대상과 실제로 의식이 있는 것 사이에는 계량할 수 있는 실제적 차이가 없다고 역설했다. 따라서 컴퓨터에게도 의식이 있는 것이 된다. 현재는 인간의 지성이 동원되어야만 가능한 일들을 ― 농담을 한다거나 시를 짓는 따위의 일들 ― 컴퓨터가 점점 더 잘하게 됨으로써 진짜 지능과 인공지능 사이의 구별 및 참 의식과 모방된 의식 사이의 구별은 점점 더 의미를 상실하게 될 것이고, 결국 그 차이가 완전히 없어질 것이라는 주장이다.

데닛은 온도조절 장치도 세상에 대한 '믿음'을 갖고 있다고 했다. 온도조절 장치가 세상에 대해 인간의 믿음과 별 차이가 없는 추정을 근거로 움직인다는 것이다. 믿음과 동일한 결과를 낳는다는 점에서 그렇다는 것이다. 뇌는 복잡한 컴퓨터 이상의 것이 아니며, 정신은 다윈의 진화론적 산물일 뿐이라고 역설했다.

또 다른 미국의 철학자며 인지과학 분야의 선구자인 존 설(1932~)은 인간의 뇌가 컴퓨터와 흡사하다는 데닛의 주장을 반박했다. 존 설은 컴퓨터에게도 의식이 있을 수 있다는 견해에 대해 '강력한 인공지능'으로 규정하고 '중국어 방(Chinese Room)'이라는 사고(思考) 실험을 통해 이의를 제기한다.

존 설에 따르면 인간의 정신은 의도성에 의해 컴퓨터와는 확연히 구별된다고 한다. 컴퓨터는 형식적인 기호조작의 처리라는

측면에서 언어 구성 규칙에 따라 규정되므로 의식이라고 하기에
는 많이 부족하다고 주장한다.

의식의 대두

의식이 컴퓨터가 경험할 수 없는 어떤 것이라면, 도대체 그것은
정확히 무엇이며 어떤 식으로 나타나는 것일까? 존 설은 정신과
의식에 관한 자신의 이론을 설명하면서 데카르트의 이원론을 부
정했다. 정신은 비물질적인 어떤 것이며 육체와는 구별되는 것
이라는 주장을 거부한 것이다. 그는 또 데넷과 같은 사상가들의
환원주의도 배격했다. 환원주의는, 의식은 뇌에서 일어나는 일련
의 물리적 처리절차로 환원될 수 있다는 주장을 말한다.

　대신에 존 설은 스스로 '생물학적 자연주의'라고 이름 붙인 입
장을 취했다. 의식은 뇌에서 일어나는 고유한 특성이다. 그는 자
신의 사상을 설명하기 위해 물의 비유를 들었다. 습한 것[물기가
있는 것]은 물이 생성하는 특질이다. 물 분자들이 집단적으로 움
직임에 따라 물의 모습을 띠게 되는 것이다. 어떤 개별적 분자도
'습(濕)'할 수 없다. 습하다는 것은 물 분자 전체 시스템의 특징이
며, 물이 액체 상태에 있을 때 그 분자들이 움직이는 모습인 것
이다. 같은 식으로 표현해서, 우리는 하나의 신경을 지칭해서 '이
것은 의식이 있다'고 할 수 없다. 의식은 전체 시스템의 결과로

중국어 방 논쟁

중국어를 마음대로 검색할 수 있는 번역 도움서가 비치된 방 안에 있다고
상상해보자. 이때 누군가가 중국어로 작성된 질문지를 벽에 난 구멍을 통해
들이민다. 당신은 그 번역 도움서를 이용해 답을 찾아 중국어로 적어 다른 구멍을
통해 그 사람에게 건네준다. 그러면 그 방 밖에 있는 사람은 당신이 중국어를
이해하고 있다고 판단할 것이다. 사실 당신은 중국어를 하나도 모르는데 말이다.
중국어 방은 인공지능의 유사물이다. 이때 사용된 번역 도움서는 일련의 법칙에 따라

서 생겨나는 것이다. 미시(微視) 단계에서 ─ 아마도 개인의 신경 단계에서 ─ 발생한 사건들이 거시(巨視) 단계에 이르러 우리가 의식이라 부르는 현상을 만들어낸다는 것이다.

뇌 전문의가 미시 단계의 특징들은 객관적으로 관찰할 수 있지만, 같은 방식으로 고통이나 욕망 또는 기쁨과 같은 거시 단계의 특징들에는 접근할 수 없다는 점을 들어 생물학적 자연주의를 이원론의 한 형태로 간주하는 사람들도 있다. 하지만 존 설은 이런 주장에 동의하지 않는다. 그는 의식은 물질적 특성을 나타내는 것들 중의 하나라고 주장한다. 그것은 신경의 작용으로, 분출하는 주스처럼 분리되는 어떤 것이 아니다. 그것은 조직이 그 안에 자리 잡은 어떤 상태를 말하며, 그 시스템의 일부분이어서 그것과 불가분의 관계를 지니고 있다. 의식이 어떻게 작용하는지 ─ 미시 단계의 움직임이 어떻게 거시 단계에서 의식을 형성하는지는 신경 과학자들의 몫이다. 그러나 적어도 철학적인 관점에서는 답이 나온 것이라고 존 설은 주장한다.

데이터를 조작하고 답을 산출하는 컴퓨터 프로그램과 동일한 것이다. 이 시스템은 지능으로서의 외형은 갖추고 있지만 사실은 그렇지 못하다. 존 설은 '정신과 관련된 컴퓨터 모델은 실제로 의식이 있는 것이 아니다. 이것은 마치 소화기관과 관련된 컴퓨터 모델이 실제로는 피자를 먹을 수 없는 이치와 같다'고 주장한다. 사랑에 빠지거나, 독서를 하고, 술에 취하는 시연을 하는 컴퓨터는 실제로 그런 일을 경험하는 것이 아니고 그저 입력된 처리과정을 흉내 내는 것에 불과하다.

우리는 감각을 통해 세상의 정보를 받아들입니다
그러나 그 정보는 정말 신뢰할 만한 것일까?

우리는 무엇을 알 수 있을까?

WHAT CAN WE KNOW?

'(영혼은) 몸 안에 단단하게 얽매여 있는 진정한 죄수이
다. …… 스스로 실재(實在)를 살피기보다 감옥의 창살
을 통해 밖을 바라볼 수밖에 없다.'
  − 플라톤 〈파이돈〉 중에서

'어떤 것이 의미 있다고 말하는 것은 우리가 그것을 어
떻게 계획했으며, 그것이 무엇인가를 이해했으며, 타인
에게 어떻게 이해되었는가를 말하는 것과 같다. 그렇지
않다면 나는 하찮은 미물에 불과할지도 모른다. 공원에
나무가 쓰러져도 돈바줄 사람이 없다면 아무에게도 알
려지지 않은 채 이름 없이 사라질 뿐이다. 그리고 우리
가 사라져야 할 운명이라면 그때는 풀 한포기 없을 것
이며, 모든 의미는 우리와 함께 사라져 버릴 것이다.'
  − 윌리엄 포셋 〈자연 상태〉(1754) 중에서

우리의 정신이 존재한다는 것 말고 무엇을 확신할 수 있을까? 파란색을 모두 똑같은 방식으로 인식할까? 태양은 정말 뜨겁고 둥글까? 틀림없는 것처럼 보이는 대상도 때로는 우리를 속일 수 있다. 태양과 달은 거의 같은 크기로 보인다. 우리의 감각에 의해 입증된 것과는 다른 조사 방법을 동원하면 우리의 상식적인 추정이 얼마나 오류투성이인지 드러난다. 이러한 '앎'의 문제를 다루는 철학의 한 분야가 인식론이다.

당신이 제대로 알고 있다고 믿게 만드는 것은 무엇인가?

우리는 사물을 어떻게 아는 것일까? 지식의 특성과 어떻게 확신을 가질 수 있게 되는지의 문제는 무려 2천 5백 년 동안이나 철학자들을 괴롭혀왔다. 사물에 대해 아는 데에는 세 가지 방법이 있다고 할 수 있다.

- 우리의 감각에 의한 증명 : 경험 즉, 보고 듣는 것과 같은 감각자료를 처리하여 사물을 알 수 있다. 책상을 보거나 만질 수 있기 때문에 그것이 존재한다고 확신할 수 있는 것이다.
- 이성 : 이성이나 일련의 논리적 사고를 통해 지식을 얻을 수 있다. '가로, 세로의 길이가 두 배로 늘어나면 사각형의 면적은 네 배가 된다'와 같은 명제가 참이라는 것을 이성적으로 받아들일 수 있다.
- 타고난 믿음 : 신이나 영혼의 존재가 사실이라는 확신을 갖고 있으면 자신에게는 영혼이 있으며, 신이 존재한다는 것을 믿을 수 있게 된다.

이러한 각각의 방법들을 얼마나 신뢰할 수 있는지에 대해 오랫동안 논란이 이어져왔다.

> **안다는 것과 알게 되는 방법**
> 철학자들은 앎의 형태를 각각 다르게 구분한다.
>
> • 어떤 것을 앎, 또는 명제적 지식은 인식론에서 가장 중요하게 다뤄진다.
>   이것은 10 곱하기 10이 100이라는 사실을 아는 것이나 물리학의 법칙을
>   아는 것 등에서 그 예를 찾을 수 있다.
> • 어떻게 아는가의 문제는 습득된 기술과 연관이 있다. 곱셈을 안다거나
>   자전거 타는 법을 아는 등의 기술을 말한다.
> • 직접지식은 어떤 사람이나 장소를 아는 것과 연관이 있다.

우리는 어떻게 확신할 수 있는가?

확신한다는 주장에 대해 최초로 의문을 제기한 것으로 알려진
인물은 그리스 철학자 크세노파네스였다. 그는 소크라테스보다
먼저 비록 참(truth)을 발견했다 해도 우리가 발견한 것이 실제로
정확한 것인지, 우리가 생각한 그대로인지 확인할 길은 없다고
했다. 그렇다고 해서 철학적 의문조차 불필요한 것은 아니다. 철
학은 진실이 무엇인지 알 수 없다 해도 오류는 밝혀낼 수 있고
거짓이 무엇인지를 알려줄 수는 있다.

크세노파네스가 사망한 BC 470년경에 아테네에서 태어난 소
크라테스는 종종 유일하게 확신할 수 있는 것은 자신의 무지뿐
이라고 주장했다. 그의 가르침은 대부분 '아름다움'이나 '믿음'
과 같은 상식적인 개념들의 정의를 묻는 방식이었다. 그는 이런
질문을 던진 후 정중늘이 답을 내놓으면 어떤 답이든지 다시 한
번 심사숙고하지 않을 수 없도록 만든 후 조리 있는 논쟁을 통해
모순과 역설에 빠지도록 만들었다. 이런 과정을 통해 소크라테
스는 기존의 생각들을 무비판적으로 받아들이는 것이 얼마나 위
험한지를 보여주고자 했던 것이다. 그는 무언가에 대해 확실히
알고 있다는 사람들을 자주 만나 논쟁을 통해 그들을 무너뜨리

소크라테스(BC 470~399)

소크라테스는 그의 고향인 아테네를 떠돌아다니며 대화와 웅변을 통해 가르침을
주었던 철학자다. 그는 군인으로 펠로폰네소스 전쟁(BC 431~404)에 참여한 후, 그
전쟁에 뒤따른 정치적 혼란에 휘말렸다. 그 후 석공으로 일하면서 가족을 부양했다.
그는 조각가였던 아버지로부터 충분한 유산을 물려받았으며, 그 덕택으로 철학적
열정을 불태우는데 재정적인 어려움을 겪지 않을 수 있었다. 소크라테스는 이후
덕성(德性)의 발달을 연구하는 데 심혈을 기울였다. 그는 말년을 아테네의 귀족
청년들과 논쟁을 벌이며 시간을 보냈는데, 이로 인해 부모들의 원성을 사는 일이
잦았다. 그는 가르침에 대해 어떤 보수도 받지 않았으며, 그를 따르던 젊은 제자들은
그에 대해 열렬한 충성심을 보이는 경우가 많았다.

소크라테스는 매우 완고한 태도를 견지했던 인물이어서 아테네 사람들은 얼마 지나지
않아 그에게 적대감을 드러냈다. 그는 당시 사람들의 사회에 대한 무조건적인 믿음과
지식을 비판하면서, 그들에게 비판적 사고를 권장했다. 결국 아테네 시민들은
소크라테스가 청년들의 정신을 오염시키며 신을 부정한다고 비난하며 재판에
회부했다. 소크라테스의 논쟁적인 대응은 재판에 아무런 도움을 주지 못했다. 또, 그는
스스로 어떤 형벌을 받는 것이 좋은지 결정해 보라는 제안을 받았을 때 대중이 모이는
커다란 식당에서 한 끼의 식사를 할 수 있으면 족하다는 답변으로 배심원들을 더욱
화나게 만들었다. 그는 철학을 가르치는 일을 그만두면 형벌을 면해준다는 권고를
받았지만 이를 거절하고 사형을 받아들였다. 그는 BC 399년에 친지들과 제자들이
지켜보는 가운데 독미나리로 제조한 사약을 마시고 죽었다.

소크라테스는 토론을 통해 가르침을 주었지만 어떤 기록도 남기지 않았다. 우리가
지금 그의 토론 방법과 사상에 대해 아는 것은 모두 그의 당대 인물들과 그의
제자였던 플라톤의 저작들을 통해서이다. 그는 서양 철학의 창시자로 간주되며,
온전한 철학적, 형이상학적 탐구를 수행했던 첫 번째 철학자로 인정받고 있다.

소크라테스는 탈옥을 거부하고 형벌로 내려진 독미나리 독배를
마셨다. 플라톤은 〈크리톤〉에서 소크라테스가 '하나의
부당함(처형)이 다른 부당함(탈옥)을 정당화할 수 없다'고 말한
것으로 기록하고 있다. 심지어 크리톤이 이렇게 죽게 되면 자녀들이
고아가 될 것이라며 탈옥을 권했을 때도 그것을 거절했다.

곤 했다. '소크라테스의 대화법' 또는 '변증법'이라고 알려진 그의 논법은 현대 철학과 그 밖의 지속적인 비판적 성찰의 훈련에 널리 활용되고 있다.

앎에 대한 두 가지 접근법

소크라테스가 플라톤을 가르친 것처럼 플라톤도 아리스토텔레스를 가르쳤다. 이 전통은 가장 위대한 사상가 셋이 만들어낸 지적 계보이다. 이 놀라운 역사적 사건으로 인해 서양 사상은 2천 년 동안 일정한 방향을 유지할 수 있었다.

이성을 신뢰하다

플라톤은 우리가 무엇을 알 수 있으며 그것을 어떻게 찾아낼 수 있는지의 문제를 소크라테스가 마련해놓은 이성주의적 관점으로 접근했다. 우리가 참 세상이라고 인식하는 것이 단지 그것이 흉내 낸 그림자에 불과하다면 감각을 통해 올바른 지식을 획득할 수 없다는 주장은 플라톤의 형상 이론과 직결된다. 우리가 진리를 밝히는데 감각을 신뢰할 수 없다면 도대체 무엇을 신뢰할 수 있을까? 이에 대한 플라톤의 답은 '이성'이다.

플라톤의 〈메논〉에는 소크라테스와 부유한 청년 장군 메논과의 대화가 등장한다. 메논은 노예들로 구성된 대단위 수행원단을 이끌고 방금 도시에 입성하는 길이었다. 소크라테스와 메논은 미덕이란 무엇이며, 그것은 교육될 수 있는지를 놓고 논쟁을 벌였다. 그 대화에는 '메논의 역설'이 등장하나. 소크라테스의 말에 혼란을 느낀 메논은 말한다. '그대는 무엇인지를 모르는데 어떻게 어떤 것을 구할 수 있는가? 또 설령 그대가 어떤 것을 발견했다고 해도 발견한 그것이 몰랐던 그것이라는 것을 어떻게 알 수 있는가?'

소크라테스는 이 질문에 대해 이렇게 고쳐 말한다. '사람은 자

우리는 철학을 어떻게 알게 되는 것일까?

철학적 사고(思考)를 제시하는 여러 가지 방법들이 있을 수 있다. 그중 중요한 것들만 간추려 보면 다음과 같다.

- 소크라테스의 토론법과 플라톤의 대화법 : 서로 다른 관점을 제시한 후, 각색된 대화나 변증법적 토론을 통해 그것들을 분석하는 방법. 우선적 관점(설득력 있는 관점)이 더 좋은 점수를 얻고, 반대 관점을 물리친다. 또는 두 가지 관점 모두에 똑같은 확신을 주고 상대방이 각 경우의 장점을 판단할 수 있도록 유도한다.
- 논리적 삼단논법 : 아리스토텔레스가 사용한 방법이다. 하나의 진술로부터 시작해서 다른 명제가 반드시 그로부터 발생할 수밖에 없음을 보여주는 논리법이 사용된다.
- 경구(警句) : 마르쿠스 아우렐리우스가 〈명상록〉(170~180)에서 밝힌 방법이다. 간결하고 기억에 남는 사고 표현 방법을 말한다. 어떤 논쟁이나 주장도 개입하지 않는다. 경구는 그것이 스스로 지닌 장점에 따라 받아들여지기도 하고 거부당하기도 한다.
- 정(正, thesis)과 반(反, antithesis) : 토마스 아퀴나스가 소개한 정/반의 원리를 말한다. 아퀴나스는 자신의 주장을 〈신학대전〉을 통해 피력했다. 그는 우선 질문을 던지고, 합당한 주장과 함께 반대 입장을 펼친 다음, 역시 합당한 주장과 함께 (원하는 답을 지닌) 올바른 주장을 제시한다. 그러고 나서 결론적으로 강력한 반대논리를 내세워 상대방 입장을 논박한다. 헤겔은 정/반과 함께 '합(合, synthesis)'이라는 새로운 결론을 도입했는데, '합'은 정과 반을 서로 비교한 다음 새로운 지식으로 나아가는 과정에서 발생한다.
- 명제 : 루드비히 비트겐슈타인(1889~1951)이 소개한 방법. 논리적 전개가 처음부터 끝까지 설득력 있는 주장으로 전개되는 일련의 진술을 말한다.

신이 무엇을 아는지, 또는 무엇을 모르는지에 대해 탐구할 수 없다. 사람은 알고 있는 것에 대해서는 이미 알고 있으므로 탐구할 필요가 없으며, 모르는 것에 대해서는 무엇을 알아야 할지 모르므로 탐구할 수 없는 것이다.'

소크라테스는 줄곧 지식이 선험적이라는 사실을 보여주려고 노력한다. 불멸인 영혼은 인체에 깃들기 전에 이미 지식을 갖고

아테네 사교계의 여인이자 페리클레스의 정부(情婦)였던 아스파시아는 대화에 능숙한 여인이었다. 소크라테스를 비롯하여 여러 철학자들이 그녀의 집에서 벌어지는, 현대판 살롱(salon)에 해당하는, 모임에 자주 참석한 것으로 알려져 있다.

있는데, 사는 동안 어떤 자극에 의해 그것이 발현되는 것이다. 그는 이 사실을 메논의 소년 노예 한 명을 이용해 증명해 보이려 했다. 그 노예는 처음에는 기하학 공식을 모르고 있었다. 하지만 소크라테스는 그 노예에게 질문을 함으로써 결국 그 소년 노예가 공식을 말하도록 만들었다. 소크라테스는 자신이 노예에게 아무것도 가르친 것이 없기 때문에 그 노예가 답을 알 수 있는 것은 선험적 지식을 기억하고 있기 때문이라고 주장한다.(물론 이 주장은 설득력이 없다. 그 소년은 자신의 이성을 동원해 문제를 푼 것이다. 소크라테스는 질문을 이용해 그 소년이 올바른 방향을 찾도록 이끌어주었을 뿐이나.)

이 대화가 던져주는 최종 결과는 지식은 '정당화된 참된 신념[합리적으로 설명된 참된 신념]'이라는 것이다. 이 '정당화된 참된 신념'이라는 주장은 미국의 철학 교수인 에드먼드 게티어(1927~)가 등장하는 1963년까지 폭넓게 받아들여졌다. 게티어는 '정당화된 참된 신념'을 지식으로 간주할 수 없는 경우가 때때로 발생한다고 주장했다. 이것은 어떤 사람이 단지 우연의 결과로 생긴 참됨을 정당화된 신념으로 받아들일 때 일어날 수 있다. 예를 들어, 적갈색 머리칼의 남성과 사랑에 빠졌던 어떤 여성이 그 남성과 결혼할 것을 굳게 믿는 경우, 그녀는 자신의 미래의 남편은 적갈색 머리칼을 소유한 남자가 될 것이라는 점도 굳게 믿게 될 것이다. 그런데 사실 그녀는 그 남성과 헤어지고 다른 남성과 결혼을 했는데, 그 남편의 머리칼도 우연히 적갈색이었던 것이다. 이런 경우 그 여성의 신념은 정당화되고 사실이 되었지만, 그렇다고 해서 그것이 참 지식은 아닌 것이다.

플라톤은 자신의 철학적 주장을, 소크라테스가 다른 사람들과 나눈 일련의 대화들을 통해 피력했다. 그렇게 함으로써 자기 주장의 논거를 제시했던 것이다.

감각의 수호자

플라톤 학당의 가장 유명한 제자는 분명 아리스토텔레스였을 것이다. 그는 플라톤의 '형상' 이론에 맞서, 인간은 감각을 통해 세상에 대해 배울 수 있다는, 경험적[실증적] 증거의 중요성을 옹호했다. 과학적 방법의 토대는 아리스토텔레스의 경험주의[실증주의]에서 찾을 수 있다. 아리스토텔레스는, 질적인 비교와 평가를 포함하여, 철저하고 체계적으로 세상을 탐구하면 현상에 대

이성주의(합리주의)
이성주의자들은 지식은 오직 이성을 적용해서만 발견될 수 있다고 주장한다. 지식을 획득하는 데 주변 세상에서의 경험은 필요도 없고, 믿을 바라지도 않다는 것이다.

• 아 프리오리(a priori, 선험적 지식)는 경험하기 전에 이미 알고 있는 지식을 말한다. 이 지식은 이성에 의해 얻어진 것일 수도 있고, 타고난 것일 수도 있다.(이는 경험의 의거한 지식이 아니다.)

한 답을 얻을 수 있다고 가르쳤다. 그에 따르면 이런 현상들은 참된 실재(實在)를 반영하는 것이며, 그 반대로 우리가 포착할 수 없는 모호하며 값싼 실재(實在)들은 그 현상 속에는 드러나 있지 않다고 했다.

반신반의

그리스 철학자 섹스투스 엠피리쿠스(160~210년경)는 책 11권 분량에 해당하는 철학서를 남겼는데, 그 중에는 '피론의 회의론자들'에 대한 이야기가 들어있다. 이 책들은 (피론의) 회의론에 대한 유일한 자료가 되고 있지만 엠피리쿠스 개인에 대해서는 별로 알려진 것이 없다. '피론의 회의론자들'은 BC 3세기경 피론이라는 철학자가 설립한 단체였다. 피론 자신은 소크라테스와 마찬가지로 아무런 기록을 남기지 않았다. 이들 '회의론자'들의 주된 주장은, '우리는 어떤 명제에 대해, 그에 반하는 명제를 신뢰하는 것 이상의 확신을 가지고, 그 명제의 거짓을 주장할 수 없다'는 것이었다. 이와 같은 피론의 철학은 '그것보다 더 이렇지 않다(No more this than that)'라는 말에 축약되어 있다. 그렇기 때문에 우리는 시간이 총알처럼 빠르다는 것을 그렇지 않다는 것보다 더 확신할 수는 없다는 말이 된다.

회의론에 대해 좀 더 살펴보자. 같은 대상을 먼 거리에서 볼

• 아 포스테리오리(a posteriori, 귀납적 지식)는 경험의 결과로 얻어진 지식이다.(이것은 경험[실증(實證)]에 의한 것이라 할 수 있다.)

때와 가까이에서 볼 때 서로 다르게 보인다. 하지만 가까이에서 본 것이 훨씬 더 진실하다는 근거는 어디에도 없다. 예를 들어, 숲은 멀리 떨어져 보아야만 더 잘 보인다. 아주 가까이 다가가면 우리는 그저 나무 몇 그루가 서 있는 것을 볼 수 있을 뿐이다. 실재와 겉모습의 차이는 좁혀질 수 없다. 왜냐하면 우리가 실재에 대해 알고 있는 것은 모두 오류투성이인 우리 인체의 감각기관을 통해 받아들인 것이기 때문이다. 어떤 것이 다른 것보다 사실에 더 가깝다는 확신을 갖기는 불가능하다는 것이다.

플라톤(BC 427~347)

플라톤은 아테네로 짐작되는 지역의 귀족 가문에서 태어났다. 두 명의 남자 형제와 한 명의 누이가 있었다는 것 외에 그의 유년 시절에 대해서는 알려진 것이 별로 없다. 그는 소크라테스의 문하생이었으며, 소크라테스와 다른 사람들과의 대화를 기록한 자신의 저작물들을 통해 철학적 사상을 드러냈다. 플라톤은 이탈리아, 시칠리아, 이집트, 키레네(리비아) 등지를 여행하고 마흔에 아테네로 귀환한 것으로 짐작된다. 그는 아카데미라 불리는 서양 역사상 최초의 체계적 교육 기관(또는 대학)을 설립했다. 아카데미는 BC 84년에 파괴될 때까지 교육기관으로서의 역할을 수행했다. 아리스토텔레스는 그 아카데미 수강생들 중 한 명이었다.

소크라테스의 문하생이자 아리스토텔레스의 스승이었던 플라톤은 역사상 가장 위대한 철학자 중 한 명이다.

플라톤은 종종 자신이 순수한 진리는 결코 글로 옮길 수 없다고 하면서 그것을 가깝고 믿을만한 친지들과의 대화를 통해서만 공유했다. 글로는 정확히 설명할 수도 없고, 저자가 없는 경우 그 작가의 글을 올바르게 옹호할 수 없기 때문에, 글은 중요하고 까다로운 소재를 설명하는 적당한 도구가 아니라고 했다.

플라톤은 형이상학(실재의 본질), 인식론(실재에 대하여 우리는 무엇을 알 수 있는가), 정치학, 윤리학 등의 철학 사상에 매우 중요한 저작물을 남겼다.

회의론의 목표는 정신없이 밀려드는 의문으로부터 고요한 해
방감이라는 위안을 얻는 것이다. 그러나 구하고자 하는 진리가
충족되지 않는다면 회의론은 자칫 근심과 무관심으로 빠질 우려
가 있다. 그래도 엠피리쿠스는 회의론이 고요와 평화를 가져다
줄 것이며 이것이 바로 회의론의 궁극적 목표라고 강조한다.

우리가 어떤 것들은 분명하게 좋은 것들(즉, 건강이나 가족과 같은
대상)이고 다른 것들은 나쁘다고(즉, 가난과 같은 대상) 확신한다고
해보자.

- 우리는 만일 나쁜 것들이 생기고 좋은 것들이 안 생긴다면 화가
  날 것이다. 그러나 좋은 것들로부터 어떤 이득을 취하게 된다면
  우리는 그것을 잃게 될까봐 근심할 것이다.
- 반면에 회의론자들은 어떤 것이 좋은 것이고 나쁜 것인지, 착하고
  선한 것인지에 대해 판단하지 않는다. 대신 그들은 어떤 것을 특
  별하게 갈망하거나 회피하지 않으면서 운명의 변화에 휘둘리지
  않는다. 그런 식으로 평온한 삶을 사는 것이다.

물론 회의론적 삶을 사는 것은 만만한 일이 아니다. 회의론을
비판하는 사람들은 회의론자들의 주장이 스스로를 옭아매는 특
징이 있다고 강조한다. 우리가, 하나의 명제가 그 반대 명제보다

경험주의(실증주의)
경험적 실재(實在)는 물리적 감각에 의해 획득 가능하다는 믿음을 말한다. 뿐만
아니라 경험주의자들은 경험적 실재를 측정하거나 관찰할 수 있으며, 세상과의
직접적인 접촉에 의해 알 수도 있다고 주장한다.

'유럽 철학의 전통은 플라톤 철학의 각주들로 구성되어 있다.'
ー화이트헤드 〈과정과 실재〉(1929) 중에서

우위에 있음을 주장하지 못한다면 회의론자들의 주장도 같은 경우를 면할 수 없다는 것이다. 다시 말해, '이렇게 살아서는 안 된다'는 것보다 더 명확한 확신을 갖고 '이렇게 살아야 한다'고 말할 수 없다는 것이다.

신앙을 통한 지식

기독교의 도래와 함께 지식에 대한 새로운 통로가 전지(全知)한 신의 모습을 띠고 나타났다. 성 아우구스티누스는 철학과 종교를 진리 탐구의 도구로 여겼다. 물론 그는 종교가 훨씬 더 상위의 진리를 탐구하는 길이라고 믿었다. 그의 철학의 중심에는 궁극적으로 신앙을 통해서만 지혜에 도달할 수 있다는 믿음이 자리 잡고 있었다. 그는 이성만으로 얻을 수 있는 지혜도 있지만, 진정한 이해를 위해서는 신앙이 반드시 필요하다고 생각했으며, 다음의 성경 구절을 수시로 인용했다. '너희가 믿음 안에 굳게 서지 못한다면, 너희는 절대로 굳게 서지 못한다!(이사야서, 7 : 9)' 아우구스티누스가 이런 결론을 얻기까지는 험난한 여정을 겪어야 했다. 청년 시절에는 신앙을 부정했지만, 30대 초반에 개종한 후, 이성을 통해 신앙의 원리를 밝히는 일에 착수했다.

과학 혁명

16세기까지 서양 세계는 고전주의 시대의 영향에서 벗어나지 못했다. 그 후 1550년 경 예술과 인문 분야에서의 르네상스 기간 동안 과학적 진보가 이루어져 우주에서 인간의 위치를 재평가할 수 있게 되었다. 이러한 변화가 가져다 준 충격은 실로 엄청난 것이었다. 미신과 고대의 맹목적 신앙 및 권위 대신 탐구정신과 연구, 도전정신이 사람들로 하여금 과학적 수단을 통해 진실을 찾을 수 있도록 이끌었다. 그리스 로마의 천문학자 프톨레마이오스(90~168년경)뿐만 아니라 아리스토텔레스와 고전 시대의 연구결과에 이끌렸던 중세 학자들의 과학 서적들까지 마침내 의심의 대상으로 전락하게 되었다.

만물이 네 가지 원소(흙, 불, 공기, 물)로 구성됐다는 아리스토텔레스의 '4원소설'과 지구를 중심에 두었던 프톨레마이오스의 천동설은 당시 도전을 받은 전통적 믿음 중 대표적인 것들에 불과했다. 아리스토텔레스가 당시 살아 있었다면 자신이 선호했던 실증적 조사 방법이 동원되어 세상의 물리적 원칙과 관련해 자신이 내세웠던 설명이 폐기된 것에 흡족하게 여겼을 것이다.

진보는 자연스럽거나 쉽게 이루어지지 않았다. 교회는 여전히 세상은 영원불변한 것이며, 인간이 우주의 중심이고, 신이 하는 일은 탐구 대상이 아닌 불가사의한 것이라는 믿음을 바꾸지 않고 있었다. 프톨레마이오스가 주장했던 천동설과 달리 지구가 우주의 중심이 아닐 수도 있다는 주장을 이단으로 간주한 종교 권력도 있었다. 1616년에 이탈리아의 천문학자 갈릴레오 갈릴레이(1564~1642)가 종교재판의 압력 때문에 코페르니쿠스의 지동설에 대한 자신의 신념을 철회하고 말았지만 교회는 밀려오는 도도한 변화의 물결을 막을 수는 없었다. 결국 과학적 증거들이 하나씩 그 체계를 갖춰나가자 그로 인해 종교

성 아우구스티누스는 히포 레기우스(현재의 알제리 지방)에서 태어났다. 그는 389년에 개종하기 전까지는 방탕한 삶을 살았다.

'신의 손으로 떠받쳐지지 않는다면 지구가 어떻게 공중에 떠 있을 수 있을까? 위에 떠 있는 하늘은 줄곧 빠르게 움직이는데, 신이라는 창조주가 그것을 붙들어 매지 않았다면 도대체 무슨 수로 지구는 움직이지 않고 있을 수 있을까?'
- 칼뱅 〈시편 주석서〉(1557) 중에서

바티칸 당국은 1633년에 갈릴레오에게 종신 가택연금형을 내리고, 지구가 태양 주위를 돈다는 사실을 가르치지 못하도록 하였다. 그의 저서 〈두 가지 주요 세계관에 대한 대화〉는 1824년까지 바티칸의 금서목록에 포함되어 있었으며, 바티칸은 갈릴레오에 대한 판결을 2000년까지 사과하지 않았다.

프톨레마이우스가 구상한 태양계의 모형은 그가 남긴 천문학서인 〈알마게스트〉(150년경)에 남아 있다. 그는 동심원을 이루는 구의 중심에 지구를 놓고 다른 천체들이 그 주위를 돌고 있다고 생각했다. 천문학적 관찰의 발달에 따라 이 모형이 설 자리를 잃게 되자 관찰된 사실에 꿰맞추기 위해 점점 더 많은 날조가 필요하게 되었다.

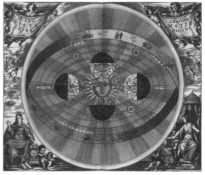

폴란드의 천문학자 코페르니쿠스는 태양계의 중심에는 태양이 자리 잡고 있으며, 지구도 다른 행성들과 함께 그 주위를 돈다고 주장했다.

> ### 지구는 코페르니쿠스를 위해 돈다
> 니콜라우스 코페르니쿠스라고 더 잘 알려진 폴란드의 수학자겸
> 천문학자였던 니콜라이 코페르닉(1473~1543)은 태양이 중심에 있고 행성들이
> 그 주위를 돈다는 태양을 중심에 둔 태양계 모형을 발전시켰다. 세상의
> 반응이 두려웠던 나머지 그는 자신의 논문인 〈천구의 회전에 관하여〉를 죽기
> 직전인 1543년에야 발표했다. 한참 후의 엄청난 영향에 비하면 그 논문의
> 초기 반응은 미미했다. 바티칸도 코페르니쿠스가 사망하고 73년이나 지난
> 1616년이 돼서야 이를 금서목록에 올렸을 정도였다. 바티칸이 금서목록을
> 작성하기 시작한 것은 1559년부터이다. 그렇기는 하지만 그의 주장이 그가
> 살았을 적 두루 알려지고 비판을 받았던 것은 사실이다. 독일의
> 종교개혁가였던 필리프 멜란히톤(1497~1560)은 코페르니쿠스의 모형이,
> '감각에 의한 입증과, 천년에 이르는 과학적 인간들의 일치된 의견, 그리고
> 성경의 권위에 반하므로 법으로 금지해야 한다.'고 했다.

교리는 서서히 힘을 잃게 되었다. 실제로 역사상 최초로 일부 과
학자들은 신의 존재를 의심하고 진리를 발견하는 도구의 서열에
이성을 신앙 위에 두려는 시도를 하기 시작했다.

철학에 미친 영향은 심대했다. 과학에 불어닥친 혁명적 변화
는 믿음의 근본 토대를 뒤엎음으로써 지식의 본질과 확신에 의
문을 던졌다. 근 2천년 동안을 유지해왔던 믿음들이 설 자리를
잃어가고 있었다.

나는 무엇을 알고 있는가?

프랑스 르네상스 시대의 작가인 미셸 드 몽테뉴(1533~1592)는 과
학 혁명이 가져온 결과로 인해 인간에게 확실한 것이라곤 아무
것도 없게 됐다고 믿는 사람들 중의 한 명이었다. 이성도 우주를
지배하는 기준이 될 수 없고 우리의 감각도 신뢰할 만한 증거가
될 수 없었다. 그러므로 일반적인 회의론만이 설득력 있는 접근
법처럼 보였다. 몽테뉴의 회의론은 때로는 갈피를 못 잡고 모든

확신과 방향성을 상실한 것처럼 보이기도 했다. 에세이 〈레이몽 스봉을 위한 변론〉을 통해 몽테뉴는 '나는 무엇을 알고 있는가?' 라고 물었는데, 이 물음은 그의 전 작품에 걸쳐 반복적으로 등장 한다. 그는 이러한 자신의 주장을 입증하기 위해 마르틴 게르라 는 사람의 예를 들었다. 마르틴 게르는 전장에 나갔고, 2년 뒤 게 르라고 자칭하는 사기꾼이 게르로 위장한 채 고향으로 돌아왔 다. 그 사기꾼은 게르만이 알 수 있었던 내용들을 알고 있었으며 심지어는 게르의 부인까지 속아 넘어갔다. 몽테뉴는 이처럼 아 내마저 자신의 남편이 정확히 누구인지 모른다면 누구인들 확신 할 수 있을까라는 주장을 펼쳤다.

몽테뉴(1533~1592)
프랑스의 부잣집에서 태어난 미셸 드 몽테뉴는 인문학자였던 아버지의 관리 아래 범상치 않은 어린 시절을 보냈다. 집에서는 오로지 라틴어로만 말을 해야 했고, 소작농의 집에서 3년의 세월을 보내야 했으며, 다양한 음악 분야의 공부를 해야 했다. 법률을 공부한 후에는 지방과 중앙 법원에서 11년 동안 일했다. 1568년 부친이 사망하자 가족이 있는 고향의 대저택으로 돌아와 그곳에서 사유하고 저술활동을 하며 여생을 보냈다.
몽테뉴는 인간들의 상호관계와 세계와의 관계를 돌아보는 세 권의 에세이를 남겼다. 뛰어난 웅변가였던 휴머니스트 몽테뉴는 광범위한 분야의 학문에 관심이 많았다. 그의 작품들을 들여다보면 그의 뛰어난 품성을 엿볼 수 있다.
몽테뉴의 작품들에는 종종 일관성이 없는 경우가 있는데, 그는 그것을 미덕으로 여겼던 것 같다. 그는 평생 자기 자신과의 대화에 몰두했다.

'그가 남겨 놓은 글들 덕분에 세상살이의 즐거움이 더욱 늘어났다.'
－니체, 몽테뉴에 대한 언급

한편 몽테뉴의 회의론은 엠피리쿠스가 주장했던 것처럼 해방감을 안겨주는 일이기도 했다. 잘못된 확신으로부터 자유로워지면 개인은 더욱 자율성을 갖추게 된다. 몽테뉴는 새로운 과학적 발견들과 이론들은 지속적인 발견의 과정이 되어야 한다고 봤다. 새로운 발견 그 자체로 인해 또 하나의 고정된 진리가 그 자리에서 생기는 것이 아니라 참 진리의 옥석을 가리는 방향으로 계속해서 발전해 나아가야 한다는 것이다. 그는 무비판적으로 받아들여질 경우 지식은 탐구 정신을 증진시키는 것만큼이나 손쉽게 억누르기도 한다고 믿었다. 그는 끊임없이 도전하고, 우리의 견해를 뒤돌아보고, 비판적 탐구 정신을 유지하며, 삶의 방식을 계속해서 분석, 재평가하는 것이 가장 중요하다고 생각했다.

몽테뉴는 회의론자였음에도 불구하고 가톨릭의 가르침을 실천하는 독실한 가톨릭 신자였다. 그는 이러한 두 가지 입장에 대해 별다른 모순을 느끼지 못했다. 오히려 비종교적인 문제들에서 발생하는 회의론은 종교적 진리를 발견하는 데 도움을 준다고 주장했다. 종교적 진리는 신앙을 통해서만 증명되는 것이기 때문이라고 본 것이다.

과학을 향해서

그 시절 가장 돋보이는 사상가가 몽테뉴였다면 과학 혁명의 중심에는 영국의 철학자 프랜시스 베이컨(1561~1626)이 있었다. 그의 가장 뛰어난 업적은 과학적 방법론을 발전시키는 데 있었다.

베이컨은 플라톤과 아리스토텔레스의 지식 접근법에 대해 이의를 제기했다. 그는 이성을 통해 지식에 접근하고, 언어의 뜻을 파악하여 지식을 습득하는 이성주의를 머릿속에 거미줄을 치는 일과 같다고 했다. 그는 아리스토텔레스의 경험주의라고 해서 그다지 나을 것도 없다고 생각했다. 경험적인 접근법도 데이터를 축적하기는 하지만, 그것 자체로는 유용한 생각을 이끌어내는데 아무런 도움도 주지 못한다는 것이다. 그는 자료를 수집, 분석하고 체계를 만들어가는 것이 귀납적 가설을 생성하는 데 더 나은 방법이며, 그것을 과학적 수단으로 검증하면 된다고 주장했다.

베이컨은 어떤 일이 언제나 반드시 일어난다는 사실을 밝히는 대신(연역적 방법을 말함 : 역주) 가설을 무너뜨리는 방법이 더 유용하다고 인식했다. 이러한 주장은 과학이 오류에 의해 빠르게 발전할 수 있다는 점을 시사하는 것으로 직관에 어긋나는 것처럼 보인다. 하지만 이는 틀린 주장이 아니다. 동전을 던져 백만 번이나 매번 앞면이 나왔다 해도 다음번에도 똑같이 앞면이 나올 것이라고 확신할 수는 없다. 그러나 한번만이라도 뒷면이 나온다면 동전을 던지면 항상 앞면이 나올 것이라는 가설은 깨지는 것이다. 이는 20세기의 철학자 칼 포퍼에 의해 계발된 반증주의자들의 과학적 방법론과 놀랍도록 흡사하다. 칼 포퍼는 귀납적 방법론의 문제점을 해결했다고 주장하면서 베이컨의 영향을 공개적으로 인정했다.

그러나 베이컨이 처음부터 귀납법의 문제에 이끌렸던 것은 아니었다. 그는 방법론에 더 관심을 기울였고, 특히 과학자들이 수집한 자료들로부터 우수한 귀납적 가설을 생성하는 방법에 더 관심을 쏟았다.

베이컨은 일정한 가설에 근거한, 타당한 조사를 밑바탕으로 하는 과학적 방법을 최초로 만들어낸 인물이다.

귀납법의 문제

이른바 귀납법의 문제는 과학 혁명의 시대에 많은 사상가들을 괴롭혔다.
본질적으로 이것은 다량의 자료에서 결론을 유도해내는 문제에 해당한다.
만일 당신이 동전을 스무 번 던져서 매번 앞면이 나왔다면 다음 차례에는
뒷면이 나올 가능성이 더 크다고 가정하게 된다. 그러나 이것은 사실과
다르다. 앞면 또는 뒷면이 나올 가능성은 첫 번째나 스무 번째나 천한
번째나 같다. 진행되는 사건은 미래의 사건에 아무런 영향을 미치지 않으며,
동전을 수없이 던져 진행시켜 나간다 해도 어떤 결과도 유도할 수
없다(귀납시킬 수 없다). 단순한 반복은, 그것이 우리에게 가설을 세울 수 있게
해주기는 하지만 어떤 결과도 보장하지 않는다. 그래서 태양이 매일
동쪽에서 뜬다고 역사에 나타나 있는 것을 인지한 우리는 태양이 언제나
동쪽에서 뜬다고 가설을 세우는 것일 뿐이다. 하지만 반드시 그럴 것이라는
확신을 갖기 위해서는 이전의 관찰 결과 이상의 무엇이 필요한 것이다.

베이컨은 열의 성질을 규명하는 새로운 방법을 고안해냈다.
우선 열이 있는 모든 사물들과 열이 없는 모든 사물들을 구분해
일람표를 만든 다음, 마지막으로 다양한 온도를 지닌 사물들의
온도 일람표를 만들어 비교, 검토했다. 그는 이 목록을 연구하면
자연스러운 가설이 드러날 것이라고 믿었다. 뜨거운 열을 발생
하는 물질들의 목록은 다음과 같다.

1. 태양 빛, 특히 여름과 한낮에 비추는 것
2. 산맥을 따라 비추는 빛이나 벽에 비추는 빛, 특히 태양빛을
   전달하는 거울 등에서 비추는 것처럼 응축돼서 빛나는 것
3. 불나는 유성
4. 불타는 번갯불
5. 산의 분화구에서 분출하는 열
6. 다양한 종류의 열
7. 불타는 고체
8. 따뜻한 자연 열탕

베이컨은 운동이 열의 원천이며 뜨거운 물체는 위와 바깥을 향해 움직이는 특성이 있다고 결론을 내렸다. 움직이는 것은 종종 그 물체 전체가 아니라 그것을 구성하는 입자들인 경우가 많다. 그렇기 때문에 끓는 물이 물통 안에서 부글부글 끓는 것이며 타는 물체 주위에 화염이 이글거리는 것이다.

애석하게도 베이컨은 열에 대한 연구로 인해 쓰러졌다. 그는 닭을 얼리는 실험을 하던 중에 폐렴에 걸려 사망했다. 하지만 베이컨의 방법이 언제나 유용한 가설을 만들어내는 것은 아닌 듯하다. 또한 가설을 그 즉시 명백한 사실로 만드는 자료를 얻어내는 유일한 방법이 존재하는 것도 아닌 듯하다. 자료들의 묶음에서 일정한 형태와 가능성을 추출하고 그것들을 설명하는 이론들을 구축하는 것은 언제나 창의력과 상상력을 필요로 한다. 그렇다 해도 베이컨은 과학적 방법의 창시자로 추앙받고 있으며, 과학을 통해 인류가 실제적 이익을 확보하는 데 결정적인 역할을 했다. 그의 방법론은 이후 인류가 장애를 극복하고 요긴한 발명들을 해낼 수 있는 상당한 밑거름이 되고 있는 것이다. 베이컨은 산업혁명을 촉발시키는 데 기여한 철학적 영감을 제공했으며, '아는 것이 힘이다'라는(하지만 이 말은 그의 유작들에서 직접 발견되지는 않는다.) 명구를 처음으로 강조한 인물로 평가받고 있다.

사고(思考)와 존재

르네 데카르트의 저작 〈제1철학에 대한 성찰〉(1641)은 흔히 〈성찰〉이라는 제목으로 더 알려져 있다. 그는 〈성찰〉에서 지식의 토대를 구축하는 이론을 제시했다. 그의 연구는 철학을 넘어 수학과 광학을 포함해 물리학의 다양한 측면에까지 뻗어 있다. 그는 x, y, z 축 위에 점을 찍어 그래프를 그리는 데 이용되는 데카르트 좌표를 고안해내기도 했다.

데카르트는 〈성찰〉을 통해 자신이 확신하는 길에 이르는 방법들을 하나씩 검토해나갔다. 어떤 이론들은 수학의 '참'처럼 겉으

로 드러나는 확실함에 의해 다른 것들보다 타당함을 밝히는 일
이 수월하며, 반면에 어떤 이론들은 근거가 박약하거나 면밀한
검토를 거치면 '거짓'으로 드러난다고 주장했다. 그는 각 명제들
을 확고한 믿음 안에 둠으로써 그것들의 정당함을 밝힐 필요성
을 느꼈다. 하지만 이런 욕구는 그에게 '어디서부터 시작할 것인
가?'라는 문제점을 안겨줬다. 오류가 없는 최초의 명제는 무엇일

'아는 것이 힘이다'는 논리가 나쁘게 활용된 경우

프랑스의 사회 이론가 미셸 푸코(1926~1984)는 최초의
포스트모더니즘 철학자였다. 권력과 지식의 관계, 그리고 권력이
지식을 정의하고 통제하는 데 어떻게 이용되는지의 문제는
푸코의 연구 결과를 관통하는 일관된 주제였다. 그는 과학
지식을 일반 대중에게 권력을 주는 수단이 아닌 사회를 통제하는
수단으로 보았다. 예를 들어 18세기 내내 모든 종류의 사회
부적응자들을 낙인찍기 위해 '이성'과 반대되는 '광기'라는
딱지를 붙였다는 것이다. 이 부류에는 실제로 정신병이 있는
환자들뿐만 아니라 가난한 사람들이나 부랑자들까지 포함하여
사회가 귀찮게 여기는 모든 사람들이 포함된다. 푸코는
공개처형을 대체한 징역형이 등장한 것 또한 권력이 발현된 또 다른 모습으로
간주했다. 인간성을 말살하는 확장된 형벌로서 그 즉시 사람을 처형하는 것보다 더
강압적이고 효과적인 수단이라는 것이다.
프로이트의 정신분석과 더불어 심리학적인 측면에서 성적 역할에 대한 강조는
사람들을 통제하는 또 다른 방법을 제공했다. 성적 의도와 성향이 인간성을 통찰하는
데 유용한 것이라면서 성적 정체성을 더 많이 드러내도록 권유받음에 따라, 자신들을
너무 많이 드러내는 데 불안을 느끼게 된다. 이러한 지식과 정체성의 모든 측면들은
시간의 흐름에 따라 변하는 것이며, 단선적인 진전을 통해 다양한 모습을 나타내는
것은 아니다. 그 대신 그들은 권력을 쥔 자들이 타인의 행동을 통제하기 위해
자기들의 목적대로 활용하는 방식에 맞게 변하는 것이다.
푸코는 이처럼 우울한 사태는 권력 균형을 바로잡기 위해, 철학을 동원함으로써
대응할 수 있다고 주장했다. 우리를 통제하려는 권력자들이 어떻게 힘을 쓰는지를
인지하기만 하면 그것을 방지할 수 있으며, 우리의 지식을 재검토할 수 있다는
것이다. 그의 가르침이란 지식이 조작과 통제의 수단으로 어떻게 사회적으로
만들어지는 가에 대한 교훈이다.

까에 대한 고민이었던 것이다. 그는 자신의 모든 믿음들을 순서
적으로 나열하기보다 그 근거가 무엇인지에 의문을 던짐으로써
검토하고자 했다. 근거에 오류가 없다면 그 믿음은 안전한 것이
라고 간주할 수 있었던 것이다. 하지만 그 근거가 박약하다면 어
떤 지식도 신뢰하지 않았다.

　데카르트는 자기 믿음의 상당수가 보거나 듣거나 느낀 스스로
의 감각에 기초한 것이라는 점을 인정했다. 그러나 우리의 감각
을 전적으로 신뢰하기는 힘들다. 예를 들어 곧은 막대기를 물 컵
에 넣고 보면 구부러져 보인다. 이에 대해 데카르트는 적어도 자
신이 철학에 관심이 있는, 서재에 앉아 있는 프랑스 사람이라는
점 등은 확신할 수 있다고 주장했다. 그러나 실재와 꿈을 분명하
게 구분할 수 있는 길은 전혀 없다. 데카르트가 살고 있다고 여
긴 삶이 단순히 꿈의 일부가 아니라고 어떻게 확신할 수 있는
가? 환각에 빠져들면 우리는 전혀 존재하지 않는 대상이 있다고

영화 〈매트릭스〉(1999)에는 대부분의 사람들이 실재라고 믿는 것이 사실은 세상을
조종하기 위해 인위적으로 만들어진 사악한 존재로 등장한다. 이것은 데카르트가 말한
'사악한 악마'와 유사한 것으로, 우리는 그 악마에 의해 '실재'가 존재하는 것이라고
착각하는 것일 수도 있다.

믿기도 한다. 우리를 완전히 속여 넘기는 감각 때문이다. 그러므로 감각에 의한 지각에 뿌리를 둔 모든 지식은 의심해야 마땅하다.

데카르트가 주장한 이성으로 돌아가서, 그는 자기가 알고 있는 지식 중 2+3=5라는 사실과 어머니는 딸보다 나이가 많다는 사실, 그리고 삼각형은 세 개의 각을 지니고 있다는 사실 등에 대해서도 검토했다. 이런 믿음들은 보다 안전한 것처럼 보이기는 하지만 강력한 기만술의 결과로 얻어진 것일 수도 있다. 그는 자신의 사고를 조작하고 그릇된 믿음을 주입시키는, 해로운 악마와 같은 절대적인 힘이 있을 수 있다고 상상했다.

그러나 절대적인 권능도 조작할 수 없는 하나의 명제가 있는데, 그것은 바로 데카르트가 생각하기 때문에 존재한다는 사실이다(물론 데카르트가 생각한 것이 참이 아닐지라도 말이다). 생각하기 위해 그는 존재해야 하는 것이다. 그리하여 데카르트는 마침내 저 유명한 명구인 '나는 생각한다. 그러므로 나는 존재한다.(cogito ergo sum)'에 도달하게 된 것이다. 모두가 알고 있듯이 cogito(나는 생각한다)는 데카르트의 지식을 떠받치는 유일하고 견고하며 오류가 없는 토대인 것이다.

데카르트는 cogito와 신이 존재한다 — 그러므로 자신의 앎의 확실성은 보장받은 것이다 — 는 믿음으로부터 모든 것을 시작하려 했다. 그러나 후대의 철학자들은 〈성찰〉을 살펴보고 이어지는 그의 주장들이 설득력이 없음을 발견했다. 그래서 그들은 〈성찰〉을 인식론적 회의주의의 기초 텍스트로 간주하고 있다.

이성의 시대의 이성과 경험

데카르트는 철학자이자 과학자였으며, '이성의 시대'라 불리는 철학과 과학 혁명의 신호탄이 되는 작품들을 남겼다. 베이컨과 데카르트는 플라톤과 아리스토텔레스로 거슬러 올라가는 경험주의와 이성주의 전통에서 초기의 현대 철학자로 자리매김하고 있다. 이러한 철학의 두 가지 갈래에 이름을 붙여준 철학자는 독일의 임마누엘 칸트(1724~1804)였다. 이성주의자 그룹에서 데카르트의 뒤를 이은 철학자는 바뤼호 스피노자와 고트프리트 라이프니츠였으며, 반면에 영국의 철학자 토마스 홉스(1588~1679)와 존 로크는 베이컨의 사상에 기반을 둔 철학자들이었다.

로크는 영국의 수학자 아이작 뉴턴과 아일랜드의 화학자 로버트 보일(1627~1691)과 같은 동시대 과학자들의 업적에 커다란 영향을 받았다. 로크는 뉴턴의 역학과 일치되는 방식으로 과학적 기반을 둔 인식론으로 인간의 지성을 설명하려 했다. 그는 20년에 걸쳐 〈인간 지성에 관한 시론〉(1690)을 집필했으며, 이 책은 이후 백년이 넘도록 서양 철학의 발달에 지대한 공헌을 하게 된다.

로크는 인간의 정신이 자료를 어떤 식으로 받아들이고 조직하며 분류하는지 조사하고 그 결과에 근거해 어떤 판단을 내리는지 알고자 했다. 그의 표현을 빌리자면 그는 '인간 지성의 원류를 탐구하고, 그 확실성 및 범위를 알고자' 노력했던 것이다. 그는 데카르트의 이성에 바탕을 둔 철학을 거부하고, 지식은 경험을 통해서만 얻어지는 것이라고 믿었다. 그리고 그 경험은 우리의 감각에 바탕을 둔 물리적 세계의 움직임을 통해 얻어지는 것

아이작 뉴턴(1642~1727)
영국의 수학자 겸 물리학자였던 아이작 뉴턴은 수학과 물리학에서 과학 혁명을 뒷받침하는 획기적인 발견들을 이뤄냈다. 그는 우주가 예측 가능한 수학적, 물리학적 법칙에 따라 움직인다는 점을 밝혔다. 그가 달과 행성들의 움직임을 예측, 설명하기 위해 밝힌 만유인력의 법칙은 20세기 초 알베르트 아인슈타인이 등장할 때까지 깨지지 않았다. 뉴턴의 연구 방법은 경험적이고 귀납적인 것이었으며 그는 지식에 이르는 방법에 있어 데카르트의 이성주의적, 연역적 접근법을 비판했다.

이라고 생각했다.

그는 갓 태어난 아기의 정신은 '백지상태, tabula rasa'라는 개념을 소개했다. 갓난아기는 아무것도 모르고 타고난 지식도 전혀 없으며 습득하는 것이라고는 모두 경험에서 우러난 것이라는 주장이다. 감각의 자극에 의해 직접적으로 산출되는 결과는 '뜨겁다', '차다', '둥글다', '딱딱하다', '달콤하다', '노랗다' 등과 같은 단순한 생각뿐이다. 이런 것들은 직접적으로 경험하는 것들로서 우리의 정신세계에 의해 만들어진 합성물은 아니다. 복합적 사고는 단순한 생각들로 구성되며 일정한 정신 활동이 요구된다. 그래서 개나 테이블을 보고 얻은 감각자료들을 모아 개나 고양이라고 인식하는 것은 필연적으로 사고(思考)를 수반한다. 개나 고양이는 결국 복합적인 사고인 것이다. 복합적 사고는 실제로 존재하는 사물과 반드시 연관이 있는 것은 아니다. 그러므로 우리는 존재하지는 않지만, '말[馬]'과 '뿔'이라는 서로 다른 두 가지 생각으로 구성된 유니콘을 합성해낼 수 있는 것이다.

복합 사고는 대상물의 특성에 대한 상위 개념과 하위 개념으로 나눠진다. 로크에 의하면 상위 특질은 고형성, 공간을 차지하는 범위, 형태, 움직임이나 정지 상태 그리고 숫자와 같은 모든 물체에 내재되어 있는 본질적인 것을 지칭한다. 하위 특질은 색깔이나 냄새, 맛 등과 같이 우리의 감각적 지각이 명백하게 받아

조지 버클리(1685~1753)는 아일랜드 남부 클로인 지역의 주교였다. 그는 우리의 감각은 실재의 본질에 대해 신뢰할 만한 정보를 주지 못하며, '거기 외부'에 있는 것들은 실제로 존재하는 것이 아니라고 믿었다.

들이는 것을 뜻한다. 하위 특질은 물체에 내재된 특성은 아니며 우리가 그 물체를 인식하게 될 때 우리의 정신세계에서 생성된다. 상위 특질은 객관적이며(관찰자의 지각과는 무관하게 실제로 존재하며), 하위 특질은 관찰자 앞에 나타나는 모습에 따라 달라지는 주관적 성격을 지닌다. 로크의 주장에 의하면 지각하는 정신이 없다면 색깔이나 소리 같은 대상은 존재하지 않는 것이다. 이 주장은 현대의 철학자들과 과학자들 사이에서 널리 받아들여졌다.

자, 이제 보였다가 사라집니다!

조지 버클리는 철학적 이상주의의 아버지로 간주된다. 이상주의자는 로크나 뉴턴 같은 물질주의자들의 관점을 인정하지 않았다.

로크의 일반적 지각 이론에는 주체(지각하는 정신)와 실재 사이에 논리적 차이가 생긴다며 비판적 견해를 밝힌 사람은 버클리뿐이 아니었다.(이 차이는 종종 '지각의 장막'이라고 불린다.) 우리가 어떤 대상을 본다는 것은 우리의 감각에 우연히 물리적인 영향이 미치는 것을 뜻한다. 그렇게 함으로써 우리의 정신에 사고(思考)가 발생하는 것이다. 당신이 고양이를 본다는 것은, 그 고양이로부터 반사된 빛이 눈의 망막에 맺혀 신호를 일으킨 다음, 신경 통로를 따라 뇌에 전달된 결과인 것이다. 그 고양이의 이미지는 당신의 뇌에 각인되는 것일 뿐 고양이의 실제적 존재가 분명하

로크와 버클리의 생각
그 소리를 아무도 듣지 못했다면, 깊은 숲속에서 쓰러진 나무는 소리를 낸 것일까?

로크 　아니다. 나무가 쓰러지면서 공기 중에 파동을 일으키기는 하겠지만 소리는 관찰자의 정신세계 내에만 존재하는 하위의 특성일 뿐이다.
버클리 　아니다. 무엇보다 그곳에는 나무 자체가 존재하지 않았다.

다거나 그것이 정말로 당신이 본 것과 '실제로'똑같다는 사실을 보장해 주지는 않는다.(당신은, 실제로 있는 분명한 고양이가 아닌, 고양이의 꿈을 꾸거나 환각 상태에서 그것을 본 것일 수도 있다.)

버클리는 이처럼 고양이라고 인지하는 것을 고양이라고 '생각'하는 것이라고 했다. 실재로서의 고양이는 우리가 그것을 바라보는 것과는 전혀 다를 수 있다는 말이다. 우리는 그 차이를 구분할 수 없다. 로크는 이미 이러한 단호한 결론에 대해 한발 물러서서, 객관적 대상에서 실제로 존재하는 상위 특성과 관찰자의 정신에서만 존재하는 하위 특성을 구분한 적이 있었다. 하지만 버클리는 그런 구분조차 인정하지 않고 아예 실재가 서 있을 자리마저 빼앗아 버린 것이다.

이러한 논쟁을 따라가다 보면, 어떤 것이 누군가의 정신 속에서 일어난 생각이 아니라면 그것은 존재하지 않는 것이라는 결론에 다다르게 된다. 당신이 고양이를 보지 않는다면 그것이 거기 있다고 누가 말할 수 있을까? 사실, 당신이 어떤 것을 보지 않는다면 그것은 거기 있지 않은 것이다. 이 주장은 사물은 우리가 지켜보지 않아도 계속 존재한다는 우리의 일반적 신념에 배치되므로 많은 문제점을 내포하고 있다. 침실 안에 아무도 없는 상태에서 밖으로 나가면서 문을 닫는다면 침실 안의 내용물들은 존재하기를 멈추는 것일까? 그것들은 문을 열고 닫음에 따라 사라

'삼각의 내성들은 지각될 때만 존재한다. 그러므로 나무들이 정원에 있는데 …… 누군가 그것들을 지각하기 위해 그 옆에 있지 않는 한, 더 이상 있는 것이라 할 수 없다.'
－조지 버클리 〈인간 지성의 원리에 대한 논문〉(1710) 중에서

'존재한다는 것은 지각되어 있는 것을 말한다'
－조지 버클리

과학적 본질주의

미국의 철학자인 사울 크립키(1940~)와 힐러리 퍼트넘(1926~)은 본성에 대한 로크의 관점과 비교되는 현대적인 아이디어를 내놓았다. 그 아이디어는 다음과 같다. 모든 사물이 그것이 지닌 특별한 형태로 구분된다면 그로 인해 반드시 있어야 하는 본질적인 특성을 나타내야 한다. 예를 들어, 모든 호랑이는 반드시 호랑이 DNA를 지니고 있어야 한다. 그 외에 줄무늬가 있는 털을 지니고 있다거나 다리가 네 개라는 등의 특성은 본질적인 것은 아니다. 따라서 줄무늬가 없는 알비노 호랑이나 다리를 잃은 호랑이도 호랑이라 할 수 있다. 한편, 사물의 본질적인 특성은 필수적 요소이기는 해도 그 사물을 그것이 속한 부류에 포함시키는 데 충분한 조건은 아니다. 그렇기 때문에 호랑이 고기는 DNA를 지니고 있지만 그 자체로는 호랑이라 할 수 없다.

졌다 다시 나타나곤 하는 것일까? 이 질문에 대하여 버클리는 '우리의 지각은 신이 우리를 위해 만든 것이다. 그리고 신은 모든 것을 보시는 분이므로 우리가 보지 못하는 사이에도 그분은 다 보고 계신다. 당신이 더 이상 침실에 있지 않아도 신께서는 침실 안의 존재들을 그대로 계속 유지시킨다.'고 했다.

지각이 전부다, 신은 없다

스코틀랜드의 철학자 데이비드 흄은 로크의 발자취를 따랐다. 그도 로크처럼 감각을 통해 얻어진 지식만이 유효하며 그 밖의 다른 것들은 날조된 것에 불과하므로 배척해야만 한다고 주장했다. 결국 흄은 신의 존재나 자아의 존재 및 모든 인과관계, 그리고 심지어는 귀납적 지식(이성적 추론으로 얻어진 지식)의 유효성마저 부인할 수밖에 없었다. 흄의 회의론은 환원주의의 극한을 달린 것이라 볼 수 있다.

흄은, 우리는 진정한 우리 자신을 결코 경험할 수 없고 그저 일련의 연속된 경험들을 거치는 것뿐이라고 말하면서, 자아는 환영에 불과하다고 결론지었다. 그는, '나는 지각의 묶음에 불과하다'는 글을 남겼는데 이는 인간의 정체성은 감각 경험의 흐름이 모여 이루어진 것에 불과하다는 의미이다. 마찬가지로 우리는 한 사건이 다른 사건의 필연적 원인이 되는 인과관계를 경험하거나 지각할 수 없고, 단지 사건의 연속을 경험할 뿐인 것이다. 인과관계를 지각할 길이 없으므로 흄은 인과관계도 환영이라고 본 것이다.

한편으로 생각하면 이 주장은 옳아 보인다. 하나의 사건에 이어 다른 사건이 규칙적으로 일어나기는 하지만, 그것은 하나가 다른 하나의 원인으로 발생한 것은 아니다. 단지 우리가 하나를 원인이라 부르고, 다른 것을 결과라고 호칭하는 것일 뿐이다. 인과관계를 착각하는 것은 어려운 일이 아니다. 여름에 바비큐 판매는 상승하며, 더 많은 사람들이 바닷가로 피서를 가지만 하나가 다른 하나의 원인이라고 볼 수는 없다. 두 개의 사건을 유발시킨 경향에는 화창한 날씨라는 다른 원인이 존재할 뿐이다. 흄은 더 나아가 우리가 명백하다고 간주하는 것도 인정하지 않고, 분명한 인과관계가 성립한다고 인정되는 것도 부인한다. 흄에 따르면, 창문을 향해 돌을 던져 그 창문이 깨졌다 해도 그 돌에 의한 충격으로 창문이 깨졌다는 추론은 할 수 없게 된다.

흄의 의도는 과학으로부터 모든 오류(경험에 의하지 않은 모든 허위)를 제거하고 인간 본성을 향한 새로운 과학을 세우는 것이었다. 그는 저서 〈인성론(人性論)〉(1739~1740)에서, 우주의 물리 법

데이비드 흄은 감각에 의해 직접적으로 지각되지 않은 어떤 지식도 받아들이지 않음으로써 극단적 회의주의자의 길을 걸었다.

칙에 대한 뉴턴의 기계화된 관점과 비교해서 지성에 대한 자신의 기계화된 관점에 이르는 일반적인 심리학 법칙을 찾아내고자 했다. 하지만 인상(印象)과 사고(思考)에 대한 그의 분류는, 그가 배척했던 데카르트에 힘입은 바가 크다. 이것은 흄이 대체 과학을 만들어내겠다는 자신의 목표 달성에 실패했음을 의미한다. 하지만 그는 최초의 목표였던 '오류'의 제거에는 성공했다. 사실 귀납적 추론에 대한 그의 비판은 그후 2세기 동안 영향을 미칠 정도로 강력한 것이었다.

귀납법은 모든 과학 탐구의 한가운데 자리 잡고 있는 연구 방법이다. 우리는 세상을 직접 바라보면서 과학 법칙을 추론하며, 눈앞에서 벌어지는 일에 대해 설명을 구한다. 흄은 이와 같은 귀납적 추리는 타당하지 않으며, 법칙이 틀렸음을 깨닫지 못하는 경우란 있을 수 없다고 가정해서는 안 된다고 했다. 귀납의 문제에 대한 가장 타당한 대답은, 부정적 발견으로부터 추론을 유도해낼 수 있다는 점을 지적한 칼 포퍼로부터 나왔다(가설의 반증). 우리가 100마리의 갈색 사자들과 한 마리의 회색 사자를 본다면 우리는 사자가 모두 다 갈색은 아니라는 점을 추론하게 된다.

경험주의에서 실증주의로

세월이 많이 흐른 뒤, 오스트리아의 과학 철학자 에른스트 마흐

어느 젊은이가 이런 의문을 가졌다.
'오, 신이시여! 참으로 이상합니다. 마당에 아무도 없는데 어찌해서 그 나무는 계속 그곳에 있는 것인가요?'
그러자, 신으로부터 이런 답이 왔다.
'너는 별걸 다 이상하게 여기는구나. 나는 언제나 마당에 있다. 그렇기 때문에 나무도 늘 그곳에 있는 것이다. 네가 진심으로 믿고 있는 내가

> **양자이론과 관찰**
>
> 양자 물리학에서는 현상의 존재를 바라보는 관찰자의 역할에 의해 과학적
> 확신을 발견하는 것으로 보인다. 널리 알려진 이중슬릿(double-slit) 실험은
> 빛의 파동과 입자의 특성을 밝히는 것이다(그리고 전자와 분자의 특성과도 관련이
> 있다). 실험의 결과는 발생하는 현상을 관찰하는 데 동원된 장비에 따라
> 달라진다. 어떤 경우에, 입자와 파동의 움직임은 눈에 띄게 다르다. 여기서
> 발생하는 물리적 현상은 너무 복잡해서 설명하기 곤란할 정도이지만 이러한
> 발견에 따르는 철학적 영향력은 매우 크다. 진실한 것이 관찰에 따라
> 결정된다면 무언가를 알게 된다는 것은 거의 불가능에 가깝다.

(1838~1916)는 흄의 극단적 회의론을 떠올리게 하는 경험주의 노선을 채택했다. 그는 다음과 같이 선언했다. '우리는 과학적 사실을 드러내는 단 하나의 자료만을 알고 있으며, 그것은 바로 우리의 감각이다.' 어떤 형이상학적 성찰도 유효하지 않다. 마흐의 관점에서 과학은 우리의 감각적 경험에서 추출될 수 있는 사실들로 재구성되어야 한다. 감각적 경험으로 설명되는 영역을 벗어나는 것은 어떤 것이든 유용한 증거의 외부에 존재하는 것이기 때문에 정당화될 수 없다. 그는 우리가 발견했다고 생각하는 자연의 법칙들은 주변 세계에 질서를 부여하고 싶은 의식의 산물일 뿐이라고 했다. 각기 다른 문화와 장소, 시간에 따라 서로 다

그것을 관경하는 것이다!'
- 로널드 녹스, 신학자(1888-1957)

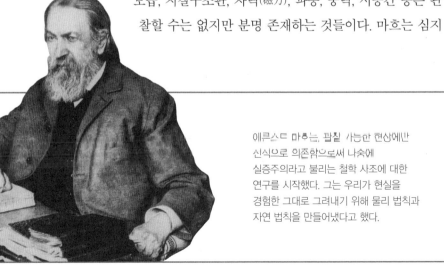

른 설명이 있어 왔을 뿐이라는 것이다.

자연의 법칙이 전혀 의미 있는 법칙이 아니라면, 그 법칙으로부터 객관적 사실을 추출할 수 없으므로 그 진실성을 입증할 길이 없다. 과학 법칙의 유효함은, 그 법칙이 우리에게 도움이 되는 방향으로 설명, 구성되고, 그럼으로써 만족과 편안함을 느끼고 환경을 가장 잘 통제, 예견할 수 있음을 전제로 측정될 수 있는 것이다. 이런 주장은 우리가 과학 이론을 세우는 데 실용적인 접근법을 취하도록 한다. 어떤 것을 설명하는 데 있어 가능한 여러 방법들이 있는데 그 중 어떤 것도 절대적 진실성을 보장하지 못한다면, 우리는 어떻게 선택을 해야 할까? 이 질문에 대해 마흐는 단순성과 일관성 그리고 깊이의 원칙을 적용하라고 권고한다. 단순성은 어떤 절대적 가치는 지니지 않았을지는 몰라도 과학 이론들 사이에서 선택의 척도는 될 수 있다. 일관성은 모순이 없음을 의미하며, 깊이는 자기 스스로 분명하게 이유를 밝히는 힘을 말한다.

마흐가 과학을 바라보는 관점에는 문제가 있다. 우리가 사실상 관찰할 수 없는 것은 어떤 경우에도 모두 존재하지 않는 것이라는 모순이 있는 것이다. 원자, 블랙홀, 초기 지구의 진화 모습, 지질구조판, 자력(磁力), 파동, 중력, 시공간 등은 관찰할 수는 없지만 분명 존재하는 것들이다. 마흐는 심지

에른스드 마흐는, 팝질 가능한 현상에만 신식으로 의존함으로써 나숭에 실증주의라고 불리는 철학 사조에 대한 연구를 시작했다. 그는 우리가 현실을 경험한 그대로 그려내기 위해 물리 법칙과 자연 법칙을 만들어냈다고 했다.

어는 이와 같은 것들에 어떤 물질적 지위를 부여하기 위해서는 '낡은 형이상학이라는 거짓 사상'이 필요하다는 말까지 했다. 미국인 윌라드 콰인(1908~2000)도 이론물리학의 가정들은 호메로스의 신들 이상의 인식론적 근거를 지니지 않는다고 말함으로써 비슷한 주장을 펼쳤다.

마흐가 감각자료에만 전적으로 의존한 것은 우리가 지각할 수 없는 것들의 존재를 부정하거나, 그런 것들에 대한 지적 능력이 있다는 사실을 부인한 것이다. 후자의 경우에서 마흐는 칸트와 동조한 것으로 보이는데, 특히 칸트가 주장한 이른바 불가지의 '본체(noumenal, 칸트 철학에서 말하는, 이성에 의해 사유되는 예지적 대상이나 절대적 실제를 말하며, 현상에 대비되는 의미이다. : 역주)' 이론을 따른 것으로 보인다.

이성과 경험 사이의 성찰

한쪽에는 경험주의로 그리고 다른 한쪽에는 이성주의로 갈라진 철학의 흐름은 18세기에 교착 상태 비슷한 상황을 연출했다. 이어지는 200년 이상의 세월 동안 이 둘의 흐름을 중재하거나 아예 무시해 버리고 새로운 사조를 만들어내려는 시도가 이어졌다.

'우리의 생각들을 분석해보면, 자연 법칙은 자연과 조화를 유지하려는 심리적 욕구에 따라 만들어지는 것을 알 수 있다. 감각을 뛰어넘는 모든 개념들은 환경을 이해하고, 통제하며, 예견하는 것으로 사용될 때만 정당화될 수 있다. 그리고 다른 개념 체계는 각기 다른 문화와 시대에 걸맞은 타당함을 지닌 채 그러한 목적으로 사용되는 듯하다.'
− 에른스트 마흐

임마누엘 칸트는 경험주의와 이성주의가 모두 장점을 지니고 있다고 주장하면서 둘 사이의 간격을 줄임으로써 문제를 해결하고자 노력했다. 저서 〈순수이성 비판〉(1781)에서 칸트는 우리가 실재에 대해 어떤 식으로 객관적 판단을 내릴 수 있는지 설명하고자 했다. 그러고 나서 그는 〈실천이성 비판〉(1788)을 통해 이성을 적용해 도덕적 판단을 내릴 수 있음을 입증하려 애썼다.

칸트는 다음과 같은 질문을 던지면서 이성과 경험의 차이를 조절하려 했다. '어떤 경험을 분명하게 하기 위해 필요한 전제조건은 무엇인가?' 그리고나서 우리가 감각을 해석하는 구조를 지니고 있는 경우에는 경험(감각에 의해 모아진 자료들)을 의미 있는 것으로 받아들일 수 있다고 주장했다. 갓 태어난 아기의 교육받지 않은 정신 상태는 로크가 말한 것처럼 완전한 백지 상태는 아닌데, 만약 갓난아기가 보고 듣는 것을 의미 있게 받아들일 아무런 수단이 없다면 그것은 지식을 구성하는 어떤 토대도 존재하지 않음을 의미하기 때문이다.

칸트는 공간과 시간의 개념, 원인과 결과라는 개념이 인간의 뇌 속에 프로그램 되어서 모든 경험에 대한 우리의 지각을 색칠하고 있다고 믿었다. 그 경험들에는 친구들과의 식사도 포함되어 있다.

칸트는 입력되는 자료에 구조를 형성하는 것은 정신이라고 주장했다. 그는 12가지 기본적 판단 근거, 또는 분류를 제시했다. 물질, 인과관계, 상호작용, 필요성, 가능성, 존재, 총체(總體), 통합, 복합성, 한계, 그리고 실재(實在)와 부정(否定)이 그것들이다. 이런 분류는 공간과 시간의 구조 속에서 적용되어야만 하는데, 그는 이것을 '직관의 형식'이라 호칭했다. 자료가 접수되는 장소와 시간에 맞춰 이 분류들을 적용함으로써 정신은 세상을 이해하는 것이다. 칸트는 자신의 사상에 매우 자신감이 넘쳐 스스로 '코페르니쿠스의 혁명'에 비견되는 발상으로 간주했다. 그는 자신의 철학이 종래의 세계 질서를 뒤엎고 마침내는 정신이 어떤 식으로 경험에 원칙을 부여함으로써 지식을 생산해내는지 설명해낼 것이라는 긍지를 갖고 있었다.

그러나 칸트의 철학에도 문제점은 있다. 인간의 정신이 감각에 의해 모아진 자료들을 구성하는 역할밖에 수행하지 못한다면 그것은 인간의 이성을 능력 이하로 격하시키는 것이며, 형이상학의 영역에 범접하지 못하도록 만드는 결과를 낳을 수 있기 때

나사가 제공한 화성 탐사선 큐리오시티의 그림이다. 큐리오시티는 화성 활동을 하는 농안 부착된 분광복사계를 통해서 하루에 수십 장의 사진을 찍어 합성한다. 큐리오시티는 센서를 통해 받아들인 자료들에 알고리즘을 적용해 주위 환경에 대한 지식을 제공한다. 같은 방식을 칸트의 주장에도 적용할 수 있을 것이다 인간의 뇌는 인입되는 감각자료들을 구성해 경험을 해석한다는 주장이 그것이다.

문이다. 데카르트와 같은 이성주의자들은 순수하게 정신의 영역 내에서 지식을 구성하고 정의나 미, 자아, 덕성 같은 추상적 개념들을 수용했다. 하지만 칸트는 모든 것의 출발점을 감각자료에서 얻어진 지식에 국한함으로써 경험으로 시작하지 않은 것들에 대해서는 설 자리를 없애버린 것이다. 지식이 단지 경험을 체계화한 것에 불과하다는 주장으로, 우리의 지각 뒤에 숨어 있는 실재(noumenal, 본질적 세계- 하단 박스 설명 참조)에까지는 도달할 수 없다는 것이다.

진실에 이르는 경로

칸트가 본질의 세계와 현상의 세계에서 생기는 차이는 — 실재의 세계와 지각된 세계의 차이 — 필연적인 것이라고 규정했지만, 헤겔은 이를 받아들이지 않고 갈라진 틈을 메우려고 노력했다. 헤겔은 궁극적 진실의 세계는 인간의 지성으로 도달 가능하다고 여겼다. 진리를 발견하는 그 과정을 '변증법'이라 부르며, 이는 인류 사상의 전체 역사가 천천히 전개되는 과정에서 발생한다.

헤겔의 변증법은 사실이라고 여겨지는 개념이나 '논지(thesis)'에

본질과 현상 세계

칸트에 따르면 우리는 현상적 세계를 경험할 뿐이다. 그 현상 세계에는 우리가 경치를 보거나 새가 지저귀는 것을 듣거나 음식을 먹고 와인을 마시는 따위의 행위들이 들어 있다. 우리의 정신은 이런 경험들을 통해 뇌에 들어온 자료들을 이해하는 것이다. 우리에게 영향을 미치는 이러한 실체들 너머에 존재하는 것은 본질의 세계(noumenal)이며 '물자체(das Ding an sich)'라고도 불린다. 본질의 세계나 물자체는 인간의 지성으로는 접근 불가능하다. 삶의 모든 내용들을 굴절된 유리를 통해 바라보면 우리는 모든 것을 실재와는 다르게 볼 것이고, 그러면서도 우리의 지각이 왜곡된 것이라는 점을 인식 못할 것이다. 마찬가지로 우리는 현상계가 실재의 세계와 어떤 식으로 관계 맺고 있는지를 알 수 없다.

서 출발한다. 이러한 논지를 곰곰이 헤아려보면 우리는 그와 상충되는 또 다른 관점을 발견할 수 있다. 이것을 '반증(antithesis)'이라 한다. 이렇게 서로 대립하는 두 관점을 비교 검토하면 절충점이나 중도적 입장을 취하는 제3의 길을 발견하게 되는 경우가 많다. 이것을 '합(synthesis)'이라 한다. '합'은 다시 새로운 정(正)의 논지가 되고 이를 반박하기 위해 새로운 반증이 나타난다. 이렇게 해서 또 다시 새로운 합이 탄생하고 이 과정이 반복된다. 이러한 반복을 통해서 우리는 서서히 진실에 다가서게 되는 것이다.

그러나 변증법은 어떤 명제는 참이고 다른 것은 거짓이라고 한 점에서 옳은 주장이라 할 수 없다. 진리란 명제로 이루어진 것이 아니라 개념적이며 완전무결함과 관련이 있는 것이다. 진리를 향한 진보는 분명 보편적 정신을 향한 진보이다. 헤겔의 구상으로 보면 거짓되고 부적절한 과학 이론들은 그저 불완전한 것일 뿐이다. 뉴턴의 만유인력의 법칙은 수세기 동안 만고불변의 진리로 받아들여졌다. 그러나 아인슈타인이 나서서 그 법칙은 (원자와 같은) 극소의 대상과 (어쩌면) 은하계보다 큰 대상에는 적용되지 않음을 밝혀냈다. 그렇다고 해서 아인슈타인의 주장이 중력법칙을 잘못된 것으로 만들지는 않는다. 그것은 그저 만유인력 법칙이 절대적 진리를 제한

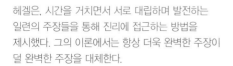

헤겔은, 시간을 거치면서 서로 대립하며 발전하는 일련의 주장들을 통해 진리에 접근하는 방법을 제시했다. 그의 이론에서는 항상 더욱 완벽한 주장이 덜 완벽한 주장을 대체한다.

적이며 불완전하게 이해한 것으로 만들었을 뿐이다. 절대적 진리에 이른다는 것은 모든 한계를 극복하는 것을 지칭한다. 그것은 보편적 진리를 향한 웅대한 형이상학적 개념을 완성하는 것으로 끝날 것이다.

아더 쇼펜하우어는 헤겔과 동시대의 철학자였다(쇼펜하우어와 헤겔은 사이가 좋지 않았다). 쇼펜하우어는 칸트의 철학에 대해 비판적 시각을 지녔으면서도 칸트가 묘사한 현상세계 뒤에 도사리고 있는 실제적 실재(實在)인, 물자체들의 불가해성을 원용함으로써 철학의 출발점으로 삼았다. 하지만 쇼펜하우어는 물자체를 짐작할 수 있는, 일종의 은밀한 뒷문을 열어놓았다. 우리는 '스스로 알고자 하는 그런 실체 속에 있다. 그래서 우리 자신도 역시 물자체'라는 점을 깨달아야 한다는 것이다. 이 말은 현상 세계에서는 주어인 '나'만이 유일하게 우리 앞에 드러나므로 '나'는 진정한 본질(물자체)을 이룰 수 없다는 의미이다. 우리의 진정한 본질은 우리의 의지이다. 이 의지는 외형적 세상에 스스로를 드러내고자 하는 줄기찬 욕망에 사로잡힘으로써 각 개인들에게서 감출 수 없이 드러나는 보편적인 힘을 말한다. 우리는 이 의지를 인식함으로써 바로 '나'인 '물자체'를 인식할 수 있는 것이다.

쇼펜하우어는 모든 인간이 필사적으로 인식되고 인정받으려는 보편적인 의지에 의해 행동하게 된다고 보았다.

독일의 수학자 겸 철학자였던 에드문트 후설(1859~1938)은 과학을 경험적 과업으로 보지 않고 대체로 이성적인 것으로 간주했다. 데카르트와 마찬가지로 후설도 철학은 개인적 주관의 자명함에서 시작해야 한다고 생각했다. 후설의 관점에 의하면 과학은 '거기에 있는' 세상에 대한 탐구라기보다는 개인의 지각, 신념, 판단 등을 포함한 일체의 정신 작용에 대한 탐구이다. 이처럼 현상으로부터 주어진 감각인상만 취급하고 '실재'가 그런 인상들을 야기한 원인이 무엇이든 직접 취급할 수 없다는 태도를 현상주의라 부른다. 현상주의는 실존주의의 중심 사상이며, 하이데거와 메를로 퐁티 및 사르트르가 후설을 이어받아 탐구했던 사조이다.

후설은 독일의 심리학자 프란츠 브렌타노(1838~1917)를 원용한 '지향성'이라는 개념으로부터 시작했다. 브렌타노에 따르면 모든 정신 활동은 목표 지향적이라는 것이다. 우리가 파리라는 도시를 떠올리면 생각은 그 목표인 파리를 향해 방향을 잡는다. 우리가 불의에 격노하면 우리의 분노는 그 불의를 향하게 된다(목표는 그 특성상 추상적 성격을 지닐 수도 있다). 우리가 유령을 두려워하면 공포는 유령을 향한 것이다(목표는 반드시 실제로 존재할 필요는 없다. 유령의 존재 여부와 상관없이 공포는 존재한다). 의식의 상태(생각,

---

현상주의

현상주의는 본질적으로 주체적이다. 현상주의는 세계가 진실로 무엇인지의 문제가 아니라 세계를 어떻게 경험하느냐의 문제를 놓고 논쟁한다.
현상주의에도 서로 다른 구분이 존재한다. 칸트는 우리가 알 수 있는 것은 모두 경험의 결과라고 믿었기 때문에 인식론적 현상주의자라고 불린다. 조지 버클리는 존재하는 것은 모두 경험의 결과로 생긴 것이라고 믿었기 때문에 존재론적 현상주의자로 불린다.

에드문트 후설은, 파리 시와 일치하는 신재(實在)일지라도 파리 시를 비리보거니 관찰하는 행위보다 더 중요하지 않다고 주장했다.

분노, 공포)는 그것이 지향하는 목표(파리, 불의, 유령)와 분리될 수 없는데, 후설은 정신의 지향성 때문에 그런 결과가 생긴다고 주장했다.

결론적으로, 후설은 의식을 (겉으로 보이는 물리적 목표가 있든 없든) 목표를 향한 이끌림이라고 보았다. 그는 철학의 목적이 이런 이끌림이 스스로를 어떤 식으로 드러내는지를 이해하는 데에 있다고 믿었다. 그는 이것을 과학의 비경험적 측면이라고 보았다. 다시 말해, 경험을 지적으로 처리하는 과정에서 주관적 요소들만 탐구하는 것을 지칭한다.

후설의 탐구는, 지적 행위 뒤에 놓여있는 '거기 그것'이 무엇인지에는 관심을 기울이지 않는다. 그는 자신이 확신할 수 있는 것에만 관심이 있었고, 그것은 의식하는 마음과 의식의 행위 내에만 있는 것이었다. 데카르트와 마찬가지로 후설도 정신의 외부에 존재하는 '거기 그것'의 세계에 대해서는 아무것도 확신할 수 없음을 깨달았다. '거기 그것'은 그에게는 별 문젯거리가 되지 못했다. 그를 실제로 괴롭힌 것은 의식이나 '자아의 인식'과 관련하여 자신이 회의적 입장을 취할 수밖에 없다는 사실이었다. 후설이 스스로 내린 정의에 의하면, 의식은 의도적[지향하는] 행위와 동격이지만, 행위 자체는 아니며 행위를 관찰하고 있을 뿐이다. 자아(혹은 의식)는 동시에 관찰자나 피관찰자의 역할을 수행할 수 없으므로 의도적 행위의 목표가 될 수 없다. 그는 결국 경험의 주체(자아)는 초월적인 것으로, 다른 영역에 존재한다는 결론을 내릴 수밖에 없었다. 이런 결론은 자아와 외부 세계(그리고 외연을 기준으로 나뉘는 정신과 신체)가 별개의 자리를 차지하고 있다는 데카르트의 이원론으로 환원하는 결과를 낳았다.

프랑스 철학자 모리스 메를로 퐁티(1908~1961)는 후설에게 지대한 영향을 받아서, 경험되는 세계의 객관적 실재와는 무관하게, 구체적 경험에 초점을 맞춘 현상학적 접근법을 채택했다.

메를로 퐁티는 경험주의나 이성주의가 둘 다 부분적으로 '메논의 역설'에 답을 내놓는 데 실패했다고 보았다. 메논의 역설은, '우리가 무엇을 모르는지 모르므로 모르는 그것을 구할 수 없다'는 주장을 말한다.

경험주의자들은 세계를 정신과 분리된 어떤 것으로 간주한다. 지각하는 정신이 주체이며 세계는 객체이다. 우리는 복잡한 구조의 세계를 다채로운 다층 구조를 통해 경험한다. 우리가 세계를 올바로 이해하기 위해서는 이러한 연속된 경험을 쪼개 별개의 덩어리로 나누는 과정을 통해 질서를 부여해야 한다. (객관적인 실재의 세계가 존재함을 가정한다면) 이런 덩어리들을 정신 속에 한데 모아놓는 방법이 정말로 실재를 정확히 반영하는 것인지 아닌지 우리는 알 수 없다. 이 말은 외부의 세계는 불가지의 대상이며, 메논의 역설도 사라지지 않음을 의미한다. 이성주의는(메를로 퐁티는 이성주의를 지성주의intellectualism라고도 불렀다) 메논의 역설에 저촉된다. 지식이 선험적으로 존재하는 것이라면, 구태여 알고자 애를 태울 필요가 있겠는가?

메를로 퐁티는 지각(知覺)을 명예의 전당에 올려놓았다. 그는 이성주의가, 지식을 습득하는 과정에서 지각에 별다른 영향을 미치지 못할 뿐만 아니라 구체적 존재인 우리 자신의 실재와 육체에 대해 아무것도 알려주지 않기 때문에 좋은 철학이 아니라고 여겼다. 퐁티는 경험주의도 받아들이지 않았다. 경험주의는 경험한 대로 실재를 설명하는 것이 아니라, 경험한 실재와는 무관하게 분리시켜 버림으로써 감각인식(감각지각)을 파괴하기 때문이다. 대신에 그는 지각은 '체현된 몸'을 통해 스스로 경험한 것이라고 보았다.

이런 주장을 통해 퐁티는 주체[의식]는 단지 정신 내에만 존재하는 어떤 것이 아니라 몸 전체를 통해[몸 전체 내에서] 경험되는 것이라는 점을 말하고 싶었던 것이다. 퐁티는 분리된 영혼이 거주하는, 생리학적 메커니즘으로 구성된 몸이라는 데카르트적 관점을 거부했다. 그는 육체와 정신을 통합된 체계로 보았다. 정신은 그저 몸에 깃들기만 한 거주민이 아니며, 지각하는 행위는 감각 기관에 느껴진 감각자료들의 결과만이 아니라 지성(知性)을 포함하는 것이라는 주장이다.

우리는 몸과 연관된 지각을 통한 경험으로부터 의미를 추출한다. 뜨겁거나 차다, 크거나 작다, 가깝거나 멀다와 같은 의미를 얻는 것이다. 공간적 위치에 대한 우리의 경험은 우리 몸이 공간과 특정한 위치를 어떤 식으로 점유하고 있는지에 달려 있다. 우리의 시간 경험은 현재가 아니고서는 어떤 순간에 계속해서 머무를 수 없는 숙명에 제약받는 것이다. 그 현재라는 제약이 우리의 과거와 미래에 대한 감각을 규정하는 것이다.

경험을 주체와 객체의 대화라고 정의하면서, 메를로 퐁티는 각 경험은 공간적으로는 그 경험을 둘러싼 모든 것들과 함께 지각되고, 시간적으로는 그 경험을 앞서는 모든 것들과 함께 지각

된다는 점을 일깨워주었다. 그는 정신과 세계라는 이원론적 세계관을 박차고 나아가 우리의 육체를 그 사이 제3의 자리에 위치하도록 했다. 그는 메논의 역설에도 답을 내놓았다. 우리는 찾고자 하는 것이 무엇인지 아직 모르는데 구하고자 하는 그것을 찾았는지 어떻게 알 수 있는가? 답은 구체화된 경험이 의미를 부여했기 때문이라는 것이다. 먼저 우리의 지각은 애매모호하고 불확실하다. 그러나 우리가 점점 더 육체적으로 세계와 관련을 맺게 됨에 따라 대상들은 더욱 알기 쉬워지고 확실해진다.

실재를 다르게 보다

경험주의가 20세기 들어 번성했던 것은 과학의 급격한 진보 덕택이었을 것이며, 또 과학 지식으로 무장한 철학자들의 관심이 그쪽으로 증폭되었기 때문일 것이다.

A. J. 에이어라고 더 잘 알려진 영국의 철학자 알프레드 에이어(1910~1989)는 흄의 전통을 이어받은 경험주의자였다. 그는 스스

A. J. 에이어는 훌륭한 탭댄서였다. 그는 한때 자신이 철학자 대신 탭댄서가 되는 편이 더 나았을 것이라는 말을 하기도 했다. 그는 사신이 프레드 아스테이보디 뛰어난 댄서가 될 수 없다는 것을 알게 되자 자신의 야망을 포기해 버렸다.

로 '언어적인 현상주의'라고 이름붙인 경험주의의 강력한 한 형식을 발전시켰다. 일반적으로 현상주의에서는 외부 물질세계를 감각자료에 의해 정신 안에 형성된 구조물로 간주한다. 에이어에 따르면 물질적 대상을 설명하는 것은, 그 대상이 관찰 가능하거나 포착할 수 있는 것이 아니므로, 우리가 받게 된 감각자료를 설명하는 것에 불과한 것이 된다.

에이어는 물질에 대한 어떤 설명도 감각자료에 대한 설명으로 환원시킬 수 있다고 주장했다. 따라서 정원의 나무를 보면서 우리가 실제로 다음과 같이 말할 수 있을 뿐이다. "정원이라고 알려진 어떤 장소에 가면 우리는 '나무다움'을 드러내는 것에 대한 감각자료를 경험하게 될 것이다(다시 말해, 보게 될 것이다)." 그리고 나무다움을 드러내는 어떤 것을 보게 되는 이유는 당신이 우연히 정원에 갔기 때문에 벌어진 일이다.(반드시 그곳에 나무가 있거나, 나무다움을 드러내는 어떤 것이 있기 때문만은 아닌 것이다.) 에이어는 우리가 확신할 대상에 대해 보다 엄격한 기준을 제시하고자 했다. 하지만 더 모호하고 불확실한 어떤 것을 만들어내는 것으로 끝이 나고 말았다.

논리실증주의

어쩌면 에이어는 논리실증주의를 출범시킨 철학자로 가장 널리 기억되고 있을 것이다. 논리실증주의는 철학의 영역을 극도로 제한한 20세기 사상의 한 갈래이다. 논리실증주의자들에게 철학이란 생각을 구체화하는 수단에 해당한다. '참' 진술은 두 개의 영역으로 분류된다. 그것들은 수학과 논리학의 참이며 현재 분명한 참인 동어 반복이거나 과학적으로 검증 가능한 경험적 주장이다. 그 외의 형이상학이나 종교적 것들을 포함하는 어떤 형태의 진술도 무의미할 뿐만 아니라 사실이 아니라는 말조차 어울리지 않는다. 논리실증주의자들은 검증주의 원칙을 견지한다. 유효한 진술의 성립 여부는 경험이거나 '(언어적) 분석'에 의해 검증 가능한지에 따라 갈린다. 여기서 '(언어적) 분석'이라 함은 '참'으로 인정된 진술로부터 출발한 논리에 의해 설명 가능해야 한다는 것을 의미한다. 제2차 세계대전 발발 전에 출발한 논리실증주의는 이른바 비엔나 학파와 베를린 학파를 기반으로 번성했다.

입증과 오류의 가능성

철학자 칼 포퍼는 자신이 반증주의라고 부른 방법으로 검증주의에 맞섰다. 그의 주장에 따르면 이 방법으로 흄이 제기한 귀납의 문제를 풀었다고 한다. 흄은 수집된 자료를 조사해보면 우리를 이론으로 이끌어주는 패턴을 관찰하거나 규칙을 생성해낼 수 있다고 믿었다. 단지 문제라면 우리가 가능한 사례들을 결코 모두 다 조사할 수 없다는 사실이다. 그래서 관찰에 근거해 모든 여우들은 붉다거나 모든 백조들은 희다는 결론을 내릴 뿐인 것이다. 그러나 우리가 모든 여우와 백조들을 다 본 것은 아니다. 사람들은 일반적으로 검은 백조가 발견될 때까지는 백조들은 모두 희다고 믿는다. 우리가 어느 날 초록색의 백조를 발견하지 말란 법은 없다. 관찰에 의해 (귀납적으로) 추론된 이와 같은 결론은 단 하나의 반증적 예로도 뒤집힐 수 있으므로 확고한 주장이라 할 수 없다. 포퍼는 어떤 이론이 사실임을 입증하는 것보다 거짓임을

$$PS_1 \rightarrow TT \rightarrow EE \rightarrow PS_2$$

문제적 상황(PS1)이 어떤 가설(TT)을 유발한다. 오류를 제거하는 상호작용 과정(EE)을 거치면서 보다 나은 이해력을 얻게 되며, 나아가 더욱 복잡하거나 흥미로운 문제적 상황(PS2)이 도출된다.

칼 포퍼는 20세기가 낳은 가장 위대한 과학 철학자 중의 한 명으로 존경받고 있다.

입증하는 편이 더 쉽다는 점을 지적했다.

　포퍼는 일반화는 증거로부터 이끌어낸 결론으로서 유효하지는 않지만 추측이라는 논리적 지위를 부여할 수는 있다고 했다. 그 결론은 그것을 논박할 수 있는 관찰의 결과(예를 들어, 녹색의 여우를 목격한 경우)로 반증하거나, 아니면 더 나은 관찰 결과가 나올 때까지 기다려야 한다. 지금까지 존재했던 모든 여우를 다 보았거나 앞으로 존재할 여우를 다 본다는 가정 하에서만 여우는 모

'나의 경우 …… 물질을 믿지 호메로스의 신들은 믿지 않으며, 물질 이외의 내상을 믿는 것은 과학적 오류라고 생각한다. 그러나 인식론적 바탕에서 보자면 물질과 신은 정도의 차이가 있을 뿐이지 종류에 차이가 있는 것은 아니다. 두 종류의 실체는 단지 문화적으로 상정되어 이해되고 있는 것이다.
－윌라드 콰인 〈경험주의의 두 도그마〉(1951) 중에서

두 붉다는 일반화에 의한 결과가 가능할 것이다.

과학 이론의 특징은 오류의 가능성에 있다. 포퍼는 정신분석 이론에는 이런 오류의 가능성이 없다는 이유로 과학으로 인정하지 않았다. 그는 수많은 시간 동안 쌓인 과학적 지식은 반복된 오류의 결과라고 보았다. 이론들이 꼬리를 물고 오류임이 드러남에 따라, 그들 이론들(대체 이론들)의 무더기가 서서히 가지치기되고, 줄거리 이론들만 남게 된다는 것이다.

윌라드 콰인(1908~2000)은 단연코 뛰어난 경험주의자였다. 그는 과학이야말로 '진리에 대한 최종 결정권자'이며 오직 과학만이 세상에 대해 알려줄 수 있다고 주장했다. 그럴지라도 세계에 대한 지식은 우리가 감각자료를 받아들이고 해석하는 방식에 따라 제약받는다. 저서 〈경험주의의 두 가지 도그마〉(1951)를 통해 콰인은 그때까지 정립되어 있던 실증주의자들의 입장에 향해 두 가지 견해를 제시했다. 먼저, 분석적 명제와 종합적 명제를 구분한 칸트를 공격했다. 칸트는 '모든 시체는 죽은 것이다'와 같은 정의상 참인 분석적 명제와 상황에 따라 참이나 거짓이 될 수 있는(예를 들어, '비가 내리고 있다'와 같은) 종합적 명제를 구분한 적이 있었다. 두 번째로, 그는 물질세계에 대한 진술이 감각자료에 대한 진술로 환원될 수 있다는 주장을 받아들이지 않았다.

콰인은 모든 명제는 감각 경험과 관련 맺고 있으며, 우리가 포

분석적 진술과 종합적 진술

분석적 진술은 정의 그 자체로 참이다. '모든 총각은 결혼하지 않았나'와 같은 진술을 말한다.

종합적 진술은 특정한 주부와 술부를 지니고 있다. '저 총각은 25살이다.'와 같은 진술을 말한다.

함되어 있는 '믿음의 거미줄'과 밀접한 관련이 있다고 주장했다. 경험을 우리가 바라보는 세계관과 분리해서 생각할 수 없다. 이론과 경험은 필연적으로 손에 손을 잡고 함께 가야 하는 것이다. 과학은 본질적으로 우리가 아는 것에 경험을 접목하는 실용적 과정이며, 과거의 경험에 비추어 미래의 경험을 예견하는 작업인 것이다. 콰인은 (존재하는 것과 관련이 있는) 존재론이 사회의 어떤 특정한 신념과 연계되어 있다는 점을 인정했다.

반박

오스트리아 태생의 철학자 파울 파이어아벤트(1924~1994)는 논리실증주의와 포퍼의 반증주의 모두를 부정했다. 그는 1960년대와 1970년대 '인식론적 무정부주의'를 내세움으로써 명성을 얻었는데, 주로 과학이 이성적 방법론에 뿌리를 두고 있다는 가정을 집중 공략하는 주장이었다.

파이어아벤트는 과학은 '정상적인 과학'의 시기와 '혁명적 과학'의 시기를 오간다는 토마스 쿤(1922~1996)의 주장으로부터 출발했다. 쿤에 따르면 과학이 더디게 발전하는 시기가 있는데, 그때는 그저 당대의 패러다임을 뒷받침하는 발견들에 대해 진지한 연구가 진행될 뿐이다. 그러다가 이따금씩 혁명적인 과학의 시기가 도래해 모든 것에 문호가 개방되고 패러다임의 대전환이

파울 파이어아벤트는 어떤 이론이나 사실에 대한 진술도 참된 사태를 진정으로 반영하지 못한다고 주장하면서 다른 일부 철학자들을 멀리했다.

일어나게 된다고 했다. 그러나 파이어아벤트는 쿤의 생각을 부정하며, 이목을 끌기 위해 경쟁하며 양립하는 과학 이론들은 언제나 있었으며, 과학적 노력들이 결실을 맺도록 하는 것은 경쟁이라고 했다. 하나의 이론이 적절한 것으로 받아들여진다 해도 도전에 의해 그 이론의 굳건함이 충분히 검증받아야 하므로 그 대안을 제시하는 것은 옳다는 주장이다.

파이어아벤트는 이런 자신의 주장을 '이론적 다원주의'라고 불렀다. 이런 생각은 그를 '상대주의'와 '반실재론'으로 이끌었다. 그는, 잘 맞아 들어가는 사실이 있다는 주장을 인정하지 않았으므로, 한 이론이 '사실에 부합'하기만 하면 옳은 것이라는 일반적인 견해를 거부했다. 그는 사실에 대한 모든 진술은 표현되는 말에 얽매인 신념 및 관습과 밀접한 관련이 있다고 생각했다. 이로부터 그는 루드비히 비트겐슈타인이 주장한 '언어 게임' 이론을 이끌어냈다. 비트겐슈타인은 모든 언어의 사용은 사회적 문맥 안에 갇혀있다고 주장한 바 있다.

파이어아벤트는 사실에 관한 진술들은 독립적 실재를 반영하는 것이 아니라 사회적 관습과 단어들의 함의(含意)에 의해 결정되며, 그것들은 사회에서 통용되는 인식을 차례대로 반영하는 것이라고 주장했다. 그는 또 우리는 '사실들'을 하나의 이론과 비교하는 대신 서로 경쟁 관계에 있는 이론들을 비교해 우리의

"인간 발달의 모든 단계의 모든 상황에서도 수호될 수 있는 단 하나의 원리원칙이 존재한다. 그것은 다름 아닌, '무슨 일이든 허용된다'는 원칙이다.
─파울 파이어아벤트 〈방법을 거슬러〉(1975) 중에서

지성에 가장 합당한 것을 선택해야 한다고 했다.

파이어아벤트의 인식론적 무정부주의 이론은 과학에는 신뢰할 만한 결과를 도출하는 법칙이나 규칙이 존재하지 않으므로 과학은 본질적으로 무정부주의라고 주장한 것이다. 대부분의 학자들은 파이어아벤트의 이런 극단적 이론에 주의를 기울이지 않았지만 그는 과학의 도그마에 저항하던 일부 대안 그룹의 학자들 사이에서 상당한 인기를 누렸다.

진실은 무엇인가?

우리는 지금까지 철학자들이 지식에 도달하고 '진실'이라고 인정하는 것에 도달하는 과정을 어떻게 받아들이는지에 대해 장황하게 이야기했다. 그러나 우리는 '진실'이 무엇인지에 대해서는 별로 논의하지 않았다. 지식에 대한 통념은 '진정한 믿음'이라는 것이며 이는 지식은 정당화된 신념이라는 플라톤의 단정에 뿌리를 두고 있다. 당연한 말이지만, 진실이 아닌 어떤 것을 안다는 것은 단지 그것을 믿는 것 외에 달리 그것에 대해 알 수 있는 길이 전혀 없다는 것을 나타내기 때문에 안다는 것은 진실인 정보를 획득한 상태를 일컫는다.

그렇다면 '진실'은 무엇일까? 아마도 진실인 어떤 것은, 경험적 실재이든 이상적 형태의 영역 내에 있는 것이든, 실재와 대응하는 어떤 형태일 것이다. 이것이 진실의 '대응설'이다. 진실의 본질을 탐구하는 것은 형이상학적인 과제이지만 인식론의 한복판에 뚜렷이 아로새겨져 있는 과제이기도 하다. 토마스 아퀴나스는 대응의 문제를 다음과 같이 간결하게 정리한 바 있다.

'진리는 사물과 일치하는 지성이다'

아퀴나스는 '참된 존재는 신의 창조와 뜻을 함께 하며 신은 진리이다'는 말도 했다. 그는 인간의 지성은 그것의 영적인 속성과 신이 함께하는 측면 때문에 사물의 본질을 이해할 수 있다고 믿었다.

　그러나 칸트가 지적한 대로 대응의 정의에는 문제가 도사리고 있다. 어떤 진실을 올바르게 판단했는지 확신하기 위해 우리는 우리의 판단에만 의존해야 한다. 실재에 올바르게 대응하고 있는지를 우리의 판단에만 의존할 수밖에 없는 것이다. 결국 우리는 우리의 판단을 심판하게 되는 것이다. 이는 확고한 시험이라 할 수 없다.

진리를 재정립하다

쇠렌 키에르케고르는 진리를 '주관적'인 것과 '객관적'인 것으로 나누었다. 객관적 진리는 수학적 법칙이나 밖으로 드러난 세계에 대한 진술이고, 있는 사실에 대한 진술이다. 주관적 진리는 내부적이고 개인적인 세계에 대한 진술이며 개인이 세계와 맺는 관계에 대한 진술이다. 다시 말해 존재 방식에 대한 진술이다. 주관적 진리는 개인들에 따라 차이가 있으며 그 진리값은 끊임없이 변화하고 진화한다. 객관적 진리가 정적인 반면에 주관적 진리는 동적이다.

　니체는 〈선악의 저편〉(1886)에서 '판단의 오류는 우리에게 항상 판단에 대한 반대를 의미하는 것은 아니다. …… 문제는 그것이 얼마나 삶의 진보와 유지, 종의 보존, 나아가 종의 생육에 기여하느냐에 달려 있는 것이다.'라고 했다.

　미국의 철학자 존 듀이(1859~1952)는 기술(記述)이나 모델이 실재에 얼마나 잘 부합하느냐의 척도로서의 진리는 의미가 없다는 주장을 했다. 대신 우리는 가장 유용한 것으로 입증된 사태의 해석 결과를 진리로 받아들여야 한다고 했다. 그 유용함은 우리가 그것을 발견한 그대로 우리에게 세상에서 살아가며 일하는 방법을 제시해주는 지침이다. 그는 이런 상태를, '진리'라는 용어의 사용에서 자칫 범하기 쉬운 허세와 철학적 앙금을 피하고자, '담보 가능한 단정'이라 칭했다. 그러나 사태는 이미 엎질러진 물이 되어 버렸다. '진리'라는 말은 용어의 상식적 정의에 있어 더 이상 진리일 필요가 없어진 것이다.

미국의 철학자 리처드 로티(1931~2007)는 듀이로부터 영향을 받았다. 그는 기본적 가치나 선험적 진리에 대한 지루한 철학적 탐구는 '궁극적 관심과 관련하여 결코 확실한 결과'를 만들어내지 못할 것이라고 생각했다. 그는 철학을 과학으로 만들려는 데카르트적 시도를 거부했다. 그런 시도는 수백 년 동안 우리들을 이성주의자들과 경험주의자들, 그리고 이상주의자들과 물질주의자들 간의 논쟁의 틈바구니에 휘말리게 했지만 어느 곳에도 편하게 정착하지 못하도록 만들었다고 믿었던 것이다. 정신은 '드러난 것들의 상영관(上映館)'에 불과하며 밖으로 드러난 실재만을 영원토록 중시하는 철학은 잘못된 것이다. 또 이후에 벌어지는, 정신을 언어의 등가물로 대체하려는 시도나 과학의 자리에 신을 대체하려는 움직임 역시 잘못된 것이다.

로티는 지적 전통이 붕괴된 자리에 '인식론적 행동주의'를 채워 넣으려 했다. 이 이론의 핵심 전제는 우리는 사회가 알려준 내용만을 안다는 것이다. 우리가 받아들이는 것은 해당 진술이 세계를 얼마나 잘 반영하는지와 상관없으며 모든 것은 우리가 이미 믿고 있는 내용에 얼마나 잘 부합하느냐의 문제일 뿐이라는 것이

존 듀이가 정의내린 진리는 지극히 실용주의적인 것이었다. 우리는 우리의 모델에 가장 편리하게 부합하는 것은 어떤 것이든 받아들여야 한다는 주장이다.

다. 우리는 왜 우리가 믿는 것을 믿는지에 대한 대답은 심리학이
나 사회학, 또는 생물학에서 탐구할 대상이지 철학의 문제는 아
니라는 것이다.

코페르니쿠스주의자나 마르크스주의자 그리고 로티가 예로
든 현대 과학자들이 시대를 거슬러 실재를 다시 설명하는 문장
들을 만들어냈는데, '지구가 태양 주의를 돈다'거나 '모든 역사
는 계급투쟁의 역사'라거나 '물질은 에너지로 변형될 수 있다'는
말들이 그것들이다. 이런 재정립은 초기에는 오류로 받아들여지
다가 가설로 인정되었으며, 마침내는 적어도 어떤 연구자들의
영역 내에서는 명백한 진리로 받아들여졌다.

로티는 궁극적 진리란 있을 수 없으므로 진리 추구는 탐구의
의미 있는 목적이 될 수 없다고 보았다. 대신에 철학자들은 '정
직한 정당화'를 향한 실제적 문제의 탐구에 목표를 두어야 한다.
사회가 추구하는 목표의 성취에 기여하고 도움이 되는 신념만이
정당화될 수 있다는 것이다.

우리는 무엇을 말할 수 있는가?

지난 150여 년 사이, 언어 그 자체에 대한 난해함과 불명확함이
철학의 주요 문제로 대두되었다. 언어로 철학적 사고를(정확히 말
하면 모든 생각을) 정확히 표현하고자 하는 욕구는 언제나 있었다.
이것은 우리가 말하는 것이나 심지어는 생각하는 것이 우리가
사용할 수밖에 없는 언어에 의해 제약받는다는 고민에 따른 것
이었다. 우리는 님의 말을 우리의 언어 이해 습관 때문에 왜곡하
곤 한다. 언어는 도대체 실재의 형식과 어떤 식으로 관계 맺고
일치하는 것일까?

애석하지만 언어가 우리가 상대방과 소통하는 유일한 수단이
아니라는 것은 사실이다. 단어들은 시간을 거치면서 사용되고
또 사용되면서 의미를 부여받게 된 것이다. 개나 의자, 우산 등

의 구상명사들은 우리가 서로 뜻을 동의하면서 사용하는 데 별 문제가 없다. 적어도 기능적 단계에서는 그렇다. 아니면 그렇게 보일 뿐일지도 모른다. 사실, 우리가 의미에 동의하기 위해서는 별도의 지식이 더 필요하다. 무엇 때문에 우리는 개가 아니고 여우라고 하는 것일까? 왜 우산이 아니고 파라솔이 된 것일까? 추상명사나 형용사, 전치사 그리고 다른 구체적이지 않은 단어들의 경우에는 문제가 더 심각하다. 단어들은 종종 그것들이 사용되는 사회나 지적인 문맥에 의존해야 하는 함의(含意)를 지니고 있다. 예를 들어, 내가 딸에게 '할아버지가 아프다(sick).'고 말했다면 딸은 할아버지의 상태가 안 좋다는 뜻으로 받아들일 것이다. 또, 내가 '저 점퍼는 불편하다(sick)'고 해도 딸은 '저 점퍼는 멋있다(chic)'고 받아들일 것이다. 그러나 내가 '저 비디오는 아프다(sick)'고 말한다면 딸은 그것이 정말 재미있고 좋은(chic) 비디오인지 아니면 조잡한 내용이나 역겨운 내용이 들어 있는 비디오인지 구별할 수 없을 것이다.(영어의 sick와 chic라는 단어가 비슷하게 들리는 데서 오는 착오와 해석의 문제 : 역주)

철학 연구 과정에서 이미 생성된 많은 어휘들을 신뢰하지 않

'지각의 장막'이 실재를 바라보는 우리의 시각을 왜곡시키는 것처럼 생각을 전달하기 위해서 반드시 사용할 수밖에 없는 언어도 주고받는 과정에서 왜곡된다.

았던 하이데거와 같은 철학자들은 의미에 부가된 부정확하고 불편한 첨가물들을 피하기 위해 신조어를 만들어냈다. 그러나 문제는 하이데거 말고는 아무도 그 신조어가 무엇을 의미하는지 모른다는 데 있었다. 그래서 철학자는 문맥에서 그 뜻이 분명하게 드러나는 방법을 동원해 새로운 용어를 정의하거나 사용해야 한다. 당연히 이 책에서도 그런 조어법을 동원했다. '빈 도우(dough-not)'나 '기린다움(graffe-ness)'이나 '있는 그것(WHAT/EVER)'들이 바로 그런 조어에 해당한다.

언어론적 회전

언어철학에 대한 관심은 독일의 수학자이자 논리학자, 철학자였던 고틀로프 프레게(1848~1925)의 작품에서 출발한다. 프레게는 아리스토텔레스가 정립하고 그 이후 별 저항 없이 받아들여졌던 명제의 정의에 대해 반기를 들고, 수학적 모델을 이용해 언어를 재정립했다.

우리가 '소크라테스는 현명하다'고 말했을 때, 아리스토텔레스 식으로(삼단논법으로) 이를 묘사하는 방법은 '소크라테스'라는 주어를 배치하고 '현명하다'는 술어를 나열하는 것이다. 하지만 프레게는 이와는 다르게 문장을 독립변수인 '소크라테스'와 함

'어른들이 어떤 대상에 이름을 지어주고 나서 그 이름에 따라 가깝게 다가서는 것을 보면서 나는 어른들이 어떤 대상을 가리키려 할 때 먼저 소리로 부른다는 사실을 알게 되었다. 그들의 의노는 그들의 몸동직에서 드러났다. 몸동작은 얼굴 표정이나 눈알의 굴림처럼 모든 사람이 사용하는 자연 언어이기 때문이다. …… 그래서 내가 다양한 장소에서 사용되는 다양한 종류의 단어들을 듣게 됨에 따라 나는 점차로 그들이 의미하는 대상에 대한 이해력을 높여갈 수 있었다. 그리고 …… 나 또한 그런 방법을 이용해 내 욕구를 표현했다.
– 성 아우구스티누스 〈고백록〉 중에서

수인 '현명하다'로 나누었다. 우리는 소크라테스를 밖으로 끄집어낸 후 대신 그 자리에 어떤 다른 말이 들어가는지를 살펴볼 수 있다.

( )는 현명하다

위 문장은 함수 안에 독립변수를 대체할 수 있는 수학적 서술과 같다.

( ) + ( )

독립변수나 함수 어떤 것도 따로 떨어져서는 아무런 의미를 줄 수 없으며 전체로 구성되었을 경우에만 문장이 뜻을 지니므

기호학의 창시자

스위스의 언어학자 페르디낭 드 소쉬르(1857~1913)는 종종 20세기 언어학에 중요 토대를 마련한 기호학의 창시자로 언급된다. 그는 언어를 신호 체계라고 생각했다. 각 단어는 기표記標(시니피앙, 언어가 소리와 그 소리로 표시되는 의미로 성립된다고 할 때 소리를 가리킴 : 역주)와 기의記意(시니피에, 언어가 소리와 그 소리로 표시되는 의미로 성립된다고 할 때 의미를 가리킴 : 역주)로서 받아들여지는 신호라는 것이다. 기표는 말하여지거나 쓰인 단어이고, 소리의 양식이다. 기의는 단어가 나타내는 사물이나 개념이다. 어떤 특정한 개념과 연계된 소리들의 양식은 기본적으로 자의적이다. 그렇기 때문에 우리가, 다른 언어들을 통해 발성되는 '고양이(cat)'처럼, 어떤 단어의 소리를 추적할 수 있다 해도 어째서 다른 소리 말고 유독 그 소리만이 '고양이'라는 개념과 연계되는지 합당한 근거를 찾기는 쉽지 않다.

그러나 언어는 그것을 구성하는 단어들의 단순한 모음보다 더 큰 무엇을 지니고 있다. 그것은 언어를 구성하는 단어들과는 별도로 분석되는 구조를 지니고 있으며, 인간들이 세계를 구성하고 그것을 소리내어 표현하는 체계를 형성하는 것이다. 언어는 본질적으로 사회적이다. 그것은 뜻을 형성하기 위해서는 타인이 신호를 해석할 수 있도록 해줘야 하는 공유된 신호 체계인 것이다. 소리와 의미는(기표와 기의) 둘 다 말하는 행위에 의해 인간의 정신 속에 저장된다. 기표와 기의는 동전의 양면과 같다. 단어들은 그것들과 다른 단어들의 차이에 의해 의미를 부여받는다. 그래서 '남성'과 '여성'이라는 단어가 의미를 이루기 위해서는 서로가 필요한 것이다.

로 의미를 부여하는 것은 문맥이라는 점이 명백해졌다. 프레게는 한 발 더 나아가서 (단어의) 지시 대상과 문장의 뜻 사이에는 괴리가 있다는 점을 보여주었다. 예를 들어, 피피 앰버그리스라 불리는 어떤 영화배우가 있는데 그녀에 대해 이야기한다고 가정하자. 나는 그녀를 '성형 미인'이라 부르지만 당신은 '오스카상을 거머쥔 미녀'라고 부른다. 이때 우리는 서로 다른 뜻을 품고 있지만 같은 사람을 지칭하는 것이다.(지시 대상은 피피 앰버그리스라는 같은 사람이다.)

프랑스 왕의 헤어스타일

영국의 철학자 버트런드 러셀(1872~1970)은 의미와 참조의 문제에 관심이 많았다. 그는 '현재의 프랑스 왕은 대머리다'와 같은 문장이 참인지 거짓인지, 아니면 무의미한 것인지의 문제를 붙잡고 씨름했다. 이 문장은 주어인 '프랑스 왕'이 존재하지 않으므로 올바른 참조가 아닌 것으로 받아들여진다.

위 문장이 거짓이라고 한다면 그 반대의 의미(현재의 프랑스 왕은 대머리가 아니다)가 참이어야 한다. 그러나 이 문장 또한 명백히 참은 아니다. 하지만 우리가 말하여진 바를 이해할 수 있다는 점에서 무의미한 것은 아니다.

러셀은 위와 같은 문장들은 각각 별도로 평가되어야 하는 별개의 주장을 지니고 있다는 점을 시사했다. 위의 경우 '프랑스에 왕이 있다'는 첫 번째 명제는 거짓이다. 전체 문장이 거짓으로 받아들여지기 위해서 단지 하나의 주장만이 거짓이면 된다. 그렇게 됨으로써 우리는 이제 이 서술을 거짓으로 치부한 것이다. 이와 같은 것을 '한정 기술(정관사와 소유격으로 수식되는 기술 : 역주)'이라 한다. 이는 우리가 존재하지 않는 사물에 의미를 부여하면서 말을 할 수 있음을 뜻한다는 점에서 쓸모 있는 방법이다.

비트겐슈타인 대 아우구스티누스

프레게는 언어학 분야에서 가장 저명한 철학자 중의 한 사람인 루드비히 비트겐슈타인(1889~1951)의 초기 작품에 영향을 주었다. 비트겐슈타인은 처음에 갈채를 받으며 책을 출간한 이후 남은 여생을 자신의 그 초기 이론들을 부정하고, 더 나은 이론을 찾아내기 위해 노력하면서 보냈다.

저작 〈논리철학논고〉(1922)를 통해 비트겐슈타인은 자신이 '언어에 대한 아우구스티누스의 묘사'라고 불렀던 이론을 반박했다. 그는 자신이 맞서고 있는 인물이 얼마나 위대한지에 대해서는 아랑곳하지 않았다. 〈논리철학논고〉가 출간될 당시 나이는 불과 32살이었지만 비트겐슈타인은 자신의 책이 철학의 여러가지 문제를 해명했으며 더 이상 추가할 것도 없다고 주장하면서 학문 활동의 현업에서 재빠르게 은퇴해 버렸다.

〈논리철학논고〉는 언어와 사고, 그리고 실재 사이의 관계를 연구한 책이다. 비트겐슈타인은, 어떤 표현이 의미하는 바는 세계의 본질에 의해 규정되어야 한다고 주장한 면에서 프레게의 학설을 추종한 셈이다. 문맥을 파악하지 않는다면 어떤 것도 모호함이나 무의미함을 벗어날 수 없다는 주장이다. 그리고 그는 또 언어와 세계는 그들의 구성 요소라는 측면에서 이해되어야만 한다고 주장한 점에서는 버트런드 러셀과 닮았다.

그러나 그는 이들로부터 한 걸음 더 나아가 문장의 기본 구조는 세계의 구조를 반영해야 한다고 피력했다. 그는 문장은 있을 수 있는 사태를 표시하는 것이어야 ― 그림이어야 한다고 했다. 이것이 그가 주장한 언어의 '그림 이론'이다. 그는 논리적인 측면에서 언어의 구조는 불완전성을 내포하고 있다는 주장을 인정하지 않았다. 그는 말하여지는 것은 어떤 것이든지 분명하게 말하여질 수 있다고 주장했다. 분명하게 말로 표현할 수 없는 것은 무엇이나 '침묵으로 전달'되어야 한다.

비트겐슈타인은 처음에는 〈논리철학논고〉에 대해 스스로 만

놀랍게도 비트겐슈타인(앞줄 왼쪽부터 두번째)은 아돌프 히틀러(뒷줄 오른쪽 끝)와 같은 초등학교에서 같은 반을 다녔다.

족해서 어쩔 줄 몰랐지만 이후 조금 다른 생각을 내놓게 되었다. 스스로를 유배시키는 과정을 거친 후 그는 1929년 캠브리지로 돌아와서 자신의 저서를 수정하는 작업에 몰두했다. 그리고 사망할 때까지 이후 20년 동안 자신의 이론을 더욱 밝히고, 스스로의 업적을 강하게 비판하면서 혼란을 제거하는 데 몰두했다. 하지만 그러는 와중에도 그에 대한 찬사는 사그라들지 않았다.

비트겐슈타인은 1952년 유작으로 발표된 〈철학적 탐구〉에서 의미는 사실 실재에 의존하는 것이 아닐 뿐 아니라 언어도 세계를 표시하는 일과는 무관하다고 말하면서 자신의 과거 이론을 뒤집어버렸다. 단어들은 의미를 설명하는 데 도움이 된다. 그러므로 '개'라는 표시를 하는 것은 우리가 '개'라는 개념이 의미하는 바를 알아채게 하는 데 노움을 주는 것이다. 수많은 다른 개들을 나타내면, 그것은 우리가 개의 어떤 특질이 그들의 개다움을 나타내기 위해 반드시 필요한가를 알도록 해주기 때문에 의미를 더욱 분명하게 할 수 있다.(갈색이라는 사실만으로는 안 되고, 일반적으로 네 개의 다리를 지녔다든가 하는 등의 묘사는 가능한 특질이다.)

비트겐슈타인은 언어는 많은 기능을 갖고 있으며 단어들은 다양한 의도의 도구로 사용될 수 있다고 보았다. 단순하게 사물을 묘사하기 위한 것이 아니라 질문을 하고, 명령을 내리며, 욕을 하며, 심지어는 거짓말을 하는 데 유용하게 사용된다는 것이다. 단어들이 의미하는 바는 당시에 그것이 어떤 식으로 사용되느냐에 달려 있다. 사실, 단어들은 그것들이 어떻게 사용되는가에 따라 다르게 규정된다. 그가 주창한 '언어 게임' 개념은 다음과 같은 점에 의존하는 것이다. 의미는 실재에 묶여 있는 것이 아니며 그 단어가 사용된 문맥으로부터 추론하거나 실마리를 풀어나가야 한다. 언어 사용자의 행위는 단어들의 의미를 설명하는 것이기도 하고 규정하는 것이기도 한 것이다.

언어 행위

영국의 철학자 존 오스틴(1911~1960)은 비트겐슈타인이 〈철학적 탐구〉를 통해 흥미를 드러낸 것과 마찬가지로 언어가 어떻게 각기 다른 목적대로 사용되는지에 관심이 많았다. 그는 이것을 서로 다른 '언어 행위'를 위해 사용되는 것이라 칭했다. 〈말로써 행위하는 방식〉(1962)이라는 저서를 통해 그는 세 종류의 언어 행위를 설명했다. 첫 번째 형태에서 단어들은 세계에 대해 어떤 것을 나타내면서 스스로 문자 그대로의 뜻을 지닌다. 예를 들어, '매트 위에 고양이가 앉아 있다'는 표현은 고양이와 매트가 있는

'유일한 절대적 진리는 절대적 진리는 전혀 없다는 것이다.'
– 파울 파이어아벤트(1924~1994)

데 그 둘 사이의 관계가 어떠한가를 보여준다.(어느 쪽이 위에 있는 가 하는 관계) 그는 이것을 '발화 행위'라고 불렀다. 때로 단어들은 질문을 하고, 약속을 하거나 명령을 내리는 등의 다른 기능에 복 무한다. 예를 들면 '고양이를 매트 위에 놓아라!'와 같은 경우이 다. 그는 이것을 '발화수반행위(말이나 글을 통해 명령, 경고, 약속 등을 하는 행위 :역주)'라 칭했다. 그리고 최종적으로 어떤 발언은 행동 을 의미한다. 결혼식장에서 '맹세합니다(I do)'라고 함으로써 당 신은 결혼을 하게 된다. 집 계약에 동의함으로써 당신은 집의 소 유자가 된다. 이들은 '발화 매개적 행위(예를 들면, 무언가 무서운 말 을 해서 얻어지는 효과 등 : 역주)' 해당한다. 발화 행위는 위의 기능들 중 동시에 한 가지 이상에 기여한다. '고양이가 매트 위에 있어!' 라는 말은 '고양이를 당장 그 비싼 매트 위에서 치워라.'라는 의 미로 전달되어서, '발화수반행위'에 해당하는 명령일 수 있는 것 이다. 결과적으로 누군가가 그 고양이를 치웠다면 그것은 '발화 매개적 행위'로서의 기능을 수행한 것이다.

오스틴에 따르면 이와 같은 행위들을 이해하면 언어의 뜻에 대한 우리의 생각이 바뀌게 된다. 처음 두 이론들은(발화행위와 발 화수반행위) 우리가 의미하는 바를 이해하는 관습과 문맥에 의존 한다. 말하는 사람과 언어의 일정한 규칙을 공유하지 않는다면 우리는 의미되어지는 것을 항상 이해하지는 못할 것이다.

종교는 종종 보상(천국)과 처벌(지옥)을 앞세운
강제적이며 진부한 도덕률을 제시하곤 한다.

어떻게
살아야 할까?

HOW SHOULD WE LIVE?

'사람을 해치는 일이 어디에서도 정당하지 않다는 것은
널리 알려진 사실이다.'
 ― 소크라테스, 플라톤의 〈국가론〉 중에서

'이성적인 존재들은 모두 선과 악에 대한 상식적인 의
문을 품은 채 삶의 바다를 헤쳐 나가고 있다.'
 ― 존 스튜어트 밀 〈공리주의〉(1861) 중에서

'행위에는 강제적 속성과 함께 자발적 속성도 내포되어
있기 때문에 윤리적 범주 안에서 그것들을 바라보아야
한다.'
 ― 데이비드 쿠젠 호이(2004)

어떻게 하면 도덕적으로 고결한 삶을 살 것인가의 문제는 BC 5
세기 경 소크라테스에 의해 처음으로 제기되었으며, 윤리학이라
고 알려진 철학의 한 부류를 형성하고 있다. 이 문제는 행위의
수용 가능성 여부와 관련하여 해명되어야 하기 때문에 도덕을
어떻게 적용하느냐의 문제가 되기도 한다. 하지만 이 문제의 이
면에는 우리가 어떤 식으로 행위의 도덕성 여부를 판단하는지,
또 도덕은 보편적인 것인지 아니면 상대적인 것인지 그리고 도
덕적 범주 안에서는 우리가 얼마나 자유롭게 행동할 수 있는지
와 같은 보다 중요한 문제들이 도사리고 있다. 도덕적 행위에 대
한 책임은, 일반적인 자유의지와 함께 특별한 상황에서 자기 결
정권을 가진 사람들이, 어떻게 행동할지를 선택할 수 있는 경우
에만 의미가 있는 것이다.

자유의지와 예정설

인간에게 선택의 자유가 있을까? 또는 우리는 이미 정해져 있는
길을 따라 걷고 있는 것일까? 그리고 그 길에서 벗어날 수는 없
는 것일까? 이러한 질문은 수천 년 동안 이어져온 것이다. 과거
에는 우리의 운명을 신이나 초월적인 존재가 결정한다고 생각했
지만 이제는 그 역할이 물리학의 손으로 넘어갔다.

결정론
미래에 벌어질 모든 일은 이미 계획되어 있나 ─ 결정되어 있다 ─ 는 믿음을
결정론이라 한다. 결정론자들은 이렇게 결정된 운명은 인간의 행위로 변경할 수
없다고 믿는다.

오이디푸스는 스스로를 벌했지만 과연 그가 비난받을 만한 일을 했던 것일까? 그가
아버지를 죽이고 어머니와 결혼한 것은 피할 수 없는 일이었다.

　고대의 그리스와 로마 사람들은 자신들에게 무슨 일이 벌어질
것인지, 그리고 어떻게 대처해야 할지에 대한 답을 구하기 위해
많은 시간과 노력과 돈을 들여가며 신전을 향한 순례길에 오르
곤 했다. 자신의 아버지를 죽이고 어머니와 결혼할 수밖에 없었
던 운명을 피하지 못한 오이디푸스에 대한 이야기는 자신들의
앞날을 어찌지 못하는 인간들의 숙명을 잘 드러내고 있다.
　아리스토텔레스는 이러한 고민을 바다에서의 전투라는 비유
로 해명하고자 했다. 그는 내일이 오면 바다에서 전투가 있을 수
도 있고 없을 수도 있다고 했다. 내일이 되었을 때, 바다에서 전
투가 일어나면 다음과 같이 말할 수 있을 것이다. '어제, 바다에
서 전투가 있을 것이라고 한 말은 사실이었을 것이다.' 이렇게
보면 전투의 발발은 필연적인 것처럼 보이고, 미래는 전적으로
과거의 사실에 의해 규정되는 것처럼 보인다. 하지만 아리스토
텔레스가 모든 일은 인과관계로 추적 가능하다고 믿었을지라도

일련의 연쇄 과정 속에서 우발적인 사건이 일어날 가능성은 여전히 열려 있다. 그 중 일부는 우리 자신과, 우리가 하는 일에 좌우된다. 그러므로 우리는 일어나는 사건들에 일정한 통제력을 갖고 있는 것으로 보인다.

스토아 학파는 더욱 엄격한 태도를 취했다. 그들은 미래에 일어날 일은 미리 결정되어 있으며, 그것은 최선의 결과를 낳게 되어 있다고 믿었다. 그러나 그들은 행동의 자유에 대해서는 충분히, 그리고 분명하게 인정하고 사람들을 향해 이를 알리는 것은 가치 있는 일이라고 여겼다. 모든 일이 완벽하게 예정되어 있다면 스토아 학파의 주장에 반대하도록 운명 지워진 사람들은 결코 그 이론을 받아들이지 못할 것이다.

위의 마지막 쟁점으로 인해 엄격한 결정론의 원리와 관련하여 가장 중대한 문제가 돌출한다. 인간이 운명의 과정에 아무런 영향을 미치지 못한다면 인간의 행위는 아무런 의미도 없게 된다. 우리가 무엇을 하건 상관없이 일어날 일은 일어날 것이기 때문이다. 그리고 힘들고 고단한 역경을 헤쳐나간다 해도 아무런 보상도 따르지 않을 것이다. 이는 게으름뱅이들이 신봉하는 것이며, 나태에 따른 곤궁의 길로 접어드는 허가증이라 할 것이다.

솔로이의 그리시포스와 같은 스토아학파 사람들은 모든 것이 예정되어 있기 때문에 우리의 행위는 일어나는 일에 아무런 영향도 못 미친다고 생각했다.

예정론의 역설

많은 문학 작품들이 '예정론의 역설'을 다루고 있다. 오이디푸스 왕의 이야기가 좋은 예이다. 테베의 왕이었던 라이오스는 예언자로부터 아들이 자신을 죽이고 홀로 된 어머니와 결혼할 것이라는 예언을 듣는다. 이처럼 끔찍한 종말을 피하고자 라이오스 왕은 갓난아기였던 자신의 아들 오이디푸스가 죽기를 바라고, 발에 구멍을 뚫어 산에 내다버리게 된다. 그러나 어떤 양치기가 그 아이를 구해 키우게 된다. 오이디푸스는 자라나 앞서와 똑같은 예언을 듣고, 자신이 아버지라고 믿었던 양치기를 살해하지 않기 위해 집을 떠난다. 하지만 운명은 그리 쉽게 물러서지는 않았다. 길에서 우연히 라이오스 왕의 수행사절을 만나게 된 오이디푸스는 싸움을 벌이다가 자신의 생부를 죽이게 된다. 이후 테베로 들어가 홀로 된 왕비와 결혼하고 테베 왕의 자리에 오른다. 오이디푸스는 그가 정말로 자신의 아버지를 죽이고 어머니와 결혼하게 된 사실을 알게 되자 스스로 눈을 파내 버렸다.

공상과학 소설이나 영화는 종종 반복되는 시간이라는 양식을 이용해 예정론의 역설을 다룬다. 주인공은 특정한 사건을 미연에 방지하고자 시간을 거스르는 여행을 하지만, 결국 그 사건을 일으키게 되면서 끝을 맺는다. 결국 시간 여행 그 자체도 그 역사에서 꼭 있어야 하는 하나의 과정이 된다.

자유로운 행동을 가로막는 장벽

자유의지 이론이 틀렸다고 주장하는 데는, 모든 일이 미리 결정되어 있다고 단순하게 주장하는 것보다 더 그럴듯한 방법들이 있다. 우선 물리적인 제약을 들 수 있다. 몸이 사슬에 묶여 있거나 감옥에 갇힌 사람은 자유롭지 못하다. 또 어떤 사건들은 물리적인 이유로 인해 반드시 다른 사건이 뒤따르게 되어 있다. 그러므로 컵을 쳐서 떨어뜨리면 컵 안의 물은 당연히 쏟아지게 되어 있다(물리적 결정론, 또는 인과관세). 그리고 인간들 사이에는 심리적 압박이나 따돌림이 존재한다. 강박이나 위협을 통해 타인의 행위를 제한하려는 행위를 말한다. 그런가 하면 세뇌교육이나 관습적인 믿음도 개인에게 선택의 폭을 제한해 기존의 질서에만 순응하기를 강요한다.

셰익스피어의 햄릿은 자유의지가 무력화된 대표적인 인물이다. 최선의 선택을 내리지 못하고 고민만을 거듭하던 햄릿은 큰일이 자신에게 닥쳐올 때까지 아무런 행동도 선택하지 못했다.

전지전능한 신에 대한 믿음 때문에 자유의지를 염두에 두지 않고 살아온 사람들도 있다. 결과적으로, 신이 내일 당신에게 일어날 일을 포함해 모든 앞날을 미리 알고 있다면 어떻게 원하는 대로 자유롭게 행동할 수 있을까? 그러나 신은 기가 막힌 솜씨를 지니고 있다. 신은 시간의 흐름 외부에 존재한다. 인간이 떠오르는 해를 바라본다 해서 해가 뜨는 것이 아니듯이, 신이 만물을 지켜본다 해서 어떤 일이 일어나지는 않는다. 신은 영원한 현재에서 그저 바라볼 뿐이다. 이는 영국의 수도사 윌리엄 오컴(1288~1348)의 주장과 흡사하다. 필연성과 가능성은 시간의 어떤 시점 및 일련의 상황들과 연관해서 규정된다. 그렇기 때문에 우리에게는 단지 가능성만 있는 것으로 비치는 사건도 신의 눈으로 보면 필연적인 것일 수도 있다.

어떤 일을 하든, 어쨌든 벌은 받는다

우리가 구원이라는 곤란한 문제를 마주하기 전까지는 신이 만사를 다 알고 있는지의 문제는 별로 중요해 보이지 않을 수도 있다. 초기의 기독교 사상가들 중 상당수가 신이 인간에게 자유의지를 주었다고 주장했다. 선한 행동과 악한 행동에 대한 책임 및 그릇된 행위에 대한 처벌은 자유의지에 수반되는 것이다. 자유가 없다면 우리의 행위에 대해 책임을 질 수도 없는 것이며 따라서 사악한 행위를 했다고 처벌받는 것도 공정하지 않다.

이런 수상은 언뜻 타당한 주장처럼 들리지만 원죄 이론은 그로부터 벗어나 있다. 우리가 사악하게 태어났다면 운명의 주사위는 우리를 무겁게 짓누를 수밖에 없다. 이른바 펠라기우스 이단주의자들(4세기 켈트족 수도사들과 금욕주의적인 삶을 살았던 펠라기우스 이후)은 이 문제를 어렵게 헤쳐나갔다. 그들은 인간은 원죄를 짓지 않았으며, 아담은 오로지 나쁜 사례의 한 가지 표본일 뿐이고, 그 이후의 인간들은 악에 물들지 않았다고 주장했다. 또한 인간은 저마다 죄악에 대해 전적으로 책임을 지는 것이고 복음의 가르침을 따르는 것도 순전히 개별적인 인간들의 몫이라고 역설했다. 죄를 진 사람들은 선을 선택할 수 있었음에도 스스로 타락을 선택한 죄인일 뿐이라는 것이다. 선한 사람들은 그들의 선택에 따라 구원으로 보상받는다는 것이다.

사도 바울의 가르침을 추종했던 성 아우구스티누스는 이러한 펠라기우스 이단주의자들의 주장을 뒤엎었다. 그는 모든 인간은 죄를 지니고 태어났으며, 구원은 신의 은총에 의해서만 가능하다고 주장했다. 아담 때문에 모든 인간은 저주를 받았다는 것이다. 참회와 선한 삶만이 구원으로 가는 유일한 통로이지만, 그런 구원조차 보장된 것은 아니다. 구원을 받기 위해서는 여전히 신의 개입이 필요한 것이다. 캔터베리의 안셀무스나 토마스 아퀴나스, 그리고 스코틀랜드의 사제 존 던스 스코투스(1266~1308) 및 신교도 종교개혁가인 마르틴 루터도 같은 주장을 했다.

프랑스 신학자 장 칼뱅(1509~1564)은 성 아우구스티누스의 많은 영향을 받았다. 칼뱅이 주장한 선택 이론은, 신은 그의 은총으로 구원할 사람들을 이미 예정해놓았다는 신념에 뿌리를 두고 있다. 이는 우리가 아무리 선하거나 악한 행동을 한다 해도 선택받을 수 있는 우리의 운명은 바뀌지 않는다는 이론이다. 이것은

'우리가 주장한 바대로, 일어나는 모든 일은 미리 예정되어 있기 때문에 필연적으로 발생할 수밖에 없다고 가정해보자. 그러면 우리는 다음과 같음 설명해야 한다. 우리는 예언자들로부터 다음과 같은 가르침을 배우고, 사실로 받아들여 왔다. 즉, 신의 처벌과 분노 및 보상은 개별적 인간 행위의 결과에 따라 결정된다는 것이다. 그런데 사실은 이와 다르게 모든 일이 숙명적이라면 우리 스스로의 노력에 의해 결정되는 것은 아무것도 없는 것이다. 원래 선하도록 만들어졌다면 반드시 칭찬받아야 할 이유도 없고, 악인의 숙명을 타고났다면 그를 꼭 비난할 수만도 없다.

선한 행동을 한다 해도 보상은 따르지 않는다는 주장처럼 들린다. 하지만 이 이론을 신봉한 사람들은 선하게 행동하면 자신들이 선택되었다는 사실이 드러난다고 믿었다. 그런 징표가 자신들에게 내재되어다는 것을 밝히기 위해 그들은 죄악과 타락을 멀리했다. 이에 대해 독일의 인문주의자인 저스투스 벨시우스(1510~1581년경)는 반발했다. 그는 신에 의해 영원히 저주받을 운명으로

칼뱅은 종교개혁에서 주요 인물이다. 그는 칼뱅주의라 불리는 교리의 초기 주창자 중의 한 명이다.

태어나고 스스로를 구제할 길이 없다면 신은 폭군과 다름없다고 역설했다.

그밖에 좀 더 자유주의적인 주장도 있다. 신이 인간에게 선한 행동과 악한 행동을 취사선택할 능력을 부여해 주고, 선한 인간은 구원하고 악한 인간은 지옥으로 보낼 거부권을 행사한다는 이론이다. 우리 모두는 원죄로 인해 저주받았기 때문에 신이 자비를 베풀어 악인을 벌하기보다 선한 인간을 구원해 준다는 것이다. 그렇다고 해도 신은 분명한 원칙을 제시한 것이다. 하지만

'그리고 인간에게는 악을 피할 힘이 없고, 자유의지에 의해 선을 선택할 권한이 없다면 그들의 행위에 대해서도 책임을 물을 수는 없는 것 아닌가.'
– 저스틴 마터(100~165년경)

저주받거나 구원받을 운명을 미리 안다면 굳이 금욕적이고 선한 삶을 사는 고단함을
자초할 필요가 있을까?

아주 오래 전에 다른 사람이 저지른 죄 때문에 태어나지도 않은
사람들이 저주를 받아야 한다는 주장은 불합리해 보인다.

신은 우리를 보고 있지 않다

스피노자는 모든 것을 유일자의 일부분으로 보았다. 발생하는

신경학과 자유의지

2008년에 독일이 마스 플랑크 연구소기 실시한 신경학 실험은 다음과 같은 결과를
보여주었다. 이는 손을 움직일까를 결정하기 7초 전에 피실험자의 두뇌 신호기 미리
그것을 결정한다는 것이다. 이것은 피실험자가 결정을 의식하기 전에 연구자가
예견할 수 있다는 것을 의미한다. 이 실험은 인간의 의사결정에 자유의지가
개입되는지에 대한 의문을 던져 주었다. 어떤 결정을 내린다는 느낌은 어쩌면
자유의지에 따른 것이 아닐지도 모른다는 결과인 셈이다.

데모크리토스는 인간의 어리석음을 조롱했기 때문에 비웃음의 철학자로 알려져 있다.

모든 일은 유일자의 필연적인 표현이므로 인간은 사실상 자유의 지를 상실한 상태이지만 우리는 마치 자유로운 것처럼 현실의 삶을 경험한다고 주장했다.

'……인간은 자신들의 행위는 의식하지만 그 행위가 이뤄지게 되는 인과관계에 대해서는 의식하지 못하므로 자신들이 자유롭다고 느낀다. 또한 마음의 작용이란 분명 육체 상태의 다양한 변화에 따른 욕구가 반영된 것이다.'

그는 특별히 유용하지는 않지만 매우 적은 자유는 있다고 했다. 우리들 각자는 스스로의 감정과 욕망의 지배를 받으며, 한정된 지식 속에 갇혀 있다. 비록 통상적인 필연성에서 벗어날 수는 없겠지만 명상을 통해 인과관계의 거대한 연쇄 구조 속에 있다는 것을 인식한다면 적어도 무지에서는 벗어날 수 있다고 했다.

물리적 결정론

고대 그리스의 철학자인 데모크리토스는 모든 것이 필연성의 법칙을 따르며, 허공중에 존재하는 예측 가능한 원자들의 움직임에 의해 지배받는다고 믿었다. 그러나 그는 일부 원자들은 예측 불가능한 방향으로 움직이고, 그로 인해 인간의 영혼과 자유라는 원소가 만들어질 수 있다는 점은 인정했다.

어떤 의미에서 보면, 데모크리토스는 현대 물리학의 전조를 나타낸 것으로 볼 수도 있다. 그는 모든 물질은 더 이상 나누어질 수 없는 원자들로 구성되어 있고, 물질의 특성과 원자들의 움직임을 알면 만물의 진행 방향도 예견할 수 있다고 믿었다. 현대 물리학에서는 모든 것이 물리 법칙으로 예견 가능하다고 주장한다(물론 물리 법칙에 대한 이해가 불완전하므로 미래를 정확히 예측할 수는 없다). 이 이론을 따른다면, 이런 물리 법칙에 지배받지 않는 살아 있는 비물리적인 영혼이 존재한다고 믿지 않는다면 자유의지는 없다는 것을 의미한다. 의식은 물질이 밖으로 표출된 것이라는 견해를 따르는 사람들이라면 인간에게 자유의지가 없다는 주장에 동조하는 것이다. 그들은 우리가 자유의지를 지닌 것처럼 느끼는 것은 환각이라고 말한다. 자유의지라는 환각이 없다면 우리는 무기력과 타성에 젖거나 종말과 실존적인 불안에 내몰리게 된다는 것이다.

규범윤리학

규범윤리학은 어떤 행위가 도덕적으로 선하고 있합시는 나룬다. 규범윤리학에는 세 가지 주요한 관점이 있다.

- 덕 윤리학은 행위에 내재된 심술(心術)에 초점을 맞춘다.
- 의무론은 행위와 관련된 규범에 초점을 맞춘다.
- 결과주의는 행위의 결과에 초점을 맞춘다.

고서 경 이야기

중세의 연애담인 고서 경 이야기는 인간인 여성과 그 여성을 겁탈한 악마
사이에서 태어난 청년 고서에 대한 이야기이다. 어릴 적에 그의 타고난
사악함은 매우 두드러졌다. 그는 유모를 깨물고, 수도승을 절벽에서 떠미는
등 여러 가지 악행을 일삼았다. 조금 성장했을 때 누군가가 그의 심술궂은
행동은 부모 탓으로, 반은 악마의 피를 이어받았기 때문이라는 사실을
알려주었다. 그 이야기를 듣고 낙담한 그는 본성을 거슬러 제대로
비뚤어지기로 결심했다. 그는 선행만을 하며 살기로 했던 것이다.
여기서 의문점이 발생한다. 본성을 거슬러 비뚤어지겠다고 결심한 데서
이루어진 그의 선하고 자비로운 행위는 어떤 도덕적 가치가 있는 것일까?
칸트와 같은 윤리 철학자의 입장에서 보면 그런 행동은 도덕이 아니다.
하지만 의무론적 윤리학자들은 고서가 사람들을 물어뜯지 않고, 수도승을
절벽에서 밀어뜨리는 등의 악행을 멈추었으므로 그것은 도덕적 가치가 있는
것이라고 받아들인다. 결과주의자들도 선한 결과가 발생했으므로
도덕적이라고 주장한다. 고서는 사람들에게 이익이 되는 방향으로 선한
행동을 수행한 것이다.

우리는 어떻게 선한 삶을 살 수 있는가?

사이코패스라 불리는 소수의 사람들은 타인의 안녕이나 희생에
관계없이, 오로지 자신들만의 이익을 추구하며 산다. 그렇다면
우리는 도대체 어떤 삶을 살아야 하는 것일까? '이익'이라는 것
은 사람들마다 다르게 받아들여진다. 쾌락을 극대화하고 고통을
최소화하는 것을 이익이라고 생각하는 사람들도 있다. 그런가
하면 최선의 이익은 종교적 구원이며, 이 목적을 위해 물질적 쾌
락을 거부하는 사람들도 있다. 더 나아가 지적인 성숙 혹은 우주
의 영혼과 하나 되는 삶을 이익이라고 생각하는 사람들도 있다.

소크라테스와 윤리학의 출발

소크라테스 이전의 철학자들은 어떻게 선한 삶을 살 것인가라는
문제보다 도덕의 본성과 같은 메타윤리학(도덕철학)에 더 관심이

많았다. 소크라테스는 어떻게 살아야 할 것인지와 '잘 사는 것'
이 무엇인지에 대해 더욱 실천적인 관심을 기울였다. 규범윤리
학의 관심사와 동일하다. 소크라테스는 윤리학 분야의 첫 번째
철학자로 일컬어지며, 그의 사상은 서구의 윤리 철학에 오랫동
안 광범위한 영향을 미쳤다. 사실 '덕 윤리학' 이론은 소크라테
스로부터 시작된 것이라 할 수 있다.

소크라테스는 훌륭한 교육을 받으면 자연스럽게 훌륭하게 행
동하게 된다고 믿었다. 선과 악을 구별할 줄 알면 반드시 선한
행동을 할 것이라는 믿음이었다. 그는 지식, 특히 스스로에 대해
잘 아는 것이 도덕의 뿌리이며, 모든 범죄와 악행은 무지에서 비
롯된 것이라고 주장했다. 덕이 행복으로 이끌기 때문에 현명한

무지의 문제

소크라테스의 방법론은 한 가지 중요한 사항을 간과하고 있다. 사람들은 자신들에게
좋은 것을 알고 있는 경우가 많다. 알면서도 행하지 않거나 거꾸로 해가 되는 짓을
하기도 한다. 장기적으로 보면 예상할 수 있는 해악(숙취, 비만, 심장과 간의 질병,
이혼)보다 단기적으로 확보된 이익(술 한잔 더, 케이크 한 조각 더, 혼외정사에서 오는 쾌락
등)을 쫓는 경향이 강한 것이다. 소크라테스는 술을 마시고, 케이크를 폭식하고,
간통을 하는 것은 무지하기 때문이며, 자신들의 행위에 대해 충분히 알지 못하는
것이라고 말할 것이다. 하지만 나약함과 위험을 감수하겠다는 의지가 우리의 행위에
많은 영향을 미친다. 사실, 나쁘다는 것을 알면서도 어떤 행동을 지속하는지의
문제는 아리스토텔레스와 플라톤을 줄곧 괴롭혔던 문제였지만 아무도 그 의문을
풀지는 못했다.

성 아우구스티누스는 그의 저서 〈고백록〉(398년경)을 통해 자신이 어렸을 적 배를
훔쳤던 일화를 공개했다. 사실, 집에는 더 맛있는 배가 있었으므로 그것을 훔쳐야 할
이유는 없었다. 더 정확히 말하자면 그래서는 안 된다는 사실을 알고 있었기 때문에
훔칠 욕구가 더 생겼다고 했다. 죄에 이끌렸다는 것이다. 그는 죄인들도 '악한 행동인
것을 알기 때문에 거역하고 싶은 경우가 많지만 악행에 이끌려 어쩔 수 없이
저지르는 것이다.'는 점을 인정했다.

성 아우구스티누스는 이에 대해, 원죄에 따른 속성 때문에 그런 현상이 일어나는
것이므로 우리는 그것에 맞서 싸워야 한다고 설명했다.

사람이라면 도덕적일 것이고, 그러므로 행복하게 된다는 것이다.

우리는 모두 자신에게 최선의 것을 추구하며 이익에 따라 행동한다.

• 우리 자신에게 좋은 것을 알면 그에 따라 행동할 것이며, 이익을 얻을 것이다.
• 우리 자신에게 해가 되는 방향으로 행동한다면, 자신에게 해가 되는 것을 추구할 사람은 아무도 없을 것이므로, 선한 것이 무엇인지에 대한 생각에 문제가 있는 것이다.
• 덕은 지식과 동격이며 무지는 악[부덕]과 동격이다.

소크라테스가 윤리적 문제를 놓고 토론을 벌인 내용은 당시 아테네 기득권층의 이익과 충돌하는 경우가 많았다. 그래서 그들은 소크라테스에게 부유층 자제들의 정신을 혁명적이고 비합리적인 사상으로 오염시켰다는 죄를 뒤집어씌워 고발했던 것이다. 소크라테스는 아무런 기록을 남기지 않았지만 그의 사상은 제자였던 플라톤의 기록으로 전해져 그의 삶을 보여준다.

행복을 향한 노력

실천적 철학을 도모함에 있어 아리스토텔레스 역시 소크라테스와 비슷했다. 그의 〈니코마코스 윤리학〉은 서양철학 역사에서 윤리학과 관련하여 가장 주목받는 작품 중의 하나이다. 아리스토텔레스는 사람이 어떻게 살아야 하는가와 법률과 정치 구조를 통해 사회가 어떻게 구성되어야 하는지를 살펴보았다. 어떻게 하면 덕 있는 삶이 가능한지 연구했던 것이다. 그는 사람들이 행복을 추구하는 데는 다섯 가지 단계가 있다고 보았다.

• 맹목적 쾌락의 추구. 이것은 대부분의 사람들이 생각하는 행복이다.

- 축재(蓄財). 맹목적 쾌락 이외의 것을 추구하는 사람들의 목표인 중간 단계의 행복이다.
- 덕성은 지니고 있지만 겉으로 드러나지 않음. 심지어 불행이 닥쳐도 묵묵히 인내할 뿐이다.
- 정치를 통한 추구
- 명상과 관조를 통한 추구

아리스토텔레스는 처음 두 단계는 매우 하등한 수준의 행복이라 보았고, 겉으로 드러나지 않는 덕성에는 높은 점수를 주지 않았다. 그는 진정한 행복이란 '진지한' 인간이 되면서 얻어지는 것이라고 결론을 내렸다. 분명하게 사고하고 명예롭게 행동하는 사람, 친지 및 사회와 활발하게 교류하는 사람, 덕을 추구하는 사람이 행복한 사람이라는 것이다. 어떤 사람을 도덕적으로 선하다고 규정할 수 있는 것은 덕성의 내부적 특성 때문이다.

아리스토텔레스에게 넉 있는 삶이란 자기완성과 관련이 있는 것이었다. 내면적으로 성찰하는 삶과 사려 깊은 삶을 만들어가는 과정이라 본 것이다. 이러한 삶은 그가 주장했던 목적론적 삶과 궤를 같이 한다. 목적론이란 모든 것은 스스로의 목적을 이루기 위해 노력한다는 이론이다. 그는 중용을 덕으로 보았다. 예를 들면, 용기가 덕으로 승화되기 위해서는 무모함과 비겁 사이의

다시 자아실현
아리스토텔레스의 사후 2천 3백 년이 지났을 무렵, 프랑스의 철학자 겸 작가인 시몬 드 보부아르(1908~1986)는 〈모호성의 윤리〉(1947)를 통해 일련의 실존적 윤리 체계를 확립하려고 애썼다. 그녀는, 개인들은 먼저 무엇인가 다른 존재가 될 수 있는 자유가 있음을 인지해야 하고, 성공적 존재란 원하는 정체성을 향한 끊임없는 불굴의 노력으로, 그 무엇이 되는 과정이어야 한다고 역설했다.

중용이 되어야 한다. 아리스토텔레스의 생각에 의하면 지혜는
덕성이 가장 올바르게 구현된 경우이다.

항아리 속의 개

소크라테스가 당대에 논란을 일으킨 인물에 속할지 모르지만,
디오게네스(BC 400~325년경)는 그보다 한걸음 더 나아갔다. 플라
톤이 '미친 소크라테스'라고 불렀을 정도로 디오게네스는 소크
라테스를 훨씬 능가했다. 아리스토텔레스와 같은 시대를 살았던
인물로서 디오게네스는 카리스마가 넘치면서도 베일에 싸인 존
재였던 듯하다. 직접 작성한 기록은 남아있지 않으며, 자신의 사
상을 기록으로 남길 성품은 아니었던 것으로 보인다.

　디오게네스는 다른 철학자들의 지적 허세를 경계하면서, 덕을
이루기 위해 직설적이면서도 금욕적인 삶을 실천했다. 그는 '자
연에 순응하는 삶'을 통해 행복이 이루어진다고 믿었다. 이에 따
라 그는 육체에 필요한 가장 최소한의 요구를 매우 단순한 방법
으로 해결하며 살았다. 그가 자신의 사상을 내세우는 방법으로
삼은 것은 소크라테스처럼 지적인 도발을 일으키는 것이 아니었
다. 논쟁을 일으켰던 디오게네스의 행적들 중에는 성적 욕망이
얼마나 쉽게 충족되는가를 보여주기 위해 그가 대중 앞에서 자
위행위를 했다는 이야기도 있다. 그는 성취를 이루기 위해서는

'쾌락의 추구는 금수(禽獸)에게나 어울리는 것이다.'
－아리스토텔레스 〈니코마코스 윤리학〉 중에서

인간은 모든 소유물과 자산 및 가족 관계나 사회적 가치를 포기해야 한다고 주장했다. 그 이유는 모든 감정적, 심리적 관계는 수양에 방해가 되며 환각일 뿐이기 때문이었다. 방랑적 습성 때문에 '개'라고 불리던 디오게네스는 소박한 옷차림과 구걸로 연명하며 자신의 가르침을 실천하면서 살았다.

그러나 물질적 욕망과 개인적 욕구를 포기하는 것만으로는 충분하지 않았다. 디오게네스는 추종자들에게 억압된 사람들을 구하기 위해 사회를 공격하도록 했으며, 추종자들은 감정적 객관성을 단련하기 위해 스스로 조롱과 학대의 대상이 되는 길을 선택했다. 디오게네스에 의하면 자아실현 또는 자아의 충족[자급자족]은 행복과 자유를 가져다주는 지름길인 것이다.

모두가 그것을 하면 어떤 일이 일어날까?

비평가들은 디오게네스의 생활 방식은 너무 방종한 것이었다고 비판한다. 이러한 비판은 존재 방식을 다른 사람들의 관용에 의지해야 하는 금욕주의자들을 향한 것이다. 철학적인 입장에서 바라보면 충분히 고려할만한 비판일 것이다. 많은 사람들이 디오게네스처럼 행동한다면 금욕적인 방랑자들이나 항아리 속의 부랑자들을 먹여 살리기 위해 일을 해야 할 사람들은 많지 않을 것이며, 그러면 사회는 붕괴될 것이다. 그렇게 되면 디오게네스를 포함한 누구라도 자아의 문제에만 골몰하며 사는 것이 불가능한 사회가 될 것이다. 디오게네스의 철학은 본질적으로 엘리트를 위한 것으로 아무나 따라 해서는 안 되는 것이다.

디오게네스는 견유학파라 불리던, 다소 방만한 무리들의 관심을 끌었으며, 1세기경 견유주의(냉소주의 : 인간이 인위적으로 정한 사회의 관습, 전통, 도덕, 법률, 세도 따위를 부정하고, 인간의 본성에 따라 자연스럽게 생활할 것을 주장하는 태도나 사상 : 역주)는 로마에서 부활했다. 당시 견유주의라는 이름이 담고 있는 의미는 지금의 '냉소(cynic)'와는 거리가 있고, 오히려 금욕주의를 함축하고 있었다.

시노페의 디오게네스(BC 404~325년경)

디오게네스에 대한 기록은 전적으로 믿을 만한 것이 못되지만 흥미를 끌기에는
충분하다. 디오게네스는 흑해 연안에 있는 그리스의 식민지 시노페에서 태어나,
금융업자였던 아버지 히세시아스 밑에서 일을 했다. 동전에 낙서를 한 사건에 휘말린
그는 아테네로 탈출했다. 그가 소크라테스의 제자였던 철학자 안티스테네스를
쫓아다니며 제자로 삼아달라고 귀찮게 했다는 이야기가 전해 오기는 하지만 두
사람이 만났다는 분명한 증거는 어디에도 없다. 디오게네스는 시장통의 돌 항아리
속에서 가진 것들을 최대한 포기하고 구걸하며 살았다. 일화에 따르면, 어린 아이가
맨손으로 물을 떠먹는 것을 보게 된 디오게네스는 자신의 나무 주발도 사치스럽다고
생각하여 그것을 깨버렸다고 한다.

소크라테스가 인간에 대해 '깃털 없는 두 발 달린 짐승'이라고 정의한 것을 플라톤이
인용했을 때 디오게네스는 학당으로 털이 뽑힌 닭을 들고 들어와, 그것이 사람이라고
했다는 이야기도 전해져 온다. 그러자 플라톤은 인간에 대한 정의를 '납작한 손톱과
발톱을 지닌'으로 수정했다고 한다.

전설에 의하면, 디오게네스가 코린트에 있을 때 알렉산더 대왕의 승전 행렬을
목격하게 되었다고 한다. 디오게네스가 자신을 거들떠보지도 않는 것에 흥미를 느낀
알렉산더는 그 철학자를 만나러 가서 그가 햇볕 아래 누워 있는 것을 보았다.
알렉산더가 디오게네스에게 뭐 필요한 것이 없느냐고 물었을 때 그는 "당신이 나의
햇볕을 가리고 있으니 옆으로 좀 비켜 주시오."라고 대꾸했다고 한다.

하지만 당시 견유주의[금욕주의]가 유행했던 데는 그럴만한 이유가 있었다. 이 사조는 그리스와 로마에 경제적 어려움과 사회적 불안이 닥쳐오는 것과 동시에 퍼져나갔다. 진정으로 가치 있는 일은, 어떤 불행이 닥쳐도 끄떡없는 자아를 실현하는 것이라는 사상이 물질적 사회적 안녕과 가정이 위협받게 되면서 사람들의 관심을 더욱 끌었던 것이다.

절제하기

스토아 학파는 금욕주의를 표방했지만 온건한 방식으로 절제하는 삶을 살았다. 키프로스의 제논(BC 334~262년경)으로부터 시작하여 로마 시대의 철학자 세네카(BC 4~기원후 65)와 그리스 철학자 에픽테토스(55~135) 때까지 계속된 스토아 철학은 속세의 고통과 문젯거리로부터 초월할 것을 가르쳤으며, 부정적 감정(괴로움과 시기, 미움 같은)은 판단을 잘못한 결과에서 생긴 것이라고 주장했다. 행복에 이르는 길은 도덕의 완성을 통해 도달하는 것이다. 삶의 목적은 자연에 순응하는 것으로, 우리 모두는 생각하는 실체이고 우주의 일부로서 존재하므로 이성적으로 살아야 한다는 것을 의미한다. 스토아 학파 사람들은 감정을 부정하거나 회

플라톤, 세네카, 아리스토텔레스는 고전시대의 대가들로 이후 중세의 기독교 철학자들이 이들의 사상을 통합했다.

피하지는 않았지만, 그 감정들이 극기와 이성을 통해 청정한 고
요함으로 승화되도록 노력했다.

세네카는 다른 누구보다 더 실용적인 노선을 걸었다. 그는 덕
과 이성에 헌신하는 소박한 삶을 추구했고, 선한 것만이 미덕이
라고 강조했다. 그는 옳은 일을 행하는 것이 가장 중요하며 그
밖의 것은 아무런 가치가 없는 일이라고 가르쳤다. 세네카는, 우
리 모두는 섭리에 의해 우리 앞에 제시된 길을 걷도록 도와주는
내적인 신을 품고 있으며, 행복을 얻는 유일한 방법은 스스로의
운명에 순응하며, 우리의 진정한 본성에 발맞추어, 이러한 내재
적 신의 지도를 따르는 데 있다고 믿었다. 세네카의 도덕적 구상
에서는 이타주의와 소박한 삶이 필수적인 요소였다.

로마의 철학자 보에티우스(480~525년경)는 감옥에 있는 동안
세네카의 작품을 읽고 큰 감명을 받았다. 그가 직접 쓴 〈철학의
위안〉이라는 책은 세네카와 스토아 학파 사람들과 뜻을 같이 하
는 내용을 담고 있다. 다시 말해 인생의 흥망성쇠를 초월하여 이
성과 덕에 초점을 맞추는 내용을 담고 있는 것이다. 기독교도였
던 보에티우스는 기독교 사상에 부합하는 플라톤주의적이고 스
토아 철학적인 책을 집필했지만 기독교의 신을 직접 거론하지는
않았다. 〈철학의 위안〉은 세네카와 토마스 아퀴나스, 그리고 보
에티우스 사이의 가교 역할을 했던 책으로, 보에티우스는 로마
시대의 마지막과 스콜라 철학의 초창기를 장식하는 철학자로 자
리잡고 있다.

모든 길을 쾌락으로

디오게네스가 세속적 욕망을 완전히 끊어버린 극한의 삶을 살았
다면 에피쿠로스(BC 341~270)는 전혀 다른 삶을 살았던 인물이었
다. 그는 난해한 형이상학적 사고를 거부하면서 실천하는 철학
적 삶을 살았다. 그는 물질적, 정신적 고통으로부터 벗어나면 얻
어진다고 믿었던 행복의 추구에 대해 가르쳤다. 물질적 고통과

정신적 고통 중에서 그는 정신적 고통이 더 심각하다고 보았다. 물질적 고통은 일시적이며 통제 가능하거나, 죽음을 통해 종결시킬 수 있다(그는 사후까지 이어지는 영혼의 존재를 부정했다). 그러나 두려움이나 근심 같은 정신적 고통은 완화되지 않고 정신적인 질병에 이를 때까지 악화될 수 있다.

에피쿠로스가 쾌락의 추구에 대해 강조했지만 향락주의자는 아니었다. 그는 방탕함은 고통을 낳게 된다는 점을 알고 있었기 때문에 절제를 강조했다. 그는 건강 문제 때문에 고생했으며 부유하지도 않았다. 스토아 철학자였던 에픽테토스가 에피쿠로스를 향해 퇴폐스럽고 난잡하다고 비난했던 점은 공평하지 못한 것으로 보인다. 에피쿠로스는 반드시 추구해야 할 즐거움과 피해야 할 쾌락을 구별할 수 있도록 해주는 것은 지혜이므로, 지혜야말로 가장 위대한 덕이라고 가르쳤다. 그는 진정으로 덕 있는 사람이 되지 않고는 아무도 행복할 수 없다고 믿었다. 덕성만이 유쾌한 결과를 낳고 고통과 공포를 없애주기 때문이었다.

윤리학과 기독교

보에티우스의 〈철학의 위안〉은 기독교적인 색채를 두드러지게 드러내지는 않았지만 중세 시대에 상당한 인기를 누리고 엄청난 영향을 끼친 책이었다. 플라톤과 아리스토텔레스 및 이전 세대의 철학자들에 정통했던 보에티우스는 실력이 뛰어난 학자로서 〈철학의 위안〉을 통해 자유의지와 예정설, 그리고 악의 존재 여부와 덕 있는 삶을 사는 방법 등의 폭넓은 문제를 다루었다. 이 책은 감옥에 있는 보에티우스와 그의 까다로운 질문에 답을 해주는 철학의 여신 사이의 대화록 형태를 띠고 있다.

중세 동안 내내 성서의 권위가 덕의 정의와 어떻게 살 것인가의 문제를 무겁게 짓누르고 있었으므로 기독교 철학자들은 고전주의 시대의 선배들보다 철학적 영역이 제한되었다. 성 토마스

보에티우스의 〈철학의 위안〉은 524년 그가 감옥에 있을 때 쓴 책으로, 고대 세계와 중세의 철학적 가교 역할을 하는 책이다. 책에서는 철학이 여신의 모습으로 등장해 보에티우스에게 교훈을 준다.

아퀴나스는 아리스토텔레스의 윤리학을 자신의 기독교적인 구상 속에 융합시켰다. 행위는 행위 주체의 목적 — 그 사물이 존재하는 목적 — 을 증진시키느냐 따라 선과 악이 구별된다는 아리스토텔레스의 목적론을 수용했다. 그와 동시에 기독교도로서의 궁극적인 목표는 구원으로 완성되며, 이 구원은 개인의 힘만으로는 달성될 수 없음을 받아들여야 하며, 인간의 본성을 완성

너무나도 천진난만한
진정한 향락주의를 알아보기 위해서는 소크라테스의 학생들 중 제멋대로 행동하던 키레네의 아리스티포스(BC 435~356년경)의 삶을 돌아볼 필요가 있다. 키레네 사람들은 기회가 닿는 대로 가능한 쾌락을 즐기면서 살아야 한다고 믿었다. 그들은 미래에 대해서는 아무런 걱정도 하지 않았으며, 쾌락만이 유일한 선이라고 믿었다.

하기 위해서는 반드시 신의 은총이 필요하다는 결론을 얻게 되었다.

존재한다는 것은 선하게 되는 것이다

아리스토텔레스와 아우구스티누스를 연구한 아퀴나스는, 존재하는 모든 것은 선한 모습을 띠어야 한다고 역설하면서 다음과 같은 내용을 열거했다.

- 세상에는 두 가지의 실체가 존재한다. 악에 물드는 것과 물들지 않는 것. 악에 물들지 않는 것이 상위의 실체이다.
- 악에 강한 실체로부터 선함을 제거한다는 것은 본질적으로 불가능하므로 그것에 대해서는 신경 쓰지 않아도 된다.
- 하지만 악에 물드는 실체로부터 선함을 박탈하는 일은 가능하다. 타락은 그런 식으로 찾아드는 것이다.
- 악에 물드는 실체에게 기본적으로 아무 선함이 없다면 당연히 박탈할 것도 없다. 그러므로 악에 물드는 실체는 모두 어느 정도의 선을 지니고 있다.
- 어떤 실체에 선함이 없다면 박탈해야 할 것도 없는 것이다. 그러므로 그것은 악에 물들지 않는 실체가 될 것이다.
- 악에 물들지 않는 어떤 실체에게 아무런 선함이 없다면 하나의 사물은 스스로의 모든 선함을 잃어버림으로써 더 훌륭한 존재가 될 수 있고, 악에 물들지 않게 될 것이다.
- 위와 같은 사실은, 악화됨으로써 발전할 수 있다는 의미인데, 이것은 말이 안 되는 소리이다. 그러므로 세상에는 선함이 없이 존재하는 것은 아무것도 없으니 그러므로 존재하는 모든 것에는 어느 정도의 선은 항상 존재하는 것이다.

그러나 있음[존재함]과 선함은 같은 것이 아니다. 사물들은 더 선할 수도 있고 덜 선할 수도 있다(이것은 상대적 개념이다). 그러나 그들은 존재하거나 존재하지 않거나 둘 중 하나에 해당한다(이것은 절대적 개념이다). 이 문제를 해명하기 위해 아퀴나스는 자신이 '상대적 존재'라고 불렀던 존재의 한 형태를 찾아냈다. 사물은 그것이 완성되어야 하는 완벽한 본질에 더 가까운지 아닌지에 따라 완벽한 존재가 되기도 하고 그보다 못한 존재가 되기도 한다. 그렇기 때문에 예를 들어, 알에서 이제 막 부화한 새끼는 깃털이 완벽하게 자란 것보다 새라는 의미에서는 부족한 것이다. 아기 새는 날거나 알을 낳거나 둥지를 만들거나 어린 새를 돌보는 등의 완벽한 새와 연관된 모든 일을 할 수 없기 때문이다. 따라서 다 큰 새가 아기 새보다 '더욱' 새다운 것이다. 마찬가지로, 사람도 도덕과 고결함, 동정심, 이성적 사고로 무장된 사람이 타인에 대한 배려심이 없는 이기적이고 비도덕적인 사람보다 훨씬 더 인간적인 것이다.

언제나 같은가, 아니면 그때그때 다른가?

기독교의 교리에서는 개인이 자신만의 도덕적인 구상을 펼칠 여지가 거의 없다. 그래서 보에티우스 이후 1천여 년 동안 기독교 철학자들은 윤리학을 거의 다룰 수 없었다. 그러나 16세기에 이르러 인문주의자 미셸 드 몽테뉴(1533~1592)가 저술 활동을 시작

'도덕적 기준이란 본래 정해진 것이라고 흔히 말하지만 사실은 관습에 영향을 받은 것이다. 모든 사람은 사회에서 용인된 견해와 행동을 받아들이는 것일 뿐이다.'
– 몽테뉴 〈관습에 대하여〉 중에서

하면서부터 교회는 그 독점적 지위를 상실하게 되었다.

몽테뉴는 행동과 가치들이 문화권마다 다르게 평가된다는 점을 밝힘으로써 문화적 상대주의를 전개한 최초의 철학자로 인정받는다. 한 문화가 다른 문화보다 더 뛰어나다는 근거는 전혀 없으며, 심지어 인간이 동물보다 우월하게 태어났다는 근거도 명백하지 않다. 이런 사상은 당시에는 지극히 혁명적인 것이었다. 당시 유럽은 기독교 문화가 '올바른' 방식이라는 믿음이 널리 퍼져 있어서, 그를 빌미로 유럽인들이 야만인으로 간주했던 북남미의 토착민들을 대상으로 학살, 정복, 세뇌가 폭넓게 이뤄지고 있었다. 물론 미개인에 대한 이런 잔인한 처사를 비난하던 사람들도 유럽 내에서 국가의 이름으로 자행되는 폭력에 대해서는 방조하거나 눈을 감아버리는 경우가 많았다.

그렇다고 해도, 몽테뉴는 모든 관습을 그대로 받아들일 수는 없다고 여겼고 개인들이 문화적 규범의 틀에 얽매여서도 안 된다고 주장했다. 그는 사회가 나아갈 바를 사회적 맥락에서 바라보고, 기존의 가치를 받아들일지에 대해서는 신에게 부여받은 보편적이고 천부적인 기준에 따라 결정할 것을 재촉했다.

우리 모두는 사태를 각자 다른 눈으로 바라볼 수 있고 사회적 맥락과 연관해서 가장 훌륭하고 합당한 판단을 내릴 수 있으므로 보편적인 규범은 전혀 필요 없다는 것이었다. 올바른 선택을 위해 우리는 모두 끊임없이 스스로 되묻고 되돌아보아야 한다고 생각했다.

몽테뉴는 신이 내려준 '이성'이나 '본성' 같은 몇 가지 보편적인 기준들은 인정했다. 이런 것들은 판단을 하는데 도움이 될 수도 있다. 몽테뉴의 철학은 파스칼과 데카르트에게 큰 영향을 끼쳤다. 특히 몽테뉴의 영향을 깊게 받았던 데카르트는 자기 교육과 철학적 성찰을 위한 경험의 축적을 강조했다.

개인에게 책임을 넘기는 이러한 접근법은 인문주의의 가장 두드러진 특징이었다. 인문주의는 자아를 발견하고 덕성을 회복하

는 운동으로, 방종이나 금욕하는 삶을 강요하지 않는 대신 개인
들의 능력과 책임을 강조했다.

하지만 칸트는 이와는 거의 반대되는 입장을 취했다. 그는 도
덕이야말로 '순수하고 실천적인 이성'을 통해 성취되어야 할 객
관적 대상이라고 했다. 상황과 관습에 따라 각기 다르게 평가될
수 있는 개별적 인간의 특성이나 그때그때 달라지는 도덕적 기
준 대신에 칸트는 선과 악의 기준은 절대적인 것으로서, 사람들
의 개별적 경험을 참조해 경험적으로 결정될 성질의 것이 아니
라고 주장했다.

칸트는 〈실천이성 비판〉을 통해 '정언명령(定言命令, 칸트 철학
에서 행위의 결과에 구애됨이 없이 행위 자체가 선이기 때문에 무조건 실천되
어야 하는 도덕적 명령을 가리킨다 : 역주)'에 대해 설명했다. 이것은 칸
트가 여러 단계에 걸쳐 밝힌 일종의 보편적 도덕률이다. 본질적
으로 도덕적인 삶에 대한 디오게네스식 해석을 되돌아보게 하며
우리 행위의 척도로 이용될 수 있는 성질의 것이다. 칸트의 표현

아즈텍의 마지막 통치자 콰우테모크는 1521년 스페인 정복자들과의 전투에서 패배했다.
스페인 정복자들은 그를 고문해 황금의 행방을 알아내려 했다. 스페인 사람들이
남미에서 저지른 폭력은 유럽의 전투에서 벌어졌던 참상을 훨씬 능가하는 것이었다.

을 빌리자면, '경구(警句)이면서 동시에 보편적 법칙으로 받아들일 수 있는 행위의 준칙'을 일컫는다. 각각의 행위가 보편적 도덕률 수준으로(다시 말해, 모든 사람들이 수긍하고 따를 수 있는 법칙) 확장된다면 그 결과를 타당한 것으로 받아들여야 하는 것일까? 모든 사람들이 세금 납부를 회피한다면 그 나라는 붕괴하고 말 것이다. 따라서 세금 납부를 회피하는 것은 수용할 수 있는 행위가 아닌 것이다. 이는 순수한 도덕적 딜레마의 문제를 해명함과 동시에 이성적으로 더욱 돋보이는 이론이다. 그리고 타인과의 공감 능력이 전혀 없는 사람들에게도 적용될 수 있는 도덕적 기준에 해당한다.

하지만 도덕적 추론 과정을 전제하지 않은 행위도 도덕적 선택이라 할 수 있을까? 어떤 도덕적 행위가 계속 도덕적이기를 멈추고 실용적 성격을 띠기 시작하는 것은 언제부터일까?

칸트도 이와 같은 의문을 고려했다. 그에게 행위는 도덕적 의무감이나 도덕률을 따르는 경우에 한해서만 도덕적인 것이었다. 칸트의 표현을 따르자면 '자기애를 뛰어넘는 가치'를 지칭하는 것이다. 두번째 '정언명령'을 통해 그는 인간을 언제나 수단이 아닌 목적으로 대해야 한다고 했다. 이는 사람은(자기 자신을 포함해서) 단순히 수단으로 이용되어서는 안 된다는 것을 의미한다. 그래서 누구도 사람을 부려먹기 위해 노예로 소유해서는 안 되

문화적 상대주의

문화적 상대주의는 가치나 도덕 또는 법률 등은 문화적 맥락 속에서 다양하게 나타날 수 있다는 믿음이다. 한 문화권에서 받아들여지는 것은 다른 문화권에서는 그렇지 않을 수 있으며 그 결과도 마찬가지이다. 예를 들면, 서방에서 유행하는 옷차림은 이슬람 국가들에서는 천박한 것으로 여겨질 수 있다.

며, 전쟁을 벌이기 위해 다른 지역으로 군대를 보내 군인들이 죽음을 당하는 일을 초래해서는 안 된다는 것이다.

칸트에게 도덕은 행위의 결과를 의미하는 것이 아니고 그 행위 이면의 의도였다. 우리는 행위의 결과만 보고 도덕을 판단해서는 안 된다. 사람은 불순한 의도로 행위를 했지만 유익한 결과를 낳을 수가 있다. 마찬가지로 선한 의도로 행위를 했지만 원치 않는 불의의 결과를 촉발할 수도 있다.

빅토리아 시대의 동화 〈물의 아이들〉에 등장하는 두애즈유우드비단바이(네가 원하는 대로 남에게 해주어라) 부인은 칸트의 '정언명령'이 구현된 인물이다.

칸트에 따르면 최상의 도덕은 '그 자체로 선(내재적 선)'해야 하며 아무런 '조건 없는 선'이어야 한다. 이 상태는 어떤 상황에서도 도덕적으로 악화될 수 없다. 그가 밝혀낸 기준에 합당한 유일한 선은 '선한 의지'다. 행위가 진정으로 도덕적인 것이 되기 위해서는 선한 의지를 바탕으로 이뤄져야 하며, 이것은 도덕률에 대한 존경심에서 우러나와야 한다.

칸트의 도덕이 사람들에게 어떤 법칙을 따를 것을 요구한다는

'당신이 보편적 법칙이라고 확신할 수 있는, 오직 그런 경구(警句)에 따라 행동하라.'
'스스로 판단하든, 아니면 남의 입장에서 판단하든 인간을 단순히 목적을 위한 수단으로 활용하지 말고 항상 목적 그 자체로 대하라.'
— 칸트 〈도덕 형이상학 원론〉(1785)중에서

칸트와 황금률

보편화할 수 있는 방법 내에서 행동하라는 칸트의 명령은, 세계 대부분의
문화권이나 종교에서 발견할 수 있는 황금률이나 상호관계의 원칙과
상통한다. 일반적인 서술 형태는 다음과 같다.
'남에게 대접받고자 하는 대로 너희도 남을 대접하라.'
이 말을 부정문으로 표현할 수도 있다.
'남으로부터 받기를 원치 않는 행위는 남에게도 하지 마라.'
칸트는 자신의 정언명령은 주관적이거나 가설을 전제로 하지 않기 때문에
다르다고 주장한다. 정언명령은 절대적 가치이다. 그것은 개인이 어떤 취급을
받았거나 어떤 취급을 받기를 원했거나와 상관없다. 중요한 것은 그 입장이
어떤 모순을 내포하지 않고 모든 사람에게 확장되어 적용될 수 있는지의
문제이다(예컨대, 모든 사람이 거짓을 말한다면 '거짓말'과 '진실을 말하기' 사이에는
구분이 없으므로 모순이 존재한다는 것이다).

점에서 그것은 의무론적 윤리(규범윤리학 용어 : 역주)로 규정할 수
있다. 하지만 행위에 내재하는 심정(心情)도 고려되어야 한다는
점에서는 덕 윤리학적 요소도 무시할 수는 없다.

도덕적 의무에 대한 칸트의 이론들은 최근까지 철학자들의 광
범위한 지지를 받았다. 사람을 '수단을 위한 단순한 목적'으로
사용해서는 안 된다는 결연한 의지는 그대로 이행되기에 쉽지
않은 주장이다. 그래서 일부 철학자들은 이 이론이 보다 실행 가

의무론적 윤리학
도덕을 의무의 측면에서 연구하는 학문을 '의무론적 윤리학(deontological ethics)'이라
한다. 의무(duty)를 의미하는 라어 'deon'에서 유래했다.

능한 것이 될 수 있도록 완화시키려 노력했다. 하버드 대학의 철학 교수 프랜시스 캄은 '허용되는 해악(害惡)'에 대해 설명했다. 이것은 어떤 상황에서는 소수의 사람들에게 끼치는 피해는 다수의 이익을 위해 따져볼 수도 있어야 한다는 것이다. 그러므로 장기를 적출해 다른 네 명의 생명을 구하기 위해 누군가를 죽이는 것은 캄이나 칸트의 이론에 어긋나는 일이지만, 캄의 이론만을 따르자면 사람들을 살해하려는 살인청부업자를 죽이는 것은 허용될 수 있다.

공리주의 윤리관

도덕에 접근하는 칸트의 관점에는 개인적이거나 감성적인 요소가 없지만, 적어도 그는 도덕을 종교로부터 빼내오는 역할을 했다. 그는 기독교로부터 윤리를 분리시켜 관점을 전환하도록 하는 데는 성공했다. 구원을 보장받기 위해 도덕적으로 행동하는 대신(혹은 선택받은 자가 되기 위해 스스로를 입증하는 대신) 도덕적인 행위가 사회적 책임의 일부가 되도록 했던 것이다.

영국의 사회개혁가 제러미 벤담(1748~1832)은 오늘날 정치 철학가로 널리 알려져 있지만 그의 정치적 사상은 윤리적 사상과 중복되는 점이 많다. 런던의 하운즈디치에서 태어난 벤담은 3살에 라틴어를 배우고 12살에 옥스퍼드 대학의 퀸스 칼리지에 신학할 정도로 천재라는 소리를 들었다. 그는 변호사 공부를 해서 법조계의 요청을 받았으나 한 번도 법조계로 진출한 적은 없었다. 까다

벤담은 천재라고 여겨졌으며 훗날 공리주의 이론을 발전시킨다.

롭고 모순되는 법률의 원칙들이 그로 하여금 생각을 접도록 했던 것이다. 대신에 그는 법률과 도덕, 그리고 정치의 근본을 철학적으로 통찰하는 길을 선택했다. 에피쿠로스처럼 벤담도 사람들은 그들이 욕망하는 방향(쾌락과 행복)으로 이끌리며, 두려움(고통)을 회피한다고 믿었다. 그는 이런 원리원칙을 사회에 적용해서 '공리주의'라 불리는 체계를 발전시키고 인기를 끌었다. 그는 스스로 '완전한 법체계(Pannomion)'라 일컬었던 공리주의 원칙에 입각한 법 체제를 수립하고자 희망했다.

벤담이 발견한 도덕의 단순한 원리는 우리는 쾌락을 극대화하고 고통을 최소화하는 것이라면 무엇이든지 한다는 것이다. 하지만 벤담의 구상은 본질적으로 양적인 것이다. 양적인 면에서 쾌락을 가장 많이 제공하는 것은 무엇이나 소수의 사람에게 고통을 가져다줄지언정 올바른 행위에 속한다. 그는 행위나 지배로부터 발생하는 고통과 행복을 순고통 및 순행복으로 수치화하는 알고리즘인 '행복 계산법'을 개발하면서까지 고통과 쾌락을 계량화하는 데에도 서슴지 않았다.

벤담이 공리주의를 완전한 도덕적, 정치적 구상으로 형식화한 첫 번째 인물이기는 해도, 행위의 도덕성이 사람들에게 가져다주는 쾌락과 고통의 양으로 측정될 수 있다는 생각을 벤담이 최초로 밝힌 것은 아니었다. 영국의 철학자 프랜시스 허치슨은 〈미

'언젠가는 인간 이외의 동물에게도 야만적으로 짓밟혀 억눌렸던 권리가 주어지는 날이 올 것이다. 프랑스 사람들은 이미 피부가 검다는 것이 압제자의 희생물이 되는 근거가 되어서는 안 된다는 점을 깨닫기 시작했다 다리와 숫자니 피부에 돋은 털의 유구나, 척추뼈의 말단 구조고 인해 감성이 있는 동물이 한꺼번에 같은 운명에 처해져서는 안 된다는 사실을 인식하는 날이 올 것이다. …… 중요한 것은 그들이 이성이 있는지, 말을 할 수 있는지가 아니라 고통을 느끼느냐는 것이다.'
- 벤담 〈도덕 및 입법의 원리 서설〉(1789) 중에서

완고한 공리주의자들은 죽어가는 검투사의 고통보다 수많은 관람자들의 즐거움이 더
중요하므로 이론적으로는 로마 시대의 검투사 경기를 받아들일 수 있다고 했지만
벤담은 그러한 결론은 경계했다.

와 덕에 대한 우리 사상의 원류 탐구〉(1725)에서 '최대 다수를 위
한 최대의 행복을 가져다주는 것이 최상의 행위이며, 반대로 고
통을 초래하는 것은 최악의 행위이다.'라고 했다. 그는 또 '어떤
행위의 도덕성을 산출'하는 알고리즘을 소개하기도 했다. 1731
년에 허치슨과 같은 시대의 인물인 존 게이는, 한걸음 더 나아가
서, 인간이 행복해야 하는 것은 신의 뜻이므로 종교를 통해 최대
다수의 최대 행복으로 이끄는 길을 추구해야 한다고 주장했다.

공리주의는 수많은 사람에게 행복을 가져다준다면 한 사람의
생명이 희생되는 것도 가능하다는 식의 극단적인 주장도 아끼지
않았다. 물론 벤담 자신은 개인에 대한 이러한 극한적 상황은 법
률을 세정해 방지할 수는 있다고 한 걸음 물러서기는 했다. 그는
'개인들이 복지의 개념을 스스로 만들고 이를 추구할 수 있는 개
인적 신성불가침 영역의 한계를 법률로 정함으로써 사회적 상호
관계의 틀을 제공할 수 있다고 말했다. 하지만 이것은 아직도 풀
지 못하는 숙제에 속한다.

벤담의 제자였던 존 스튜어트 밀(1806~1873)은 윤리와 정치적인 측면에서 공리주의를 한 단계 더 발전시켰다. 그는 쾌락을 상위등급과 하위등급으로 나누었다. 두말할 필요 없이, 상위등급의 쾌락은 지적이고 세련된 것이며 문화적인 것이고, 반면에 하위등급은 육체적 욕망과 물질적 욕망을 일컫는다.

어떤 쾌락이 어떤 등급에 속하며 얼마나 많은 사람들이 서로 다른 쾌락을 추구하는지를 평가하기 위해 밀은 대중의 참여를 유도하는 크라우드소싱 기법에 의지했다. '어떤 것이 바람직하다고 할 수 있는 유일한 증거는 사람들이 진실로 그것을 바라느냐에 달렸다.' 이러한 주장으로 인해 밀은 종종 '애매함의 오류'를 범했다는 비판을 받곤 한다. 다시 말해, 좋기만 하다면 — 사람들의 욕구를 채워주기만 하면 — 다른 모든 면에서도 바람직한 것이라는 — 무조건 받아들여야 한다는 — 잘못된 결과를 낳을 수 있다는 것이다. 밀이 지금까지 살아있지 않은 것은 다행일

죽었지만, 사라지진 않는다

벤담의 유언에 따라 그의 시신은 의술의 발전을 위해 해부학 강의에 이용되었고, 유골은 밀짚으로 채워진 옷으로 감싸 전시되었는데, 오토 아이콘(auto-icon)으로 불린다. 미라의 머리 부분이 조악해서 관람객들을 섬뜩하게 만들었으므로, 밀랍으로 만든 인형에 그 자신의 머리칼을 덧댄 모형이 대신 등장하게 되었다. 이 오토 아이콘은 유니버시티 칼리지 런던의 본부 건물의 남쪽 회랑에 있는 유리관 속에 있다가, 대학 의회에 종종 참여해서 '참석은 하지만 투표는 하지 않는' 존재로 기록되고 있다. 오토 아이콘의 머리 부분은 이제 안전한 장소에 별도로 보관되고 있다.

지도 모른다. 어쩌면 그는 TV 프로그램 X-Factor(각계각층 아마추어들이 나오는 오디션 프로그램)가 도덕적으로 선한 것이라고 규정함으로써 사람들의 비난을 자초했을지도 모를 일이다.

경제학자 존 하사니(1920~2000)는 1977년에 집필한 저서를 통해, 이런 맹점을 우회했다. 그는 우리가 어떤 선택을 할 때, 모든 사실을 충분히 고려해 내려진 결정인지, 어떤 극한적인 감정 상태에서 내린 결정이 아니고 가장 이성적인 상태에서 내려진 결정인지를 감안해야 한다고 강조했다. 그는 또 가학망상증 환자들처럼 반사회적 사상을 지닌 사람들이 포함된 크라우드소싱 기법의 연구는 배제되어야 한다고 주장했다.

어떻게 선택할 것인가?

도덕을 정의내림에 있어 크라우드소싱 기법을 활용하는 것도 나쁘지는 않지만 결과가 어떤 식으로 도출되는지에 관심을 갖는 것도 좋은 방법일 것이다. 영국의 철학자 겸 경제학자였던 헨리 시지윅(1838~1900)은 매일 매일의 도덕적 추론을 탐구하고자 했다. 우리가 어떤 식으로 도덕적 행위에 대한 결정을 내리며, 그런 결정을 내리는 데 이성적 근거가 있는지를 해명해 보고자 했던 것이다. 시지윅의 저서 〈윤리학의 방법〉(1874)은 도덕철학의 고전 중 하나로 자리 잡고 있다.

시지윅은 '윤리학의 방법'을 '개인이 반드시 해야 하는 바를 결정할 때이거나 행위를 할 때 어떤 것이 올바른지를 결정하는 이성적 절차'로 간주했다. 물론 해야 할 바를 결정할 때 서로 다른 원칙을 따르지만, 그 방법은 크게 이기주의,

헨리 시지윅은 상식에 바탕을 둔, 상호 모순되는 도덕적 충동에 대해 연구했다.

공리주의 그리고 직관주의의 세 가지로 분류할 수 있다고 했다.

　이기주의 또는 이기적 향락주의는 그 행위를 수행하는 사람에게 얼마만큼의 쾌락을 가져다 줄 것인가에 따라 그 행위의 도덕성 여부를 판단한다. '이성의 매개자(媒介者)는, 행위의 대안들 사이에서, 오직 자신에게 초래된 쾌락이나 고통의 양만을 중요한 요소로 간주하고, 항상 고통을 상쇄하고 남게 되는 가장 많은 쾌락의 잉여물을 취하고자 한다.'

　공리주의 또는 보편적 향락주의는 모든 사람에게 미치는 행복의 일반적 효과에 따라 행위의 도덕성을 측정한다. '객관적으로 올바른 행위란, 그 행위로 인해 행복을 가져다줄 수 있는 모든 사람들을 고려하면서, 최대의 행복을 산출할 수 있어야 한다.'

　직관주의는 행복의 개념을 모두 무시하고, 단순히 '일정한 규칙이나 의무가 지시하는 바'에 따라야만 한다는 태도를 견지한다. 어떤 행위의 옳고 그름을 그 결과와 상관없이 본능적으로 알아차릴 수 있다는 가정을 전제로 한다. '사람들이 일상적인 대화 중에 습관적으로 주고받는 도덕적인 판단에는 ― 비록 다양한 유혹들이 실천하기 어렵게 만들지라도 ― 의무란 대개 평범한 사람들이 쉽게 알 수 있는 것임'을 의미한다는 것이다.

　직관주의와 '상식적 도덕(사람들의 일상적 행위를 이끌어내는 윤리적 지침)' 사이의 관계에 대해 주목한 시지윅은 상식적 도덕은 어느

'배부른 돼지보다 배고픈 인간이 되는 편이 낫다. 만족해하는 바보보다는 만족하지 못하는 소크라테스가 되는 편이 낫다. 그리고 바보나 돼지가 혹시라도 다른 의견을 가졌다 할지라도 그깃은 純진히 편한 대고 셍기한 것일 뿐이다.'
　― 존 스튜어트 밀 〈공리주의〉(1861) 중에서

어린 아이들은 자기들이 원하는 것만을 구하므로 당연히 이기적으로 보이게 된다.
그러나 타인의 감정을 고려하는 능력이 '마음 이론'의 발달과 함께 나타난다. 그렇게
해서 이타주의도 생성되는 것이다.

정도 '무의식적인 공리주의'에 가깝다는 점을 발견했다. 공리주
의는 직관적인 윤리 원칙에 의존한다. 그래서 그는 직관주의와
공리주의는 단일한 윤리 체계 안으로 통합될 수 있다는 결론을
내렸다. '우리가 자명한 것으로 인정할 수 있는 추상적 윤리 원
칙은 …… 공리주의 체계를 위한 이성적 토대를 마련하는 데 필
요한 것처럼 보인다.'

비록 시지윅은 공리주의와 직관주의를 서로 조화롭게 일치시
켰지만 이기주의는 범주를 벗어나 있다. 이기주의도 이성과 상
식을 반영하는 것처럼 보이지만, 이는 사회의 보다 큰 행복을 위
해서는 사람들이 행복을 희생하도록 강요하거나 심지어는 생명
까지도 내놓도록 요구함으로써 공리주의와는 반대되는 입상을
취하고 있다.

시지윅은 일반적으로 사람들이 자신과 친지의 쾌락과 고통에
관심을 기울이는 만큼 인류의 쾌락과 고통에는 관심을 두지 않는
다는 점에 주목했다. 그에게는, 조절이 불가능하면서 둘 다 상식

과 유효한 추론에 의지해야 하는, 공리주의와 이기주의라는 상충하는 원칙들의 문제를 해명해야 하는 숙제가 남겨진 것이다.

공리주의적 주장이 우리에게 가혹한 요구를 할 때는 사적 욕망에서 표출된 주장이 목표를 향한 정당한 길을 안내해줄 수도 있다. 시지윅은, 이러한 모순은 신의 개입이 없거나 신에 의한 보상이나 처벌이라는 일정한 개념이 없다면 해결할 수 없다는 점을 인정했다. 그런데 그러한 신의 개입이라는 이론은 시지윅의 입장에서는 마지못해 인정할 수밖에 없었던 것이다. 그는 자신의 저서 첫 번째 판을 다음과 같이 자포자기 상태로 끝맺었다.

'의무라는 우주는 …… 혼돈으로 치환된다. 그리고 이성적 행위에 대해 완벽한 이상향을 마련하고자 하는 인간 이성의 더딘 노력은 필연적인 실패로 귀결될 것이 미리 정해져 있는 듯하다.'

다시 시작하다

프리드리히 니체는 당시까지 진화해온 도덕률 속에서 비슷한 오류를 발견했다. 그의 해결책은 존재하는 모든 윤리 구조를 뒤집어엎고 새로 시작하는 것이었다. 그는 개인의 기본적인 추진력을 외부의 힘을 통제하고 스스로의 운명을 책임지려는 욕구 안에서 찾으려 했다. 그러나 많은 사람들의 경우 삶의 여건 때문에 이러한 능력을 발휘할 수가 없게 된다. 도덕률이 제 기능을 발휘하지 못하고 자기 결정권이 부족한 우리의 무능과 나아가 그러한 사실을 억지로 회피하려는 비겁함에 순응하며 진화를 거듭하게 된 결과 그러한 무능이 발생하게 된 것이다. 결국 도덕률은 개인의 의지를 속박하고 통제하기 위한 존재로 전락하고 만 것이다.

니체는, 고전적(그리스, 로마)이든 기독교적이든 지배적이던 유럽 도덕의 발자취를 따라 노예제도나 지배 관계(압박, 피압박적 관계)의 행동양식까지 추적해갔다. 도덕적인 선과 악은 사회에서 우월적 지위(지배자)에 있는 자들에 의해 고양되는 가치에 토대를 둔 것으로 (지배자의 측면에서) 바람직한 것으로 보이거나, 아니면 (노예의 측면에서는) 사악한 것으로 보이는 것이다. 주인과 노예의 이분법과 계층적 계급 구조로 짜여진 호메로스 시대의 그리스를 비롯한 사회 구조에서는 권력이나 물리적인 힘, 건강 그리고 풍요와 같은 삶의 긍정적 요소들은 권력을 쥔 자들에 의해 선으로 간주되었다. 반대로 가난이나 무능, 질병 등은 삶을 부정하는 요소로 평가되고 악한 존재가 되었다. 그는 이것을 지배계급의 도덕이라 불렀다. 엄밀히 말해 선이나 악이라는 특성으로 분류할 수 있는 도덕적 위상은 전혀 없으며, 오히려 바람직한 상태 혹은 특성을 지니고 있는가의 여부로 판단해야 한다고 했다.

이것을 '도덕' 체계 안으로 끌어들인 것은 노예들이었다. 노예들의 입장에서는 (주인들이 선으로 규정한) 압제자들의 속성이 악이었다. 반면에 하층 계급이 압제로부터 벗어나기 위해 채택할 수밖에 없었던 특성들은 도덕적으로 선한 것으로 간주되었다(지배자들이 악으로 규정한 특성들). 그래서 노예들은 잔인함이나 세속적 욕망, 이기주의, 공격성 그리고 부유함 등을 사악한 것으로 간주하고 반대로 겸손, 빈곤, 이타심, 복종 그리고 경건함 등을 선으로 봤던 것이다. 무력한 자신들의 상태를 미덕으로 다시 규정함으로써, 노예들은 자신들의 운명을 참아낼 수 있었지만 그러한 상태를 개선해야 할 책임은 회피했던 것이다. 빈곤과 무력함을 사회적 병폐로 보는 대신 도덕적인 선으로 분류하고 그것에서 벗어나기 위한 노력은 하지 않았다.

니체는 주인의 도덕과 노예의 도덕 사이에서 생기는 긴장이 유럽의 기독교 사회에서 허무주의가 일어나게 된 원인이라고 보았다. 그는 '신은 죽었다'고 했다. 이는 허무주의가 승리했거나 앞으로 승리할 것임을 암시하는 말이다. 그는 종교적 믿음이 이런 허무주의를 방비하는 수단이며, 만일 신앙이 없다면 우리는 의미를 찾기 위해 투쟁하거나 걸맞은 도덕률을 만들어내야 한다. 허무주의는 손쉽게 절망으로 이끈다. 하지만 문화를 굳건한 반석 위에 올려놓는 첫걸음의 역할도 할 것이다. 허무주의를 극복해야만 든든한 토대가 성립될 것이기 때문이다.

'나는 허무주의의 등장을 비난하지 않고 반긴다. 나는 허무주의가 가장 커다란 위기들 중의 한 가지이며, 인류의 가장 심오한 자기 성찰의 순간이라는 사실을 믿는다. 인간이 이 위기를 극복하게 될지, 이 위기의 지배자가 될지는 인류가 지닌 강인함에 달려 있는 것이다.'

니체는 새로운 도덕의 기반이 기독교와 허무주의가 붕괴된 폐허 속에서 세워지기를 희망했다. 그러나 그에게 절대적 도덕률이란 존재하지 않았다. 사회가 만들어내는 가치 체계는 그 사회의 상황과 요구에 따라 다양하며, 본질적으로 다른 것보다 우월한 것은 존재하지 않는다. 그는 가치 규약을 만들어내고 지키는 것이 중요하며, 그 규약의 내용이 아닌 문명사회의 행위를 명확하게 규정하는 것이 중요하다 믿었다. '관점주의'라 불리는 이러한 견해는 훗날 완벽한 문화 상대주의로 발전시킨 마르틴 하이데거와 같은 철학자들이 받아들였다.

메타윤리학

19세기 중반부터 유럽의 기독교 사회 구조는 급격하게 해체되기 시작했다. 계몽주의 시대 이래로 진지한 사상가들은 자신들이 교육받아 왔던 신의 존재에 의문을 던지기 시작했다. 그들 중 일부는 이 문제를 면밀히 검토한 후 조심스럽게 신앙을 유지하기도 했지만 점점 더 많은 사상가들이 신앙을 정면으로 거부하거나 신앙이 자신들의 문제를 해명하지 못한다고 믿기 시작했다. 이들 중 전혀 다른 유신론을 붙들고 씨름하던 스피노자와 같은 이들은 도덕에 대해 다시 생각하지 않을 수 없었다. 그리고 니체처럼 종교를 억압적이며 왜곡된 체제로 간주했던 사상가들에게는 도덕을 구성하는 완전히 새로운 토대가 필요하게 되었다.

이번 장에서는 주로 사람들의 행위 방식에 대한 규범윤리학을 다루었다. 그러나 20세기의 동이 트면서부터 철학은 규범윤리학으로부터 발을 빼고 관심을 '메타윤리학(meta-ethics)' 쪽으로 돌리기 시작했다. 메타윤리학은, 우리가 선과 악을 말할 때 말하고자 하는 의도가 무엇인지를 밝히는 것과, 우리는 어떤 식으로 도덕적 판단을 내리는지에 주된 관심을 두는 학문이다.

영국의 철학자 조지 에드워드 무어(1873~1958)는 과거의 일부 철학자들이 제기했던 문제들로 혼란을 경험했던 사람들에게는 청량제 같은 존재였다. 무어는 상식적 사고가 결코 나쁜 것이 아니며, 나아가 신뢰할 수 있는 경우도 자주 발생한다고 주장했다. 그렇기 때문에 예를 들어, 우리가 어제 존재했었다는 사실을 받아들임에 있어, 그 사실을 입증하기 위해 데카르트 같은 인물에 의존하는 것보다, 당신이나 내가 더 합당한 결론을 내릴 수 있다고 보았다. 다른 많은 사람들처럼 무어도 상당수의 철학은 터무니없는 것이라고 주장했다. 개념과 정의의 관계가 철학에서 무엇보다 중요함에도 불구하고 일상의 삶 속에서 의미와 관련된 많은 질문들이 시원하게 대답되지 않고 남아 있다는 것이다. 이와 같은 이유로 무어는 언어적 편견을 포함한 20세기 철학의 주요 주제들에 새로운 탐구의 불길을 댕겼다.

무어는 〈윤리학 원리〉(1903)을 통해 어떤 것이 선한 행위인지를 묻기보다 '선하다'는 것이 무엇을 의미하는지를 밝히고자 하는 메타윤리학에 관심을 표명했다. 그는 '선하다'는 어휘는 분석될 성질의 것이 아니라, '노랗다'가 단순한 성질을 드러내는 어휘인 것처럼 그저 단순한 개념일 뿐이라고 말했다. 노랗다는 개념을 모르는 사람에게는 어떤 수단을 동원해서도 노란 것이 무엇을 의미하는지 설명할 수 없다. 마찬가지로 선하다는 의미도 설명할 수 없다.

그는 '선(善) 그 자체는 우리가 직관적으로 알 수 있는 어떤 것을 의미한다.'고 했다. 우리는 타인에게 친절한 것은 선한 것이고, 타인에게 잔인하게 구는 것은 악한 것이라는 점을 안다. 이러한 직관에 대해서는 더 이상 아무런 설명이 필요 없는 것이다. 그래서 무어는 도덕적 판단은 이성의 지배를 따른다는 칸트의 관점이나 공리주의 이론에 반대했다. 선한 것에 대한 판단은 항상 주관적인 것이며, 가치판단에 속한다고 할 수 있기 때문이다. 일반적으로 총론에서는 동의하지만, 구체적으로 따져보면 그렇지 않은 경우가 많다.

우리는 사람을 살해하는 것은 나쁜 일이라는 점에 대체로 동의한다. 그러나 어떤 사람들은 사법적 살인이나 낙태, 안락사 등은 용인될 수 있다고 받아들인다. 이런 세부적 내용들은 '응용 윤리'에 속하는 문제이다. 선의 여부는 무조건 받아들여지는 것으로 규정할 수 없으므로 무어는 윤리란 과학 또는 형이상학 측면에서는 아무런 근거가 없는 것이라고 결론지었다.

일상에서의 도덕

일상생활에서 도덕의 적용 문제를 다루는 응용 윤리학은 '동물에게도 인권 같은 것이 있는가?' 또는 '독재자는 죽여도 되는가?' 등의 문제에 직면했을 때 그에 대한 답을 연구하는 학문이다. 20세기에는 생명윤리나 동물 보호 또는 직업윤리 같은 특정한 분야에 대한 연구가 활발히 진행되었다.

규범 윤리학(덕 윤리, 의무론적 윤리, 공리주의 윤리)의 일상적인 방법은 윤리적 문제에 접근함에 있어 매우 다양한 관점에서 출발한다. 이론적 도덕들의 분파들이 만들어낸 결론들 중 하나는, 현대 사회에는 수용 가능한 여러 관점들이 존재하지만 그것들끼리 자주 충돌한다는 사실이다. 윤리위원회이거나 도덕적 판단과 관련된 단체들의 과제는 보편적인 도덕 체계가 종교의 지배하에 놓여있던 시절보다 훨씬 까다로워졌다. 이러한 이론적 복잡성을 취급하는 한 가지 방법은 사례를 기반으로 추론하는 것으로, 결의법(보편적인 도덕 법칙을 개개의 행위와 양심 문제에 적용하는 이론 : 역주)이라 불린다. 결의법의 기원은 아리스토텔레스로 거슬러올라가며 16~17세기에 잠시 유행했다. 무어는 이 결의법에 호의를 보였다. '결의법은 도덕 문제를 탐구하는 최종 수단이다. 이 방법은 연구의 초반에는 확실한 해명을 제공하지 못하지만 마지막에 가면 좋은 결과를 낳을 수 있다.'

결의법은 무어 이후 반세기 이상이 흐른 1960년대에 이르러 응용윤리학의 유용한 방법으로 다시 부상했으며, 미국의 생명과학 윤리학자 알버트 존슨(1931~)과 영국의 철학자 스티븐 툴민(1922~2009)의 획기적인 공저 〈결의법의 남용 : 도덕 추론의 역사〉(1988)가 발표된 이후 더욱 세간의 이목을 끌게 되었다. 이들의 연구는 각 개인들의 문제를 그들이 처한 상황이라는 맥락 속에서 파악하는 것이다. 이는 이론적 규정(비록 법률의 한도 내에서 적용되어야 한다는 한계가 있기는 하지만)에서 출발하기보다는 알려진 사실과 가능한 결과들로부터 답을 구한다. 이 연구가 적용된 한 가지 사례는 중환자로부터 생명 유지 장치를 제거할 것인지를 결정하는 데서 드러난다. 이러한 결정은 일정한 규정을 근거로 한 것이 아니어서 비슷하게 보이는 사례들마다 서로 반대되는 결과를 낳을 수 있다.

사담 후세인과 같은 독재자를 처단하는 것은
윤리적인 행위인가?

후기구조주의나 포스트모던 계열의 철학자들은 객관적인 도덕률의 가능성을 부인하고, 심지어는 주관적 도덕률조차 인정하지 않는다. 모든 행위는 그것들이 처한 맥락 속에서 바라봐야 하며, 다른 행위들과의 상관관계를 검토해야 한다고 한다. 실질적인 면에서 이런 주장은 개별적 경우들의 도덕적 개괄을 독립적으로 판단해야 한다는 결의법을 따르게 된다.

캘리포니아 대학 철학과의 데이비드 쿠젠 호이 교수는 1980년대와 1990년대에 철학 분야에서 '윤리적 대전환'을 이루어냈다. 그는 현대의 도덕이란 '그 스스로 반드시 이행되어야 하는 것이기는 하지만 하나의 목표 위에 강요될 수도 없고, 강제로 시행될 수도 없는 것'이라고 설명했다. 그는 소박한 삶을 위해 소비지상주의를 거부하거나 탈세 기업에 대한 보이콧 행위를 '윤리적 저항'의 사례들로 꼽았다. 권력에 저항하는 힘없는 사람들의 의사 표현 방법을 거론한 것이다.

힘없는 다수는 반드시 인간만을 지목한 것은 아니며, 소외계층을 포함하여 아직 태어나지 않은 태아나 동물 그리고 소수민족이나 성적 소수자들이 포함된다.

잘 사는 길

2천년대에 접어들면서는 도덕적으로 선하며 훌륭하게 사는 것은 행복을 추구하는 삶이라는 점이 주목받고 있다. 여기서 말하는 행복한 삶이란 물질적 풍요로움을 의미하는 것은 아니다(보다 많은 물질적 부를 창출하기 위해서는 이기적이고 부도덕한 행위가 수반되어야 하는 경우가 많은 것은 사실이다). 행복하다는 싶은 개인의 삶에서 스스로의 정체성을 확립하고, 죄책감과 수치심으로부터 자유롭고, 안전하게 살 수 있는 환경을 이른다. 도덕적으로 선한 삶은 종교에 의존하는 삶을 말하는 것은 아니다. 종교가 사람들에게 미리

미얀마의 정치인, 아웅 산 수치 여사는 평화적 정권 교체를 위해 수십 년 동안 폭력적 투쟁보다는 윤리적 저항에 호소해왔다.

마련된 도덕률(덕망 있는 삶에 대한 청사진)을 제공하거나, 도덕에 대해 독점권을 주장하는 경우가 많지만 선을 향한 의지는 우리들 모두(적어도 대부분 사람들)의 내부에 자리 잡고 있다. 아리스토텔레스의 표현을 빌리자면, 잘 사는 것은 인간 본래의 목표를 잘 이행하는 인간의 모습을 완벽하게 깨닫는 것이다. 하지만 잘 사는 것은 고립된 삶을 의미하지는 않는다. 우리 모두가 디오게네스처럼 살 수는 없다. 따라서 진정으로 올바른 삶은 도덕적 삶속에서 타인과의 관계를 유지하며 사는 것이라 할 것이다. 이것은 우리의 정치, 사회적 구조 속에서 덕을 이행하는 삶을 의미하는 것이다.

건강한 사회는 시민들에게 저항할 권리를
부여한다.

어떻게 하면 좋은 사회를 만들 수 있을까?

HOW DO WE MAKE A GOOD SOCIETY?

'나는 아테네 시민도 코린트 시민도 아닌 세계 시민이다.'
- 시노페의 디오게네스, 에픽테토스의 〈대화〉 중에서

'이러한 권리를 확보하기 위해 인류는 정부를 조직했으며, …… 어떠한 형태의 정부이든 이러한 목적을 파괴할 때에는 언제든지 정부를 변혁 내지 폐지하는 것이 인민의 권리이다.'
- 토마스 제퍼슨 〈미국 독립선언문〉(1776) 중에서

우리는 모두 타인들과 관계를 맺으며 살고 있기 때문에 '어떻게 하면 잘 살 수 있을까?' 그리고 '어떻게 하면 좋은 사회를 만들 수 있을까?'라는 두 가지 기본적인 철학적 과제는 매우 긴밀하게 연결되어 있다. 법률적, 정치적 체제의 밑바탕에는 도덕이 자리 잡고 있어야 하지만, 고려해야 할 또 다른 요소들 역시 존재한다. 사회 전체에 '정당함'을 확장하기 위해 일정한 조정이 반드시 필요하게 된다. 디오게네스가 신봉했던 금욕주의적 삶의 방식은 전체 사회가 받아들일 수 없다는 비판은 사회적 딜레마의 중추를 이룬다. 우리는 물질적인 풍요를 모두 비난할 수도 없으며, 누군가는 다른 사람들보다 더 적게(또는 더 많이) 가질 수밖에 없다.

윤리적 사회의 윤리적 시민

도덕이 부여하는 성책이나 법률의 한계에 대해서는 철학자들마다 견해를 달리해왔다. 이탈리아의 정치가이자 외교관이었던 니콜로 마키아벨리(1469~1527)는 도덕의 여지를 인정하지 않았다. 그는 전적으로 실용주의적인 접근법에 의존했는데, 이것은 벤담이 제안한 도덕에 바탕을 둔 법률의 재정비와 정면으로

마키아벨리의 《군주론》은 스탈린과 같은 많은 실시 지도자들의 지침서로 이용되었다.

배치되는 것이었다. 그러나 여기에도 다른 관점은 존재한다. 법률은 누가 만들고 어떻게 강제되어야 하는 것일까? 또, 정부에 합법성을 부여하는 근거는 무엇이며, 정부는 어떤 형태를 띠어야 할까? 시민에 대한 정부의 의무는 무엇이며, 시민은 정부에 어떤 의무를 져야 하는 것일까? 그리고 마지막으로 정부를 전복시키는 것은 정당할까?

어떤 의미에서 보면, 정치 철학은 형이상학의 실용적인 적용이다. 이는 정의, 자유, 권위, 공정함을 어떤 식으로 규정하는가의 문제를 포함한다. 그리고 이와 같은 요소들이 이행되는 사회 구조를 찾아내는 과제와도 관련이 있다.

사회 계약

개인과 사회 간에 계약이 성립한다는 생각은 플라톤의 작품에 처음으로 등장한 이후로 오늘날까지 줄곧 이어지고 있다. 플라톤의 〈크리톤〉에는 소크라테스의 역을 맡은 사람이 아테네에 사는 성인(成人)으로서 아테네 시와 계약을 맺었으며 그 계약에 따라 시의 법률과 그 판결을 준수해야 할 의무가 있다고 말한다. 그러한 계약의 결과로 그는 사형이 비록 부당한 판결일지라도 준수해야 할 의무가 있다고 생각했다.

부분보다는 전체?

폭넓게 말해서, 정치 철학에는 두 가지 접근법이 있다. 개인주의는 사회를 그 속에 속한 개인들의 집합으로 본다. 이와 달리 집단주의는 사회를 사람들의 집단 이상인 것으로, 그 스스로 자치권과 정체성을 지닌 것으로 본다. 집단주의자들의 관점에서는 개인의 중요성이 훨씬 더 축소된다.

국가의 미덕

플라톤의 〈국가〉는 정치 철학 분야에서 가장 중요한 저서이다. 이 작품은 지배 계급에서 태어난 엘리트들이 이끄는 이상적인 사회를 묘사하고 있다. 그 사회의 나머지는 군인과 평민 계급으로 양분된다. 〈국가〉에서 이상적 시민은 사회의 이익을 위해 자신들의 자질을 가장 잘 활용하고, 그 목표의 달성을 위해 필요한 것을 정확히 이해하고 있는 사람들을 지칭한다. 모든 것은 국가의 전반적인 이익을 위해 조직되며 개인의 자유와 권리는 무시된다. 플라톤은 자신들의 의무를 서로 주고받는 사회가 구성원 모두에게 공정할 것으로 믿었다. 또한 다른 어떤 적대국들보다 군건한 구조를 갖추게 될 것이므로 어느 누구도 침범할 수 없게 될 것이다.

네 가지 선택
넓은 의미에서 구분되는 네 가지 정치적 입장이 존재한다.

- 자유주의 : 만민이 평등하고 자유롭다는 주장을 내세운다. 그러나 개인적으로 타고난 불평등이(이를테면 지적인 차이 같은 것) 존재할 수밖에 없으므로 이를 해소하기 위해 기회나 자원이 최적의 조건으로 평등하게 주어져야 한다는 입장이다.
- 보수주의 : 전면적인 개혁을 신뢰하지 않으며 불합리한 관행들은 저절로 사라질 것이라는 입장을 견지한다. 보수주의자들은 시장경제처럼 모든 것은 스스로 제자리를 잡아간다고 믿기 때문에 자유시장 경제에 입각한 자본주의를 부르짖는다.
- 사회주의 : 자원은 집단적으로 소유되었을 때 더 잘 사용되고 관리된다고 믿기 때문에 개인들의 욕심과 야망은 결국 전체 사회의 독으로 작용하게 된다고 주장한다.
- 무정부주의 : 사람들마다 원하는 바가 다 다르므로, 일정한 세틀구조니 제도적 한계에 가두게 되면 올바른 삶을 살 수 없게 된다는 주장이다. 무정부주의는 어떤 정치 구조가 자연스럽게 생성되어 채택될 수 있을 것인지를 알아차리기 어렵다.

〈국가〉는 플라톤의 형상 이론을 정치의 영역으로 확장시킨 것으로, 현실의 모든 사회는 단지 불완전한 근사치이거나 모방일 수밖에 없게 되는 이상적인 사회를 그리고 있다. (플라톤의 시대이거나 현재에도) 모든 구성원들의 행복 증진을 실현하는 이상적인 사회는 어디에도 없다.

〈국가〉에서 그리고 있는 이상 사회는 지난 2천 3백 년 동안 폭넓게 비판받아 왔다. 영국의 철학자 버트런드 러셀(1872~1970)은 뛰어난 혜안과 역사적인 통찰력을 바탕으로 공산주의 혹은 사회주의의 가면을 쓰고 역사에 등장한 권력 엘리트주의와 전체주의 정권을 플라톤이 보증을 선 것이라며 비난했다. 20세기에 일련의 공산주의와 파시스트 전체주의 국가들이 극적으로 붕괴되면서 이상적 국가에 대한 재정립이 필요한 것으로 보인다.

정신으로서의 헌법

플라톤의 제자였던 아리스토텔레스는 〈국가〉를 혹평했다. 마케도니아의 필립 2세에게 고용되어 훗날 알렉산더 대왕으로 성장할 왕자의 스승이 된 아리스토텔레스는 높은 수준의 정치 체제를 지향했다. 그의 저서인 〈정치학〉은 권력자와 정치가들에게 정치 지도자의 역할은 법률이나 헌법을 구축한 다음 필요에 따라 유지하고 보완하는 것이라는 자신의 사상을 가르치기 위해 집필

유토피아

'유토피아'는 완벽한 법률과 사회 체제를 갖춘 가상의 이상 국가를 통칭하는 용어가 되있다.

한 것이었다. 그는 인간의 자연스러운 기능은 덕에 바탕을 두고 합리적으로 행동하는 것이며, 정치 구조는 바로 이런 점을 인식하여 활용하도록 구축되어야 한다고 주장했다.

아리스토텔레스는 도시국가의 헌법을 살아있는 유기체의 정신에 해당하는 것으로 생각했다. 도시국가는 특정한 주민들의 혼합체로, 그 도시국가의 목표를 규정하는 헌법을 갖추고 특정한 영토 내에 세워진 것이다. 올바르게 구성된 도시국가의 목표는 시민들의 행복이다. 그의 〈정치학〉은 이상적인 도시국가에 대해 논의하고, 다양한 형태의 정부를 분류하고 장단점을 설명한 것이다.

아리스토텔레스는 인간은 사회를 구성하기 위해 자연스럽게 모여들며(정치적 자연주의라 불리는 원리), 인간은 정치적 동물이라고 보았다. 하지만 '시민'에 대한 그의 정의는 여성과 노예, 어린이, 외국인들을 배제함으로써 편협함을 벗어나지 못했다. 이들을 제외한 나머지 사람들은 도시국가의 운영에 참여함으로써 완전한 시민이 되었다.

아리스토텔레스가 구상한 정부의 다른 형태들은 공정한(올바른) 것과 불공정한(비뚤어진) 것으로, 플라톤의 구상을 채택한 것이다.(박스 설명 참조)

아리스토텔레스는 시민들을 상대로 절대적 권력을 행사하는

	올바른 경우	비뚤어진 경우
1인 지배	성군(聖君)	폭군
소수의 지배	귀족정치	과두제
나수의 지배	정치 조직	미수주의

'모든 도시국가는 일종의 공동체이며, 모든 공동체의 목표는

고대 그리스의 주춧돌에 새겨진 법률은 굳건한 사회를 건설하겠다는 의지를 드러내고 있는 증거이며, 분쟁 조정을 위해 참조할 수 있는 규정들을 담고 있는 공식적인 기반이었다.

지배자를 폭군으로 간주했지만, 지배자가 노예나 여성 그리고 아이들에게 막강한 권력을 휘두르는 것에 대해서는 아무런 문제가 없는 것으로 보았다. 그는 여성과 아이들은 이성적 능력에 결함이 있기 때문에 보호가 필요하며, 노예로 태어난 사람들은 삶의 목표가 없으므로 주인이 필요할 수밖에 없다고 보았다.

아리스토텔레스에 따르면 정의란 각 개인들이 자신들의 장점과 업적에 비례해 이익을 얻는 상태를 가리킨다. 도시국가는 (과

선이므로(사람들은 자신들이 선하다고 믿는 바에 대해서는 무엇이든 하기 때문이다), 모든 공동체가 선을 지향한다는 것은 명확하다. 그 중 최고의 권위를 지니면서 다른 모든 공동체를 아우르는 그 공동체는 스스로의 최상의 권위를 앞세워 최상의 선을 추구해야 한다. 이 공동체가 바로 우리가 말하는 도시국가, 또는 정치 공동체이다.'
－아리스토텔레스 〈정치학〉 중에서

두체제에서 흔히 볼 수 있는 것처럼) 부를 증대하기 위한 기업 형태도 아니고 (민주주의자들이 주장하는 것처럼) 자유와 평등을 증진시키기 위한 연합체도 아니라는 것이다. 그 대신 도시국가는 고귀한 행위들로 이루어진 '선한 삶'을 지향해야 하는 것으로, 시민들이 완전하게 덕성을 이루도록 하는 것이 가장 이상적인 헌법이라는 것이다.

아리스토텔레스는 플라톤의 〈국가〉가 시민 개인들보다 도시국가 자체에만 너무 치우쳐서, 인간의 본성과는 배치되는 접근법을 채택했다고 비판했다. 그가 내놓은 대안은 실용적인 것에 가깝다. 그는 이상적인 헌법에 대해 논의했지만, 대부분의 입법자들은 이상적인 법률을 도입할 위치에 있지 않고 그저 절충하는 역할만을 할 수 있다는 점은 받아들였다.

실제적인 의미에서 본다면, 가장 이상적인 정부는 다수에 의해 구성된 정부인 경우가 많다. 아리스토텔레스는 민주주의를 나쁜 것으로 간주하기는 했지만, 그는 중간 계급에 의한 정부가

마르쿠스 아우렐리우스는 스토아 학파의 철학자이면서 로마의 황제였다. 그는 161~169년까지 루키우스 베루스와 공동으로 황제 역할을 수행했으며 169~180년까지 1인 황제를 역임했다.

소수의 부유층에 의해 주도되는 정부보다 훌륭한 경우가 많다고 생각했다. 부유층이나 빈곤층은 그들의 개인적 이익과 정서로 인해서 그릇된 결정을 내리기 쉽지만 중간 계층의 사람들은 그 속성상 중도적 성향을 보이는 경우가 많기 때문이다. 개인적인 장점을 갖춘 많은 시민들이 함께 통치한다면 그들의 집단적인 장점이 발휘되어 사회에 이익을 가져다줄 것이라는 사상은 현대의 여러 헌법들을 구성하는 토대가 되고 있다.

아리스토텔레스는 정치 철학 분야에서 오랫동안 주목받아온 철학적 관심을 심도 있게 다루었다. 인간 본성의 역할이나 실제 정치 분야에서 적용되는 이상이나 도덕의 문제 그리고 국가와 개인의 관계, 정의에 관한 이론, 법률의 지배, 헌법, 혁명의 원인 등이 주된 내용들이다.

평등의 싹

노예와 여자들을 무시했던 아리스토텔레스의 견해를 시대의 탓으로 돌리며 그에게 면죄부를 줄 수도 있다. 그러나 철학자의 역할은 모든 것을 백일하에 드러내놓고 살피는 것이다. 세네카는 노예제도가 상식적으로 받아들여지던 65년경의 로마에서 집필 활동을 하면서 당시의 통념에 반기를 들었다.

'부디, 당신이 노예라 부르는, 같은 인간으로 태어난 그 사람도 당신과 같은 하늘 아래에서 웃음 짓고 당신과 똑같이 숨 쉬고 살다 죽는다는 사실을 기억해주기 바라오.'

스토아 학파 사람들은 사람들 간의 외형적인 차이는 전혀 중요하지 않으며 모든 사람들은 천부적으로 평등하게 태어났다고 주장했다. 당연히, 권력자들은 모든 사람이 평등하다는 이러한 사상을 불편해 했으므로 오랫동안 정치 철학 분야에서 자취를 감추었다.

스토아 철학자로 변신한 로마의 황제 마르쿠스 아우렐리우스 (121~180)는 자기모순을 극명하게 드러낸 인물이었다. 〈명상록〉

에서 그는 가난한 사람들과 노예들, 죄수들에 대한 관심을 보였지만, 황제로서 기독교도들에 대한 박해를 멈추지 않았다. 〈명상록〉은 윤리나 철학에 대한 아우렐리우스 황제의 생각들을 담은 경구들을 모아놓은 책으로, 토론이나 추론 또는 분석의 대상이 될 만한 작품은 아니다. 어떤 의미에서 보면 스토아 철학은 사람들에게 현실을 있는 그대로 받아들이고 내적 성찰을 통해 만족을 추구하도록 가르침으로써 통치자들의 입맛에 맞는 사상이었다. 스토아 철학에 따르면 '혼을 지닌' 모든 존재는 자기보존을 위해 애쓰는데, 이는 스스로의 본성과 조화를 이루려는 노력을 의미한다. 인간에게 있어 언제나 선해지려는 속성이 미덕이다.

도시로 신을 영입하다

성 아우구스티누스는 잠시 로마와 밀라노에 머물기는 했지만, 북아프리카에서 태어나 그곳에서 죽었다. 30대 초반에 기독교로 개종한 그는 이성의 힘으로 신앙을 견고히 하기 위해 노력했다.

아우구스티누스가 신플라톤주의라는 여과 과정을 거쳐 기독교 사상과 플라톤의 연구 업적을 조화시키려 노력했고, 토마스 아퀴나스는 아리스토텔레스와 기독교 사상을 접목시키려 애쓴 반면 중세의 기독교 철학자들은 이런 전통과는 무관하게 정치 문제에 대해서는 별다른 관심이 없었다. 정치는 기독교와는 아

'자유는 인간의 욕망이 이루어짐으로써 얻어지는 것이 아니라, 욕망에서 벗어날 때 비로소 얻어진다.'
－에픽테토스(55~135)

무런 관련이 없다고 배척하는 경향이 있었다. '카이사르의 것은 카이사르에게 바쳐라'라는 성경 구절은 세속 권력과 정치적 관계를 드러내는 것으로 보인다. 아우구스티누스는 기독교 사회는 영성을 추구하는 공동체이지 정치 집단이 아니라고 기록했다. 8백년 후, 아퀴나스는 맨 꼭대기에는 하나님의 신성한 법률을 놓고, 맨 아래에는 인간 세상의 세속적 법률을 배치하는 방식으로 네 단계의 법률을 기록으로 남겼지만, 별로 이목을 끌지는 못했다. 정치 이론이 철학자들의 관심거리로 재등장한 것은, 이런저런 혼란과 점진적 진보를 거친 후, 르네상스를 맞고서야 가능하게 되었다.

당신이 알고 있는 악마는 ……

이탈리아의 유력한 정치 가문들이 서로 물고 뜯는 혼란의 시기에 피렌체에서 태어난 니콜로 마키아벨리는 르네상스 시대의 가장 영향력 있는 정치 철학자였다. 그의 명저 〈군주론〉(1532)은 지배자들에게 성공한 통치자가 되기 위해서는 어떤 정치적 기술이 필요한지를 알려주는 역할을 했다. 이 책은 비도덕적이라기보다는 무도덕적인 편에 가까우며, 흔히 알려져 있듯 마키아벨리를 악이나 악의 방조자로 간주하는 것은 부당한 판단이라고 할 수 있다. 악마를 지칭하는 '올드 닉(Old Nick)'이라는 별명이 마키아벨리의 이름에서 비롯된 것이라는 믿음은 틀린 것일 가능성이 크지만, 그가 얻었던 세간의 평판을 제대로 보여주는 것이기도 하다.

　마키아벨리가 군주에게 주는 조언은 전적으로 실용적인 것으로, 통치 방법에 따른 도덕적 관점은 거의 고려하지 않는 것이다. 그의 관점에서는 목적이 가치 있는 것이라면 모든 수단을 정당화하며, 목적 달성을 위해 어떤 수단이 사용되었든지 그 결과는 선한 것으로 남는다. 그러나 어떤 경우에도 그 목적은 정치적으로 '선'한 것으로, 추구할 만한 가치가 있는 것이어야만 한다.

'의로운 전쟁'의 문제

서방 세계에서 최근에 주목받는 정치 철학의 문제는 '의로운 전쟁'이다. 이
문제는 성 아우구스티누스가 남긴 기독교 철학 분야의 책 〈신의 도시〉에
등장하기도 한다. 여기에서 플라톤은 '정의는 강자의 이익을 위해 존재하는
것'이라고 잘라 말한다. 힘이 곧 정의라는 명쾌한 해석이다.

아우구스티누스는 이 문제를 두 가지로 구분했다. '전쟁에 참여하는 것은
정당한가?'와 '전쟁에서는 어떤 행위가 용인될 수 있는가?' 그는 전쟁이
도덕적인 것이 되기 위해서는 네 가지 조건이 합치되어야 한다고 했다.

1. 공정한 권위 : 전쟁을 치를 결정은 반드시 합법적인 절차를 거쳐야 한다.
2. 정당한 이유 : 전쟁은 저질러진 악행에 대한 가장 합당한 대처 수단인
   경우에만 행해져야 한다.
3. 올바른 의도 : 전투 행위는 악을 바로잡는 수단에 국한되어야 한다(어떠한
   임무 변경도 허용되지 않는다)
4. 최후의 수단 : 전쟁은 다른 여러 방안이 검토된 후 최종적인 수단으로
   고려되어야 한다.

위의 기준들을 통과했을지라도 전쟁에는 지켜져야 하는 도덕적 한계가
도사리고 있다. 무력은 원인에 비례해 사용되어야 하며 잘못을 바로 잡는
조치 이상으로 사용되어서는 안 된다. 그리고 군인은 무고하고 비무장인
시민을 상대로 공격해서는 안 된다. 전쟁의 목적이 응징할 악보다 선한
것이고, 전쟁이 선한 의도에서 행해진 것이면 군인은 예측할 수 없는 잘못된
결과에 대해서는 책임질 수 없다.

아우구스티누스는 로마제국의 세력이 기울면서 다른 집단의 위협을 받을 때
이러한 지침을 만들어냈다. 지금도 그렇듯이, 전쟁의 도덕성이라는 문제는
직접적이며 긴급한 중요성을 지니고 있다.

이라크 전쟁을 반대하는 시위자들.
아우구스티누스에 따르면 의로운
전쟁은 정당한 이유가 있어야 하며,
그에 합당한 대응책이어야 한다.
전쟁은 정당한 법률 절차를 거친 후
수행되어야 하며, 전쟁 행위는
가해진 악을 교정하는 한도를
벗어나서는 안 된다.

마키아벨리는 유능한 군주가 철저히 추구해야 할 세 가지 목표
는 국가 안보, 자주 그리고 강한 법률이라고 생각했다. 하지만
충분한 뒷받침이 없다면 실패는 불을 보듯 뻔할 것이므로 확실
한 준비 없이 이런 목표들을 추구하는 것은 아무런 의미가 없다.
그는 군주들에게 필요한 일이라면 무엇이든지 강한 확신을 가지
고 신념에 따를 것을 권고하고 있다.

〈군주론〉에 등장하는 대부분의 실행 방법들은 권력을 획득하
고 유지하기 위해 사람들을 — 지지자와 협력자, 대중과 다른 군
주들 — 능숙하게 다루는 것과 연관이 있다. 그는 지지를 얻기 위
해서는 덕 있는 군주처럼 행동하는 것이 필요하다고 강조했다.
노골적인 폭군이 되는 것은 적대감을 불러일으켜 통치를 더욱
힘들게 하고, 지배체제를 불안정하게 만든다. 현재의 처지에 만
족하는 대중은 통치하기 쉬우며 정부를 전복하고자 하는 열의가
없으므로 군주는 그들을 상대로 정치를 펼칠 필요가 있다. 그리
고 바로 이런 이유로 해서 단호하기는 하지만 공정하게 정치를
펼쳐야 하는 것이다. 마키아벨리는 다른 저서 〈강의(Discourses)〉
(1517년경)에서 가장 성공적인 정부로 군주에 의해 운영되면서 귀
족과 일반 시민들에 의해 견제를 받는 형태를 꼽았다.

완전한 세상

일부 철학자들은 유토피아(이상 국가)를 그려냄으로써 완전한 사
회를 향한 청사진을 제시하려 했다. 사회 철학자 겸 정치가였던
토마스 모어(1478~1535)는 자신이 상상으로 그려낸 국가를 '유토
피아(좋은 장소를 의미하는 그리스어 eu-topos에서 유래)'라 부르며, 같
은 제목의 책을 통해 묘사했다. 모어는 상당 기간 동안 헨리 8세
의 고문으로 신뢰를 받았지만 지독한 원칙주의자이며 철두철미
하게 정직한 인물이었다. 헨리 8세는, 독실한 천주교도였던 무어
가 자신의 이혼과 재혼 그리고 영국국교회의 수장으로 임명되는
것에 반대하자 1535년에 무어를 처형해 버렸다.

〈유토피아〉(1516)는 여행자인 라파엘 히슬로디(히드로다에우스)와 남쪽에 있는 상상의 섬 유토피아에 대한 대화를 나누는 형식으로 구성되어 있다. 히슬로디는 그 섬에서 5년을 살다 이제 막 돌아오는 길이었다. 유토피아는 본질적으로 공산주의 사회이다. 어느 누구도 사유재산을 소유할 수 없고, 개인적 욕망도 있을 수 없으며 상행위도 해서는 안 된다(다른 섬들과의 무역만은 예외였다). 거의

인문주의자였던 토마스 모어 경은 천주교에서 성인으로 추앙받고 있다. 그는 헨리 8세에게 저항하여 처형되었다.

모든 사람은 평등하다. 예외가 있다면 가장 불쾌한 일을 수행해야 하는 보증인들이었다. 사형의 처벌을 받는 사람들은 범죄자들이나 외국인들뿐이었다. 모든 사람들은 일주일에 6일을 일하고, 같은 옷을 입으며, 똑같은 집에서 살았다. 사람들은 정기적으로 집을 바꿔가며 살아야 하는데 이는 집을 마음대로 개조하거나 그 집에 너무 애착을 갖지 못하도록 하기 위해서였다. 도시들은 모두 일정한 계획 아래 건설되었으며, 사람들은 공동으로 식사를 해결했고 모든 사람들은 자기가 원하는 바를 가질 수 있었다.

'모어의 유토피아에 등장하는 삶은 참기 힘들 정도로 따분하다. 행복의 본질은 다양성이다. 그런데 유토피아에서는 다양성의 흔적을 전혀 찾아볼 수 없다.'
ㅡ버트런드 러셀

유토피아가 20세기의 강압적 공산주의와 분명하게 다른 한 가지는 종교적 관용이었다. 무신론을 제외한 모든 종교가 허용되었다. 토마스 모어는 신을 믿지 않는 사람은 다른 권위도 받아들이지 않는 사람으로 여겨져 통제할 수 없는 사람으로 취급될 것이라고 주장했다.

지식인들과 통치자들은 각자의 장점에 따라 선발되어, 원래의 목적대로 기능을 발휘할 수 있는 기간 동안만 지위에 있을 수 있었다. 이들은 지위를 승계할 수 없으며, 게으르거나 결격 사유가 생기면 그 지위를 계속 유지할 수 없었다. 선발된 국가의 수장은 폭정을 휘두르면 제거될 수 있었다.

〈유토피아〉는 헨리 8세 치하의 영국 사회를 대놓고 비난할 수 없었던 무어가 대안으로 내놓은 작품이었다. 그는 이 책을 집필함으로써 튜더 왕가 치하에서 생소했던 사회주의적 이상향을 소리 내어 부르짖었다고도 할 수 있다. 모어가 유토피아를 실현 가능하다고 믿었는지 아니면 이상향을 그린 것인지는 분명하지 않지만, 이후 다른 많은 작가들이 그를 따라 이상적 사회상에 대한 글을 썼다. 사실, 셰익스피어의 〈폭풍〉(1623)은 비슷한 주제를 놓고 힘을 쏟은 작품이다. 〈폭풍〉에 등장하는 마법사 프로스페로는 그 자신과 딸만을 위한 유일한 낙원을 만들려고 애쓰지만 결국 실패하고 만다.

자연인과 자연법

17~18세기 동안 일부 영향력있는 철학자들은 사회의 본질에 관심을 돌리고, 인류가 그 사회를 이루기 위해 맺어야 하는 사회계약의 형태에 주목하기 시작했다. 아퀴나스가 구상한 네 단계의 법률 중 하나는 '자연법'이었다. 그의 자연법 이론은 대부분 이성의 적용에 따른 결과를 거론한 것이다. 자연법 사상과 인간이 '자연적' 상태에서는 어떻게 행위하는가의 문제가 일부 정치

철학자들의 주된 관심사로 떠올랐다. 그들은 (시민으로서의 상태가 아닌) '자연적' 상태를 구성하는 것이 무엇인지에 대해서는 전혀 다른 의견을 보이고 있었다. 그러한 자연적 상태가 무엇인지의 문제는 즉각적으로 알아차릴 수 있는 성격의 것이 아니었기 때문이었다. 아메리카 대륙이나 호주 등지의 신대륙에 거주하는 원주민들을 목격한 여행자들의 근거 없는 목격담으로 인해 논쟁은 신빙성이 떨어지고 있었다.

사회에 적용된 우주의 법칙

영국의 철학자 토마스 홉스(1596~1650)는 자신의 정치 철학을 뒷받침할 새로운 방법론을 찾아냈다. 그도 데카르트처럼 적절한 모델을 찾아내기 위해 과학의 발전에 의존했다. 갈릴레오나 뉴턴이 밝혀낸 것처럼 우주가 일련의 자연 법칙에 따라 움직인다면 이런 원리가 사회 조직에도 적용될 수 있지 않을까? 그래서 홉스는 자연법의 원리를 정치 영역에도 적용했다.

정치 과학과 관련한 그의 첫 번째 논문 〈법률의 요소〉가 찰스

홉스가 최선을 다해 노력했지만 영국의 민중들은 자신들을 전제군주에게 맡기는 것에서 이점을 발견할 수 없었다. 결국 찰스 1세는 1649년에 처형되었다.

1세와 의회의 불화가 심화되는 가운데 왕의 입장을 지지하기 위해 왕당파들에게 배포되었다. 홉스는 그 이후 10년 동안을 프랑스에서 자발적 망명자의 삶을 살면서 〈시민에 대하여〉(1642)를 발간하여 절대 군주로서의 왕권을 옹호하는 운동을 했다. 그러다가 그는 1651년에 드디어 저 유명한 걸작 〈리바이어던〉을 펴냄으로써 자신의 주장을 본격적으로 피력했다.

홉스는 사회 구조 속에 놓이지 않고 개인적 의지에 맡겨 놓으면 인간은 이기적이고 파괴적인 행위에 의존하게 된다면서 인간의 본성에 대해 부정적인 입장을 취했다.

〈리바이어던〉은 모든 사람은 본능적으로 스스로의 이익을 추구하는데, 만일 이러한 본능이 통제되지 않는다면 사회적 무질서가 발생할 것이라는 가정을 전제로 하고 있다. 항상 서로 다투기만 하는 상황을 방지하기 위해 사람들은 통치자의 권위 앞에 개인적인 권리를 기꺼이 희생해야 한다. 이러한 절대적 권위를 지닌 통치자를 홉스는 (그 대상이 군주이든 통치권을 지닌 의회이든 상관없이) 절대권능이라 불렀다. 이러한 절대권능은 반대급부로 시민들의 복지와 안위를 책임져야 했다.

다시 말해 인간은 자연적으로 전쟁이나 투쟁을 지향할 수밖에 없는데, 권위에 의해 가해지는 사회적 규범만이 인간들이 그러한 상태로 전락하는 것을 막을 수 있다는 것이다. 홉스는 개인과 절대권능 사이에 맺어지는 계약이 없다면 사회는 해체될 것이며 그 결과로 '만인에 대한 만인의 투쟁'만이 남게 되고, 모든 사람들은 '고독하고, 가난하며, 처참하고, 야만적이며, 궁핍한' 처지에 놓이게 될 것이라고 했다.

사회와 계약을 맺음으로써 인간은 이러한 비참한 처지로 전락하는 상황을 방지할 수 있고, 계약의 결과 인간은 안전과 원하는 바를 충분히 달성할 수 있게 된다. 따라서 인간의 본성이 이기적이라 해도 사회계약의 결과 그 이기적 욕망이 타인의 이익을 고려하는 선에서 절충점을 찾게 될 것이다.

모두 다 나쁜 것은 아니다

존 로크는 인간의 모습에 대해 보다 호의적인 관점을 취했다. 그는 여전히 인간의 본성이 이기적이라고 믿기는 했지만, 이성과 관용을 동원해 개별화시킬 수 있다고 생각했다. 그는 인간의 '자연적 상태' 안에는 자신들의 '생명과 건강, 자유, 또는 소유권'을 보호하고자 하는 권리가 주어졌다고 생각했다. 인간은 먼저 갈등을 해결하고 권리를 지키기 위해 온건한 방법으로 자연스럽게 뭉친 다음, 그런 권리를 수호하는 데는 무리를 지어 단결하는 것이 수월한 방법이라는 것을 알고 있다. 그는 부의 생성과 축적은 처음에는 한계가 있는 것이라고 보았다. 사람들은 재산을 모으기 위해 노력하지만 그것은 일반적으로 쉽게 사라진다고 보았던 것이다.

사람들은 화폐의 등장으로 인해 이처럼 소멸하는 재화를 계속 생산하여 가치가 영속되는 어떤 것과 교환함으로써 재화의 축적에서 오는 한계를 극복하고자 한다. 로크는 재화의 가치는 그것이 얼마나 유용하느냐와 얼마나 많은 사람들이 그것을 원하느냐에(수요와 공급) 따라 오르내릴 것이라고 말하면서 시장의 힘을 신봉했다.

그는 화폐가 낭비를 방지할 수 있기 때문에 좋은 것이라고 보았고, 사용되지 않는 소유물은 쓰레기와 마찬가지이며 자연적 상태를 위반하는 것이라고 여겼다. 로크는 또 사회적 불평등은 사회가 화폐를 어떻게 사용하느냐에 대해 암묵적 동의를 거친 결과 발생한 것이라고 믿었다. 그는 무제한으로 축적된 부와 평등한 분배 사이의 갈등을 조절하는 규범을 만들어야 하는 것이 정부의 의무라고 인식했다. 하지만 이런 주장이 어떤 식으로 실행되어야 하는지의 문제는 자신이 나설 바가 아니라고 생각했다.

로크는 입헌군주제가 바람직한 정부의 형태라고 지지했지만, 왕의 지위를 신에 의해 부여받는 신성불가침이라는 왕권신수설에 대해서는 반대했다. 〈정부에 대한 두 가지 논문〉(1690)을 통해, 그는 통치자가 시민들의 동의하에 통치하는 형태만이 합법적인 정부라며 권력의 세습과 절대군주제에 반대했다. 그는 사회계약의 양 측면이 반드시 지켜져야 한다고 믿었다. 시민들은 통치자에 복종해야 하고, 통치자는 시민들의 안위와 삶을 책임져야 한다고 믿었던 것이다.

고상한 야만

장 자크 루소는 인간의 본성에 대해 장밋빛 낙관론을 갖고 있었다. 홉스가 믿었던 것처럼, 인간은 마지막 빵 한 조각을 놓고 끊임없이 다투는 대신 원래부터 선한 품성을 타고 났다고 보았다.

'자연 상태의 인간은 선과 악을 구분할 수 없으며, 그저 자주적인 존재일 뿐이다.'

'인간의 자연스러운 열망과 악에 대한 무지'는 위와 같은 자연적 인식과 결합해 악행을 저지르지 않도록 한다.

이 같은 사상은 인간의 모든 악행을 우리가 건설한 사회 구조

'인간은 자유롭게 태어났지만 언제든지 속박에 매일 수 있다. 타인 위에 군림할 수 있다고 믿는 사람들이 사실은 노예 상태를 면하지 못하고 있는 것이다.'
– 루소 〈사회계약론〉(1762) 중에서

탓으로 돌리는 너무 숭고한 낙관적 접근이라 할 수 있다. 철학과 예술, 문학 그리고 음악 분야의 낭만적 운동은 인간의 본성이 숭고하며 고귀한 것이라는 루소의 신념으로부터 기인한 것이다. 다시 말해, 우리가 우리의 본성과 자연의 본성에 가까이 다가가면 갈수록 우리는 더 잘 살 수 있다는 낙관론을 전제로 한 것이다.

완벽한 사회의 구성과 관련된 자신의 생각을 밝힌 루소의 〈사회계약론〉(1762)은 18세기의 정치 철학이 낳은 가장 뛰어난 작품일 것이다. 이 책은 그의 초기 작품인 〈불평등의 기원〉(1754)에 이어 자연스럽게 탄생한 것으로, 자신의 주변 어디에서나 일어나는 부당함을 비판했다. 그는 이러한 부당함은 인간의 자연적 의지와 능력을 억압하는 교육적, 사회적 구조 때문에 생긴 것이라고 보았다.

〈사회계약론〉의 첫 장을 여는 유명한 문구를 통해 사회가 인간에게서 고귀함과 태생적 자유를 빼앗아간다고 전제하고 우리를 자유롭게 하는 것은 사회계약이라고 주장했다. 이것은 통치받는 데 동의한 개인들 사이에 맺어지는 계약을 말하는 것이다. 고독

인간의 '자연적' 상태를 설명한 많은 연구자들은 '고상한 야만'이나 '질 낮은 인간 이하의 모습' 등 다양한 형태로 그러한 특성을 묘사했으며, 철학자들은 자유롭게 선택할 수 있었다.

한 개인이 향유하는 자유는 타인과의 비교를 뛰어넘어 타인에게 피해를 끼치지 않으면서 개인적인 안녕을 추구하는 것이다.

한편, 부와 욕망을 추구하는 사회 구조는 이러한 자유를 가로 막는다. 우리는 타인이 소유한 것에 관심을 갖고 타인과의 관계 속에서 우리의 위치를 찾으려 하면서 만족하지 못하고 탐욕과 시기심에 빠져 잔인해지는 것이다. 음식이나 주거 공간, 친구 등 의 자연스러운 욕망 대신 우리는 사회가 주입시켜 준 욕망을 향 해 매진하고 있다는 것이다. 이러한 현상은 우리가 만들어 놓은 사회가 그릇된 사회계약 하에 생성되었기 때문이다(이것은 18세기 의 프랑스뿐만 아니라 지금도 마찬가지이다). 사람들은 자연 상태의 자 유를 포기하고 부자들이 만들어 놓은 사회 구조라는 일종의 노 예 상태에 내몰리고 있는 것이다.

루소에 따르면 좋은 사회는 그리스 로마시대 공화체제의 원칙 에 입각한 것이어야 한다. 사람들은 하나로 뭉쳐 민주주의라는 지배체제를 형성하는데, 이 체제는 전반적으로 사회 전체를 위 해 법을 구성한다. 법률이란 보편적 의지의 표현이므로 각 개인 이 스스로의 이익 속에서 그 법률에 따르고, 그 결과로 사실상 자유가 드러나는 것이며 자유의 획득을 의미하는 것이다. 이러 한 결론은 명백히 역설적이며, 섬뜩하기까지 한 루소 자신의 결 론으로 귀결된다. 사람들은 '자유로운 상태로 강제되어야 한다' 는 것이다. 달리 말하자면, 사람들은 사회계약에 참여하는 것으 로 자신들을 자유롭게 해주는 법률에 복종해야 한다는 것이다.

보편적 의지가 개인적 의지에 앞서는 것으로 본 루소는 한 발 더 나아가 개인의 권리를 부인하기도 했으며 인권을 의미하는 어떤 개념도 포기되어야 한다고 주장했다. 이는 정당하게 구성 된 사회에서라면 항상 떠받들 수만은 없는 주장이다. 전체에게 좋은 것이라면 개인에게도 좋은 것이어야 하기 때문이다.

루소의 주장은 희망 없는 낙관론에 근거한 것으로 사회에는 다수에게 좋은 것이 개인에게도 항상 좋은 것만은 아닌 경우가 얼마든지 있기 때문이다. 루소는 사람들이 자신들에게 좋은 것을 언제나 올바르게 깨닫지는 못한다고 보았으며, 자신들의 '진정한 의지'를 모르므로 그 의지를 가르쳐주기 위해 위대한 입법자가 필요하다고 강조했다.

장 자크 루소(1712~1778)

시계공의 아들이었던 루소는 제네바에서 태어났다. 어머니는 그를 낳다가 사망했고, 아버지는 법률 문제로 제네바에서 탈출하면서 루소를 버렸다. 루소는 15살에 제네바를 떠나 유랑하다가 프랑스의 루이 드 바랑 부인의 눈에 띄었다. 바랑 부인은 당시 29살의 귀족 부인으로 신교에서 가톨릭으로 개종한 덕으로 피에몬테의 군주로부터 연금을 받고 있었다. 루소는 20살이 되었을 때 바랑 부인의 정부가 되었다. 그의 첫 작품은 마흔 살이나 되어서야 세상에 나왔고, 그 후 급속히 명성을 얻어갔다.

교육과 아동의 양육에 관한 혁신적인 사상을 지녔음에도 루소 자신은 이상적인 가정을 꾸리지 못했다. 결혼 전에 파리에서 사귀던 연인 테레즈 르바쇠르와의 사이에서 자녀들을 낳았으나, 그 아이들 중 몇을 고아원에 보내도록 강요했다. 나중에 아이들을 찾아 나서기는 했지만 찾지 못했다. 루소의 평등사상에서 여성은 예외였다. 그는 여성들은 집안에서 남편에 의해 통제되어야 한다고 믿었다.

루소는 계몽주의 시대의 으뜸가는 철학자로 자리 잡기는 했지만 거의 모든 사람과 불화를 겪었다. 그는 바랑 부인을 포함하여 친구였던 철학자 데이비드 흄과 가톨릭교도들, 신교도들, 프랑스 정부의 관리들과 사이가 좋지 않았다. 여러 나라를 떠돌며 도피 생활을 하던 그는 파리 근처에서 말년을 맞이했으며, 사망 원인은 뇌출혈이었던 것으로 보인다. 그의 시신은 사후 16년이 지나서야 파리의 팡테옹으로 이장되었다.

일반의지를 신뢰하다

249
어떻게 하면
좋은 사회를
만들 수
있을까?

일반의지는 단순히 모든 개인의 의지를 합쳐놓은 것 이상의 의미를 갖고 있다. 이것은 개인이 아닌 공동체 전체의 이익을 지향하는 의지이다.

'우리들 각자는 개성과 개인의 의지를 일반의지라는 절대적 권위 앞에 내려놓으며, 공동체라는 영역 안에서 각 구성원들을 전체의 일부로 받아들인다.'

일반의지는 자율적인 독립체와 같은 성격을 띠며, 소수를 무시하거나 착취하지 않는다. 예컨대 머리카락이 붉은 사람들이 소수인 사회에서는 그들의 이익을 빼앗아 머리카락이 붉지 않은 사람들에게 나눠주는 것이 다수에게 이익이 되는 결정일 수 있다. 그런 사회는 공통의 이익보다는 다수의 이익을 우위에 두는, 다수의 의지가 먼저 고려되는 사회다.

사회를 구성하는 개인들의 의지는 자신들의 개인적인 행복을 향상시키는 것이다. 하지만 일반의지는 갈등과 부당함을 줄여 공평하고 지속 가능한 사회를 만드는 데 목표를 두고 있다. 다수의 의지는 머리카락이 붉은 사람들의 재산을 몰수해 재분배하려는 것이지만, 일반의지는 머리카락이 붉은 사람들이 다른 모든 사람들과 동일한 조건 하에서 자신만의 재산을 소유할 수 있도록 하는 것이다.

루소는 통치자를 지배자가 아닌 구성원들의 대리인으로 규정했다. 그러나 모든 사람들이 통치자에 의해 규정된 보편적 이익이라고 여겨지는 바를 따라야 한다고 주장했는데, 바로 이런 점 때문에 그는 종종 전체주의나 폭정을 옹호한 것으로 비난받는다. 하지만 그는 절대권능도 일반의지라는 이름으로만 규범을 부과할 수 있고(다시 말해, 전체의 이익을 고려해야 하고), 절대권능과 사회 구성원들의 이익 사이에는 괴리가 있을 수 없으므로 그러한 절대권능은 폭군이 될 수 없다고 주장했다.

루소는 자신의 사회적 구상이 현실적으로는 그리스와 같은 작은 도시국가에서만 잘 적용될 것이라고 주장했다. 대규모의 국가 체제나 제국에는 적용하는데 문제가 있다. 〈사회계약론〉의 말미에 그는 '어떤 일이 이루어져야만 하는가?'라는 질문을 던졌다. 이 질문에 대한 그의 답은 모든 사람들이 스스로의 덕을 함양하고 법률을 준수해야 한다는 것이었지만, 프랑스 국민들은 보다 나은 체제를 구성하기 위해 법의 지배를 무너뜨리는 방법을 선택했으며, 그로 인해 주변 유럽 국가들의 통치자들은 두려움에 떨어야 했다.

혁명!

정치 철학의 주된 논점들 중 하나는 어떤 상황에서 통치자를 합법적으로 끌어내릴 수 있는가의 문제이다. 아리스토텔레스는 폭군은 통치자의 자격이 없다고 강조했다. 그의 이러한 사상은 아퀴나스에 의해 받아들여져 중세로 넘어왔다. 마키아벨리는 폭정의 긍정적인 측면을 강조하여 민중들의 반발을 막았다. 그러나 진정한 의미의 반란을 주장한 철학자들은 18세기에 전면에 등장하기 시작했으며 마침내 혁명으로 이어졌다.

지극히 상식적인

1774년에 미국으로 이민을 간 영국 출신의 철학자 토마스 페인 (1737~1809)은 〈펜실베이니아 매거진〉에 기고를 하다가 나중에 그 잡지의 편집장이 되었다. 그는 노예제도의 폐지를 주장하는 최초의 에세이들 중 하나를 출간했다.

페인은 1776년 미국 독립전쟁의 초기에 혁명을 지지하기 위해 〈상식〉이리는 팸플릿을 익명으로 출간했다. 그는 미국이 영국의 식민 지배에서 벗어나 자치정부를 구성해야 한다고 주장했다. 〈상식〉은 입헌군주제에 대한 페인의 반대를 세세히 열거했을 뿐만 아니라 민주정부를 구성하는 방법을 담고 있기도 했다. 페

프랑스 대혁명

프랑스 대혁명은 18~19세기에 가장 많은 피를 흘린 혁명이었다. 귀족들의
사치스러운 생활, 평등과 자유에 대한 계몽주의 사상 그리고 당시 프랑스의 재정
문제들이 한꺼번에 민중의 불만을 촉발시켰다. 1789년 7월, 굶주린 농민들과 도시
빈민들이 지배 계급에 저항해 파리의 바스티유 감옥으로 쳐들어가는 반란을
일으키면서 혁명이 발발했다. 1792년에는 공화제가 선포되었고, 그 다음 해에 루이
16세가 처형되었다.

혁명의 전 시기를 통해 혁명가들 사이에 반목과 투쟁이 끊이지 않았다.
1793~1794년에는 자코뱅당의 지도자인 로베스피에르가 이른바 공포정치를
이끌면서 4만 명에 달하는 사람들이 처형되었는데, 그 중 많은 수는 단두대에서 목이
잘렸다. 1795년에는 자코뱅당이 실각하고 혁명집정위원회가 프랑스를 통치하다가
1799년 나폴레옹 보나파르트가 이끄는 집정정부가 권력을 쟁취했다.

인은 어떤 세습적 권력이나 귀족 정치에 대해서도 반기를 들었으며, 정부의 역할과 사회적 지위는 엄격히 구분되어야 한다고 주장했다. 그는 또 미국 식민지는 스스로 자립할 수 있으므로 식민지가 독립되어야 하는 것은 도덕적 명령일 뿐만 아니라 실제적 의무라고 강조하기도 했다.

미국독립 전쟁이 성공적으로 끝난 후 페인은 프랑스를 거쳐 영국으로 돌아갔다. 그는 에드먼드 버크의 〈프랑스혁명에 대한 회상〉(1790)에 대응해 1791년에 민주주의에 대한 주목할 만한 논문 〈인간의 권리〉를 발표했다. 이 논문에서 그는 모든 인간은 동등한 권리를 지니고 태어났지만 사회적 삶을 살다보면 그 권리가 침해되거나 반대로 타인의 권리를 침해하는 경우가 발생할 수 있다고 단언했다. 국가를 구성하고 법률을 제정함으로써 우리를 대신해 보호해주고 권리를 강화해주는 시민권을 확보할 수 있게 된다.

페인의 관점에서는, 도덕적으로 용인될 수 있는 정부의 형태는 시민들이 자신들의 지도자를 선출할 수 있는 민주공화제뿐이었다. 그는, 영국과 프랑스의 법률은 이런 시민들의 권리를 박탈했기 때문에 부도덕한 것이라고 주장했다. 또한 이런 이유로 영국과 프랑스 민중들이 자신들의 정부를 타도하는 것은 정당하다고 주장했다.

'지구의 모든 도시에 황금을 입힌 그대의 동상이 세워져야 한다.'
- 프랑스 황제 나폴레옹 보나파르트가 토마스 페인에게 한 말

'유사 이래 가장 완벽한 사기꾼'
- 나폴레옹 보나파르트 황제에 대한 토마스 페인의 언급

제임스 길레이의 그림. 토마스 페인이 죄목과 처벌 내용을 펼쳐든 세 명의 재판관이
등장하는 악몽을 꾸고 있다.

영국 정부는 페인을 즉시 반역죄로 기소했으며, 그가 프랑스
로 도피하자마자 영국에서 움트던 혁명의 기운을 짓밟아 버렸
다. 페인은 프랑스에서 환대를 받고 프랑스 국민공회의 일원이
되었지만, 프랑스는 여전히 일촉즉발의 상태를 면하지 못하고
있었으며, 그는 로베스피에르의 명에 따라 투옥되었다. 그가 처
형을 면했던 것은 순전히 로베스피에르의 실각 덕택이었는데,
로베스피에르는 그가 구금되고 얼마 후 실각하고 처형되었다.
페인은 1802년에 미국으로 돌아갔으나, 조직화된 종교와 복수심
에 휩싸여 있는 신을 거부하여 신교 사상으로 무장되어 있던 미
국 사회에서 호응을 받을 수 없었다. 그는 끝내 의문에 싸인 죽
음을 맞이하고 말았다.

페티코트를 입은 하이에나

토마스 페인과 비슷한 생각을 했던 20세기 이전의 철학자들 중
에서 여성은 드물었지만 그 중 메리 울스턴크래프트(1759~1797)

가 단연 눈에 띄었다. 그녀는 당시에 여성 철학자들이 드물었던 이유를 알 수 있는 좋은 예가 될 수 있다. 페미니스트 운동의 서막을 올린 책이라 해도 과언이 아닌 〈여성의 권리 옹호〉(1792)로 유명세를 탄 그녀는 상당히 뛰어난 정치 철학자였다. 그녀는 처음에는 인간의 권리에 대한 글을 썼다.

버크의 〈프랑스 혁명에 대한 회상〉에 대응해서 울스턴크래프트는 〈인간의 권리 옹호〉를 통해 민중은 못된 군주를 쫓아낼 권리가 있으며, 노예제도와 빈민층을 무시하는 풍조는 부도덕한 것이라고 주장했다. 그녀는 또 자기가 압제적 권위라고 보았던 군주제의 해체와 교회 권력의 종말을 강하게 요구했다. 그녀는 개혁의 중심에는 교육이 있어야 한다고 보았다. 당시 실시되던 교육은 여성들이 시민으로서 사회에 참여하고 그들의 능력을 계발하는 데 전혀 도움을 주지 못하고 그저 남성들을 장식하는 하녀로만 키우고 있다고 보았기 때문이다. 그녀는 여성들이(남성들도 마찬가지로) 외모에나 신경 쓰고, 고분고분한 여성으로 키워져

버크는 '민중들의 인기를 끌고 있는 장군'이 프랑스 혁명의회의 의장으로 등장해 공화국의 전권을 장악할 것이라는 점을 예견했다. 나폴레옹은 1799년 권좌에 올라, 1804년에 황제로 즉위했다.

서, '합법적 매춘'이나 마찬가지인 결혼 생활로 접어드는 과정에
대해 울분을 토했다.

'나는 교육에 대한 책을 다양하게 섭렵했고, 부모들의 행동과
학교 운영을 꾸준히 관찰해왔다. 하지만 결과는 어떠한가? 내가
한탄하는 것은, 형편없이 방치된 나와 같은 피조물에 대한 교육
이 참혹함의 원천이라는 위중함을 깨닫고 있기 때문이다.'

울스턴크래프트는 여성의 굴종은, 사회에
도움이 되는 이성이나 지식, 미덕 등의 요소
를 떨어뜨리는 결과를 낳게 되기 때문에 여
성에게 뿐만 아니라 남성에게도 이로울 것이
없다는 단호한 입장을 견지했다. 여성을 학
대하면 스스로를 비하하게 되고, 가정의 평
화가 깨지며, 그 결과가 자녀들에게 미침으
로써 악순환이 계속된다고 수상했다. 그녀는
또 여성에게 권리가 주어지지 않는다면 책임
을 지울 수도 없다고 주장했다. 권리는 의무
와 병행하는 것으로, 서로 불가분의 관계에
있는 것이다.

메리 울스턴크래프트는 최초로
현대적 감각을 지닌 여성
철학자였다.

　　울스턴크래프트가 딸을 낳은 지 열흘 후 38살의 젊은 나이로 죽지 않았다면 페미니스트 철학은 생각보다 훨씬 빠른 진보를 보였을지도 모른다. 그녀의 딸인 메리 울스턴크래프트 셸리는 무사히 살아남아 〈프랑켄슈타인〉(1823)을 쓴 소설가가 되었다.

사회적 수학

선량한 정부에 대한 버크의 역설에도 불구하고 18세기 말에는 사회의 구성과 입법 움직임에 대하여 거의 기계적으로 수학적인 접근법이 시도되었다. 주요 자본주의 저작들의 탄생과 공리주의의 발전을 가져온 것도 이 시기였다.

돈이라는 수학(數學)

페인이 소논문 〈상식〉을 발표하여 혁명 사상을 고취시키던 무렵 스코틀랜드의 노덕철학자 애덤 스미스(1723~1790)는 이와는 반대되는 입장을 취하고, 정치 체계 내에서의 불평등을 인정하고 있는 그대로의 현실을 받아들일 것을 주문했다. 영국의 수상이었던 마가렛 대처 여사가 특히 좋아했던 것으로 알려진 애덤 스미스는 1776년에 자본주의에 관한 논문인 〈국부론〉

스코틀랜드의 경제이론가 애덤 스미스의 사후 2백년이 지났지만 여전히 재정 정책에 강력한 영향력을 발휘하고 있다.
애덤 스미스의 자유시장 이론은 산업혁명의 결과로 발생한 극도의 가난과 결핍, 노동 착취, 비참한 생활환경, 도시 노동자 계급의 삶의 질 저하라는 '의도하지 않은 결과'를 낳았다.

> ### 법의 정신
>
> 1748년, 프랑스의 정치 철학자 샤를 루이 드 세콩다(몽테스키외)는 정치 구조를
> 법의 정신 또는 '원동력'에 따라 세 가지로 분류했다.
>
> - 민주 공화제와 귀족 공화제 하에서의 법의 원동력은 미덕의 함양이다.
>   이는 공동체의 이익을 사적 이익보다 먼저 고려하는 것을 의미한다(귀족
>   공화제는 베네치아 공화국에서 투표권을 갖고 있었던 귀족 가문처럼 소수 계층에 권력이
>   제한되는 제도이다. 민주 공화제는 투표권이 모두에게 골고루 제공되거나, 적어도
>   남자들에게는 빠짐없이 주어지는 제도이다).
> - 군주제도를 이끄는 원동력은 명예에 대한 애착이다. 이는 계급 질서와
>   특권에 매달리게 한다.
> - 독제제도에서의 법의 정신은 공포이다. 법의 원동력이 사회 질서를
>   유지하기에 불충분하면 이 정치제도는 붕괴할 것이다. 몽테스키외는
>   크롬웰 치하의 영국은 미덕에 대한 사랑이 부족하여 공화제를 계속 유지할
>   수 없었다고 말했다.

(1776)을 발표하여 지금은 경제학자로 더 널리 알려져 있다.

애덤 스미스는 자유시장 경제를 부르짖었고, '의도된 행위의 의도하지 않은 결과'가 사회에 이익을 가져다준다는 확신을 갖고 있었다. 이것은 사람들이 스스로의 이익을 위해 행위하게 되면 의도하지 않았음에도 불구하고 전반적으로 사회에 이익이 되는 결과를 가져오게 된다는 이론이다.

예를 들어, 어떤 사람이 가가호호 방문해 야채를 파는 사업을 시작했다면, 그것은 자기 스스로의 이익과 자수성가하겠다는 개인적인 야망을 위한 것이다. 하지만 그 결과는 타인들에게 뜻하지 않은 이익을 가져다주게 된다. 고객들은 가게나 시장까지 직접 찾아다닐 필요가 없으며, 농부들은 생산물을 그 상인에게 팔아 이익을 얻는다. 그의 사업이 번창하면 그는 직원들을 고용하게 되므로 공동체에 일자리를 제공하게 된다. 자유시장경제 체제 하에서는 가가호호를 방문하는 야채 판매 방식이 지역 사회에 진정한 이익을 가져다줄 때 비로소 이런 의도하지 않은 이익

이 발생한 것으로 본다. 만일 그 상인의 서비스를 원하는 사람이 거의 없다면 그의 사업은 실패하거나, 시장의 상황에 맞게 사업의 내용을 바꿔야 할 것이다.

이런 주장은 듣기에는 달콤할지 모르지만 조금만 꼼꼼히 들여다보면 금세 잘못된 점을 발견할 수 있다. 사람들은 한정된 야채를 소비하며, 한 명의 상인으로부터 구입하면 다른 상인에게서는 살 필요가 없다. 그러한 경쟁의 결과 다른 야채 판매상들은 불이익을 보게 되는 것이다. 단순한 해결책은 없는 법이다.

애덤 스미스의 이론에는 자유경제 체제에서 착취당한 낙오자에 대한 배려가 없다. 한때 서방 세계의 공장과 농장들에서 착취당한 낙오자들이나 미국 남부 노예 대농장의 피착취자들에 대한 고려를 하지 못했으며, 현 시대의 신흥 경제권의 공장들이나 남아메리카와 아프리카, 아시아 농장들에서는 그들에 대한 배려를 찾아볼 수 없다. 〈국부론〉은 서양의 정치, 경제 철학사에서 가장 영향력 있는 작품 중의 하나로 남아 있다.

공리(功利)와 공리주의

'의도적 행위의 의도하지 않은 결과'가 사회에 이익을 가져다준다는 믿음은 18~19세기 산업 현장의 박애주의자들과 제러미 벤담과 같은 철학자들의 사상에 커다란 영향을 미쳤다. 벤담은 인

'정부의 의무는 처벌과 보상에 의해 사회의 행복을 증진시키는 것이다. …… 그 행복을 방해하는 행위의 정도에 따라, 그 정도가 얼마나 해악을 미치느냐에 따라 처벌의 경중이 달라질 것이다.'
- 제러미 벤담 〈도덕 및 입법의 원리서설〉(1789) 중에서

간은 쾌락을 추구하고 고통을 회피한다는 '공리'의 원칙을 발전시켰다. 그는 이 사상을 정치 과학에 적용해서 최대 다수에게 최대의 행복을 가져다주는 원칙에 입각한 사회의 계획과 입법을 구상했다. 공리주의에 대한 개괄을 처음으로 밝힌 〈도덕 및 입법의 원리서설〉(1789)을 통해 법률은 스스로 행복을 추구하는 사인(私人)의 이익과 사회의 이익을 조절하는 역할을 해야 한다고 주장했다.

벤담은 위대한 개혁가로 자유주의 운동을 활발히 전개했다. 그 운동들에는 노예제 및 모든 형태의 육체적 형벌의 폐지와 여성 평등의 증진, 서로 합의된 동성애의 합법화 그리고 동물 학대 금지 등이 포함되어 있다. 이런 주장들 중 일부는 당대에는 너무 개혁적인 것이어서, 동성애에 관한 그의 글은 1931년에 출판이 금지되기도 했다.

벤담의 구상 중 가장 유명한 것은 간수가 죄수들을 항상 지켜볼 수 있는 '원형 교도소'라는 수용 시설이었다.(박스 설명 참조) 누군가 지켜본다는 것을 아는 죄수들은 올바르게 행동할 것이고, 그 결과로 최대 다수에게 최대의 행복이 돌아간다는 것이다. 명령에 순응하면 죄수들은 처벌받지 않을 것이고, 따라서 고통을 견뎌야할 필요도 없을 것이다. 처벌은 죄수를 교화하는 것이 목적이므로, 그 범위는 사려 깊게 계산되어야 한다. 이렇게 함으로

벤담이 지은 '암기를 위한 구절'은 도덕과 법률의 전체 구성을 드러내고 있다.
강렬하고, 길고, 확실하고, 빠르고, 생산적이고, 순수한
이런 것들이 쾌락과 고통 속에서 오래 지속된다.
쾌락이 개인적인 것이라면 끝내야 할 것이고,
공적인 것이라면 널리 퍼뜨릴 것이다.
당신이 무얼 하든, 고통은 피할 것이고,
고통이 찾아온다면 그 범위를 최소화하라.

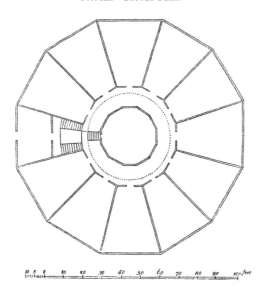

FIG. III.—GROUND PLAN.

벤담의 원형 교도소

벤담이 구상한 교도소는 층마다 한가운데에 감시 타워를 두고 그 둘레에 원형으로 감방을 배치한 형태이다. 감옥들의 전면은 유리로 만들어졌다. 따라서 감시 타워 근무자는 모든 감옥을 한눈에 감시할 수 있다. 하지만 수감자들은 감시타워를 볼 수 없다. 미셸 푸코는 이 감옥을 다음과 같이 묘사했다. '보고/보여지는 기존의 이중적 관계를 완전히 해체하는 기계이다. 둘레 감옥에 갇힌 사람들은 관찰자를 전혀 볼 수 없는 상태에서 완전히 노출되어 있다. 중앙 감시타워의 감시자는 수감자들에게 노출되지 않은 상태에서 모든 것을 다 볼 수 있다.' 말하자면 이 기계는 감시의 역할을 감시되는 대상 스스로에게 위임하는 기계인 것이다. 벤담은 이 구상을 감시란 '가시적이기는 하지만 드러나지 않아야 한다'는 원칙에 입각해 만들어낸 것이다. 수감자들은 항상 자신들이 감시 대상이라는 사실을 인식하고 있다. 그러나 그들은 자신들이 정확히 언제 노출되는지는 모른다. 결국 수감자들이 자신들의 행위를 스스로 통제하기 때문에 그 효과는 늘 감시하는 것과 같다.

써 장기적인 결과는 행복의 순수한 증가에 이바지하게 되는 것이다.

벤담은 계량할 수 있는 매우 실질적인 토대 위에 도덕을 올려놓고, 어떤 행위나 규범이 이로운 것인지를 계산하는 알고리즘을 발명하기까지 했다. 그는 이러한 알고리즘을 '쾌락 계산법(felicific calculus)'이라 칭하고, 그 안에서 12가지의 고통과 14가지의 쾌락을 구분했다. 그는 이같은 내용을 〈도덕 및 입법의 원리 서설〉을 통해 설명했다. 우리는 모든 행위에 있어서, 그 행위의 결과로 발생할 쾌락과 고통을 강도, 지속성, 확실성, 시간성(결과가 얼마나 빨리 일어날 것인가의 문제), 생산성(결과의 강도가 강해짐에 따라 발생하는 감각), 순도(서로 상반되는 결과가 발생했을 시의 감각) 그리고 범위(얼마나 많은 사람들이 영향을 받을 것인가의 문제) 등을 고려해야 한다. 벤담은 이 계산법이 형법을 개혁하는 데 유용하게 사용되기를 바랐다.

밀의 고민

벤담은 행복과 쾌락을 구분하지 않았으며, 쾌락과 고통은 콩의 낱알을 세는 것처럼 직접적으로 계량할 수 있다고 보았지만, 그의 후계자라 할 수 있는 존 스튜어트 밀은 이 주장에 대해 반기를 들었다. 루소와 마찬가지로 벤담도 사회의 이익에 비해 개인적 이익을 하찮게 보았으며, 이 관점을 논리적으로 확장하자면 다수의 이익을 위해 개인의 이익을 완전히 희생하는 데에까지 이르게 된다. 바로 이 점이 스튜어트 밀이 벤담의 뒤를 이어 공리주의를 발전시키면서 풀어야 할 난제였다.

밀은 도덕 행위란 쾌락을 최대화하고 고통을 최소화하는 것이며, 이 지침에 따라 행위를 선택할 수 있다는 점에서는 벤담과 뜻을 같이 했다.

그는 쾌락이 질적인 측면을 무시한 채 단순히 양적인 분석으로만 치환될 수 없다고 말했다. 모든 고통과 쾌락은 같지 않다.

애완동물을 잃은 슬픔이 부모를 잃은 슬픔과 어찌 같을 수 있는가? 그리고 고통과 쾌락을 받아들이는 정도도 사람마다 제각각이다. 벤담의 행복 계산기는 이런 차이를 간과했다. 밀은 또 어떤 쾌락은 다른 것들보다 훨씬 클 수도 있다고 했다. 그는 공리적 계산에서 상위의 쾌락과 하위의 쾌락을 구분해야 한다고 생각했다.

벤담이 개인적 권리에 대해 둔감했던 반면에 밀은 급진적 자유주의 노선을 택했다. 그는 반드시 일상의 사소한 행위까지 들여다보며 최대 다수의 최대 행복을 위한 길을 선택할 필요까지는 없다고 생각했다. 도덕적 측면을 고려해야 하는 경우에만 이 같은 원리에 따라 행위를 결정하면 된다. 밀은 개인적 자유를 부르짖으면서, 민주적으로 세워진 정부라 할지라도 국가에 대항하는 개인의 권리를 보장해야 한다고 강하게 주장했다. 밀은 〈자유론〉(1859)을 통해 문명 공동체의 구성원 중에 어느 누구 하나에게라도 그의 의지에 반하는 권력이 가해지는 경우는, 타인에게 해를 끼치지 못하도록 할 때뿐이라고 주장했다.

현대의 공리주의자들

오스트레일리아의 도덕철학자 피터 싱어(1946~)는 현대의 공리주의자로, 스스로 '선취 공리주의'라 이름붙인 이론을 만들어냈

밀의 '최대의 행복' 이론

'행위는 행복을 증진하는 비율에 따라 싱딩하고, 행복에 반하는 결과를 야기하는 비율에 따라 그릇된 것이다. 쾌락과 고통의 회피는 행복이 지향하는 것이고, 고통과 쾌락의 결핍은 불행이 노리는 것이다.'

다. 고전적 의미의 공리주의가 최대 다수에게 미치는 최대의 행복을 기준으로 행위의 도덕성 여부를 살펴본 반면 싱어는 행위의 도덕성을 그 행위가 욕망과 선호도를 얼마나 만족시키느냐를 중심으로 관찰했다. 판단을 내릴 때, 우리는 영향을 받는 관련자들의 이익을 염두에 두고, 다수의 욕망과 선호도를 만족시키는 쪽을 선택해야 하며, 그 욕망과 기호 면에서 소외되는 사람들이 최소한이 되도록 노력해야 한다. 이런 주장만으로도 충분히 설득력이 있게 들리지만 싱어는 논쟁을 극단적으로 몰고 갔다.

　싱어에게 있어 삶이란 태생적으로 살만한 가치가 있는 것은 아니다. 우리는 쾌락과 자기만족을 추구하고 고통을 피하려는 인간의 능력을 포함한 삶의 질을 살펴보아야 한다. 어떤 경우에 그 결과는 생이 힘겨운 것으로 귀착될 수도 있다. 그래서 싱어는 자살이나 낙태, 자발적 안락사를 긍정적으로 인정했으며, 심지어는 물리적인 이유로 올바른 결정을 내리지 못하는 환자를 대상으로는 강제적 안락사까지도 허용할 것을 주장했다. 더 나아가 심각한 질병을 지닌 채 태어난 아기는 생후 28일 이내에 생명을 빼앗아도 된다고 역설했는데, 태아의 낙태나 신생아를 살해하는 것 사이에는 철학적으로 별다른 차이가 없기 때문이라는 것

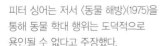

피터 싱어는 저서 〈동물 해방〉(1975)을
통해 동물 학대 행위는 도덕적으로
용인될 수 없다고 주장했다.

이다. 그는 고통 받는 환자와 그 가족에게 최선의 선택이 될 경우에는 이러한 살인을 용인할 수 있다고 했다.

싱어의 주장에는 살인에 대한 단순한 거부감 이상의 것이 들어 있다. 그가 고통을 느낄 수 있는 동물에게도 인간과 같은 권리가 주어져야 한다고 강조한 것을 참작해야 한다. 그는 공장에서 동물을 사육하는 것이나 동물을 대상으로 하는 실험 등, 모든 동물학대는 인종차별과 성차별과 같은 것이라며 강하게 거부했다. 이것은 단순히 동물이 태생적으로 인간과 동등하기 때문이 아니고 동물에게도 인간과 똑같은 배려가 주어져야 하기 때문이다.

싱어의 선취 공리주의는 부의 분배와 관련한 윤리에도 적용할 수 있다. 그는 우선 '식량과 주거 부족, 그리고 의료 서비스를 제대로 받지 못해 죽어가거나 고통 받는 환경은 사악한 것'이라는 주장에서 출발해, 다른 지역에 피해를 주지 않고 한 지역의 고통과 죽음을 방지할 수 있다면 피해를 방지하는 조치를 시행해야 한다고 주장했다. 이런 주장을 뒷받침하기 위해 우물에 빠진 아이의 비유를 들었다. 물에 빠진 아이를 발견하면 의복이나 신발을 버릴 각오를 하고서라도 물에 뛰어들어 구출해야 한다. 의복과 신발을 잃는 것은 아이의 죽음에 비하면 훨씬 적은 손실[악]이다. 우리 자신과 고통 받는 사람 사이의 거리는 아무런 문제가 되지 않는다. 그렇기 때문에 고통을 덜어줄 수 있는 위치에 있다

'고차원적인 지성의 보유가 한 인간이 다른 인간을 목적에 맞춰 유용하는 데 명분이 될 수 없다면, 어째서 그 지성은 인간이 동물을 착취하는 데는 이용되는가?'

－피터 싱어 〈동물의 권리와 인간의 의미〉(1989) 중에서

면 행동에 옮겨야 하는 것이다. 그리고 이어서 우리 눈앞에서 물에 빠져 죽어가는 아이를 구하기 위해서는 신발을 잃을지라도, 다시 말해 개발도상국가 아이들의 생명을 구하는 건강 프로그램이라면 이익을 포기해서라도 실행에 옮겨야 한다는 주장이 성립할 수 있는 것이다.

어떻게 하면
좋은 사회를
만들 수
있을까?

공산주의를 향하여

많은 철학자들이 프랑스 혁명과 미국 혁명에 대해 의견을 밝히고 서로를 격려하면서 지적인 관심을 보였지만, 19세기의 독일 철학자이자 사회이론가였던 두 사람은 정치에 훨씬 더 큰 영향을 끼쳤다. 칼 마르크스와 프리드리히 엥겔스는 세계를 구성하는데 있어 다른 어떤 정치 사상가들보다 더 큰 역할을 했을 것이다. 그들의 저서는 단순한 토론 대상을 뛰어넘어 혁명가들의 행동 원리로 채택되었기 때문이다.

마르크스와 엥겔스

서로 친밀한 관계를 유지하며 공동 작업을 했던 마르크스와 엥겔스는 흔히 마르크스와 엥겔스(독일어로는 Marx-und-Engels)라는 이름으로 불리며 마치 한 명의 철학자처럼 취급받는 경우가 많

'철학자들은 세상을 해석하려고만 했다. 철학의 목적은 세상을 바꾸는 것이다.'
－칼 마르크스 〈포이어바흐 테제〉(1845) 중에서

다. 칼 마르크스는 〈자본론〉으로 더 잘 알려진 〈자본 : 정치경제 비평〉(1867~1893)을 저술하였고, 엥겔스는 〈영국 노동계급의 상태〉(1845)를 집필했다. 이 두 사람이 이룬 업적의 바탕에는 변증법이라는 개념을 소개한 게오르크 헤겔의 사상이 자리잡고 있다. 변증법이란 정(正, thesis)을 세우고 그 정은 반(反, antithesis)에 의해 반증되며, 이런 대립은 합(合, synthesis)에 의해 일치점을 이루

칼 마르크스는 1818년 프로이센에서 태어나 1843년 파리로 이주한 후, 1849년 영국으로 망명해서 런던에서 남은 생을 보냈다.

고, 이 합이 새로운 정을 이루는 식으로 논리들의 상호작용을 통해 진실에 이르는 철학을 일컫는다.

하지만 헤겔의 변증법이 신과 연계해서 진실에 이르는 길을 찾고자 했다면 마르크스와 엥겔스는 신을 무시한 '변증법적 유물론'을 주창했으며, 사상보다는 실질적인 행동에 무게를 둔 철학을 강조했다. 이 이론은 겉으로 드러난 것보다 복잡한 내용을 품고 있다. 마르크스와 엥겔스는 계급투쟁의 양태를 띠면서 반복되는 갈등으로 인해 사회 구조는 필연적으로 올바른 자리를 찾아가게 된다는 단순한 사실만을 지적했을 뿐이다.

마르크스와 엥겔스에게 있어 인간성의 기본 토대는 자연 세계의 원 물질을 생존에 필요한 재화로 바꾸려는 노력에서 생성되는 것이었다. 예를 들면, 광물질을 채굴해 숟가락이나 자동차를 비롯한 다른 유용한 물질로 변환하는 행위를 들 수 있다. 결론적으로 생산 수단이나 그것을 통제하려는 노력이 사회의 형태를 결정한다는 것이다. '밀가루를 수공업으로 만들던 사회에서는 봉건귀족이 탄생했으며, 공장에서 생산하는 사회에서는 산업자본가가 탄생되었다.'

마르크스와 엥겔스는 정치사를 계급투쟁 속에서 하나의 사회 구조가 다른 사회구조로 대치되는 저항의 역사로 보았다. 봉건주의 시대의 지주인 영주는 신흥 중산계급이라 할 수 있는 새로운 산업자본가 계급에게 자리를 내주었다[合]. 이로써 새로 생성된 정(正)인 자본주의는 다시 미몽에서 깨어난 무산 노동 계급(프롤레타리아트)의 도전을 받는다. 두 사람은 이런 과정이 필연적으로 공산주의라는 결과를 낳게 된다고 주장했다. 공산주의 논쟁은 무엇이 올바른가 하는 윤리적 판단을 근거로 하지는 않았다. 그보다는 공산주의는 생존에 필요한 재화를 제공하는 가장 효과적인 수단이었으므로 경제적 조건이 만들어낸 자연스러운 결과였다.

헤겔이 이념과 이성의 변화를 사회, 정치적 변화의 추동력으로 본 반면에 마르크스와 엥겔스는 경제, 사회적 변화를 새로운 사고방식의 길잡이로 보았다. 이런 입장은 정신과 외부 세계 사이의 관계를 바라보는 마르크스의 관점과 일치했다. 그는 정신을 외부 세계에 놓여 있는 수동적 주체로 보지 않았다. 그는 정신이 지식의 대상과 능동적으로 연계된다는 칸트의 관점에 동의했다. 그러나 그는 칸트로부터 한 걸음 더 나아가 정신과 세계가 지속적으로 순응하며, 우리는 생존에 유리하도록 경험을 배치한다고 주장했다. 이런 이유 때문에, 마르크스는 사회 구조가 하향식으로 변화될 수 없으므로 정치 사상가들이 개혁적인 사상을 내놓는 것을 아무 쓸모없는 일이라고 보았다.

마르크스의 관점에서는 사회는 오로지 바닥에서 출발하는 상향식 변화로만 개혁될 수 있다는 것이다. 즉, 노동자들이 자신들이 처한 억압적 상황을 인식하고 이를 물리치기 위해 들고 일어날 때에만 가능하다는 것이다. 사유의 변화는 사회가 변화된 다음에나 가능하며, 결과적으로 마르크스는 공산주의가 취할 형태를 미리 예견하는 것은 불가능하다고 생각했다. 그 형태는 사회, 경제적 혁명이 발발한 다음에야 비로소 찾아질 것이다.

1917년의 러시아에서 혁명이 일어났고, 차르의 독재 정부는 노동자들의 봉기로 무너졌다.

　당대의 사상가들과는 다르게, 마르크스와 엥겔스는 프롤레타리아트의 존재를 비관적으로 보지 않았다. 대신 프롤레타리아트의 숫자가 늘어나면 늘어날수록 혁명이 빨리 찾아올 것이라 믿었다. 프롤레타리아트들이 처한 열악한 조건이 그들을 깨어나게 할 것이라고 믿었던 것이다. 이러한 결과는 20세기의 러시아와 중국에서 실제로 일어나 수백만의 인명을 앗아가는 끔찍한 결과를 낳았다. 21세기인 오늘날의 프롤레타리아트와 중산층이 처한 환경이 악화됨으로써 어떤 결과가 벌어질지 예측하는 것은 시기상조이다.

반공산주의

지배계급인 자본가들은 노동자들이 봉기해 자신들을 무너뜨린다는 사상을 좋아하지 않았다. 영국의 경제학자 존 메이너드 케인스(1883~1946)의 저작은 그러한 사태를 방지하는데 도움을 준 것처럼 보인다. 케인스 경제학파들에 따르면, 경제 침체기는 수요가 부족한 데서 발생하는 단기적 문제에 해당한다. 이 침체기는 수요를 창출하기 위한 정부의 공공 지출 확대로 해결될 수 있다. 정부가 시장에 개입함으로써, 자본주의의 와해로 공산주의가 등장하게 되는 것을 막고 안정된 자유 시장 경제 체제를 유지할 수 있다. 이런 생각은 경제 질서는 자연스러운 흐름에 맡겨 놓으면 개인이나 사회를 위해 스스로 최상의 상태로 나아간다는 애덤 스미스와 스튜어트 밀의 주장과는 배치되는 것이다.

극단에 선 혁명

공정하면서도 실행 가능한 사회와 정치 구조를 찾아내기란 무척 어려운 일이다. 일부 사람들은 그런 이상향이 가능하다고 꿈을 꾸고, 잘못된 판단으로 다른 모든 구조를 배척하려 했다. 러시아의 혁명가이자 사상가였던 미하일 바쿠닌은 최초의 진정한 무정부주의 철학자였다. 인간은 전적으로 스스로 통제하며 살아야 한다면서, 그는 신을 포함한 모든 권위를 거부했다.

'인간의 자유는 오로지 다음과 같은 전제 하에서만 가능하다. 즉, 인간이 자연의 법칙에 순응하는 것은 스스로 그러한 존재임을 인식하기 때문이지, 외부의 이질적 인 의지의 강요 때문이 아니

케인스는 경제 침체기를 벗어나기 위해 정부 지출을 늘려야 한다고 주장했다. 2010년대에 상당수 유럽 국가들은 케인스의 조언과는 반대되는 접근법을 채택했다.

다. 그 이질적인 외부의 힘은 인간적이거나 신적이거나 또는 집단적이거나 개인적이거나 상관없다.'(미하일 바쿠닌, 〈신과 국가〉 1871)

바쿠닌은 인민들이 생산수단과 토지 및 기타 모든 것을 소유, 경영하는 집단무정부주의라는 사회주의의 한 형태를 창안했다. 그 체제 하에서의 인민들은 결사와 연맹의 자유를 지닌다. 남녀를 막론하고 모든 인민들은 교육과 삶의 수단이라는 면에서 동등한 기회를 부여받는다. 농부들이 토지를 직접 소유하고 다른 사람들의 노동에 기대 살던 지주들은 배척될 것이다.

마르크스와는 다르게 바쿠닌은 부랑 노동자들을(Lumpenproletariat, 마르크스 이론에서 계급의식이 희박하여 혁명 세력이 못 되는 노동자층을 말함 : 역주) 배격하지 않았다. 이들은 부르주아 사상에 거의 물들어 있지 않으므로 자신이 설계한 사회의 성패는 이들에게 달려 있다고 했다.

바쿠닌은 선견지명을 발휘하여 마르크스 사상은 일단 실행에 옮겨지게 되면 결과가 좋지 않을 것이라고 내다보았다. 바쿠닌과 마르크스는 궁극적인 목표는 같았지만, 바쿠닌은 스스로 들고 일어나 그릇된 사회 구조를 혁파하는 프롤레타리아트에 의해 그 목표가 달성되어야 한다고 주장한 반면, 마르크스는 프롤레타리아트를 대신해서 이론적으로는 프롤레타리아트의 이익을

부랑 노동자들

마르크스의 묘사에 따르면 부랑 노동자들은 가장 하층계급의 민중이다. 이들에는 일하기 싫어하는 사람들과 질병이나 죄에 의해 일을 할 수 없는 사람들이 포함된다.

'부랑자들, 퇴역 군인들, 전과자들, 노예선에서 탈출한 노예들, 사기꾼들, 협잡꾼들, 거지들, 노숙자들, 소매치기들, 노름꾼들, 포주들, 기둥서방들, 날품팔이들, 지식인들, 거리의 악사들, 넝마주이들, 칼갈이들, 땜장이들 – 한마디로, 사분오열로 해체된

우선시하는 세력이 혁명을 이끌기를 희망했다. 바쿠닌은 다음과 같이 마르크스를 비판했다.

'이것은 프롤레타리아트에게는 실제적으로는 남녀 노동자들이 집단적으로 똑같은 작업복을 입고 드럼 소리에 맞춰 아침에 일어나고, 노동하고, 다시 잠드는 막사 정권에 불과할 것이다.'

결국은 다 같은 전체주의다

주지하듯이, 공산주의 혁명은 우파 전체주의 정권 하에서 보다 더 많은 자유를 획득하는데 실패하고, 결국에는 또 다른 전체주의 국가로 전락하고 말았다. 좌우를 통틀어 전체주의 정권의 경우, 실체로서의 국가의 권리가 그 구성원들인 개인의 권리에 우선한다. 20세기 후반에 철학자들이 국가와 개인 간에 관계에서 인간성을 회복하고자 함께 뭉쳤던 것은 전체주의가 저질러놓은 쓰라린 과오를 배경으로 하고 있다.

미국의 인지과학자이자 철학자인 노암 촘스키(1928~)는, 우리가 인내할 수 있는 특정한 정치 구조들이 별도로 존재한다고 보았다. 기존의 경험에서 우러나온 사상을 거부하고 우리가 수용할 조건을 규정하면서, 그는 어느 정도의 자유(우리의 행동과 삶의 모습을 자유롭게 선택하려는 욕구)는 인간이 타고난 본성이라는 점을 발견한 것이다. 이것을 부정하거나 개인의 인간성을 말살하려는

군중들을 일컫는다.'
　- 칼 마르크스 〈루이 나폴레옹의 브뤼메르 18일 쿠데타〉(1852) 중에서

'그는 나를 감상적 이상주의자라고 불렀는데 그 말은 틀리지 않았다. 그리고 나는 그를 교활하고 불성실한 사람이라 불렀는데 내 말도 틀리지 않았다.'
　- 바쿠닌, 마르크스를 만나고 나서(1844)

어떤 정치 구조도 궁극적으로 실패하고 말 것이다.

'공동체 같은 것은 없다'

1987년 영국 수상 마가렛 대처는 '사회 공동체 같은 것은 없다'
고 선언했다. 그녀의 이 말은 로버트 노직(1938~2002)의 정치 철
학을 너무 극단적으로 해석한 결과로 나온 것이었다. 1974년, 미
국의 철학자 노직은 칸트의 다음과 같은 명언에 따라 개인의 권
리를 옹호했다. '너 스스로에게나 타인에게나 인간을 언제나 단
순한 수단이 아닌 목적으로 대하라.' 하지만 노직은 이 말을 칸
트의 원래 의도대로 해석하지 않고, 사회 구조가 부과하는 권위
를 벗어버리려는 자유의지론자가 가장 좋아할 입맛대로 적용해
버렸다.

〈무정부주의에서 유토피아로〉(1974)를 통해 노직은 "모든 개
인은 '자기 자신의 소유자'이다. 그러므로 개인의 정신과 육체,

케인스의 경제 이론은 경제 침체기에 시장을 유지하기 위해 정부 지출을 늘릴 것을
주문한다.

능력, 재산에 미치는 권리는 재산권으로 간주해야 한다. 이 권리는 절대적인 것으로 국가나 기타 집단 권위에 의해 침해받을 수 없다. 그러므로 세금을 통해 돈을 뺏어가는 복지국가는 제도화된 강도이고, 누진과세는 일종의 강요된 노동이라 할 수 있다. 국가가 민주적으로 인정받은 실체이기는 해도 사람들로부터 시간과 돈과 노동을 빼앗아가는 것은 개인의 권리를 침해하는 일이다. 그는 국가의 간섭을 '야간 경비원'의 역할 정도로 최소화해야 한다고 주장했는데, 그 안에서 국가는 국민들을 폭력으로부터 보호하고 재산의 정당한 획득과 안전한 이주를 책임지는 법률을 시행하면 된다. 일반적으로 국가가 떠맡은 교육과 의료 및 복지를 포함한 다른 기능들은 사적 기업이나 자원봉사 단체가 맡으면 된다고 했다.

사회 경제적 발전은 자유 시장을 통해 달성되어야지, 임대료 규제나 최소임금제도와 같이 개인의 권리를 침해하는 제도를 통해 추진되어서는 안 된다. 노직은 분배 정의 대신 '권리 정의'를 선호했다. 그가 구상하는 국가에는 분배할 재산이 없을 것이고, 개인은 정당하게 획득한 것이라면 어떤 것이나 소유할 권리가 있을 것이기 때문이다.

노직이 내세운 정치 철학들 중 어떤 것들은 1980년대의 우익 정치가들의 칭찬을 받았지만 전부 다 그런 것은 아니었다. 그는

'모든 것은 국가 안에 있으며, 국가 밖에는 아무것도 없다. 또, 국가를 거스를 아무 것도 없다.'
— 이탈리아의 독재자, 베니토 무솔리니(1883~1945)

매춘, 자살, 마약 복용의 불법화를 스스로의 육체를 마음대로 할 권리를 빼앗는 인권 침해 행위로 보았다.

반 기초주의 운동가인 리처드 로티(1931~2007)는 국가의 역할을 폭력과 절대 빈곤으로부터 국민들을 보호하는 단순한 일에 한정시키기를 주장했다. 그는 반 기초주의 정치가들이 활발히 활약하기에는 현실적인 제약이 있다고 보았으며, 사람들이 상상력과 창의력을 발휘해 과거에는 사용하지 않던 용어들로 미래를 표현해낼 수 있기를 바랐다.

미래를 향하여

미래에 국가가 거의 아무런 간섭을 하지 않는 세상이 도래할지라도 그 세상이 모든 사람에게 행복한 세상은 아닐 것이다.

한 세기 전에, 프리드리히 니체는 역사적으로 사회는 힘 있는 자들이 지배한다고 말했다. 스스로 열정을 통제할 줄 알고 '권력

개인적 자유를 향한 열망으로 인해 모든 압제적 정권들은 조만간 그 종말을 맞이할 것이다. 노암 촘스키에 따르면 인간은 압제적 정권을 태생적으로 견디지 못하며, 그런 정권들은 절대로 국민들의 정신을 완벽하게 짓누를 수 없다. 국민들의 의지는 언젠가는 반드시 저항하게 되어 있다.

의 의지'를 창의적인 힘으로 유도할 수 있는, 스스로를 실현한 힘 있는 자들을 지칭한 것이었다. 니체는, 그런 힘 있는 자들은 약자들을 도와야 하는 윤리적 의무를 지니고 있다고도 했다.

'도덕적 인간은 또한 불행에 처한 사람들을 돕지만, 연민의 정이나 그런 비슷한 감정에서 돕는 것이 아니라, 넘치는 힘에서 솟아나는 자발적 의지 때문이다.'
– 니체 〈선악의 저편〉(1886) 중에서

미국의 성공한 억만장자들 사이에서 자신이 속한 사회나 세계의 다른 지역을 위해 예술과 의료 서비스, 교육을 지원하는 인도적 기부 행위가 유행하고 있다. 그러나 일반적으로 최소주의 국가가 제대로 작동한 적은 없다. 소수 개인들의 선한 의지만으로는 충분하지 않으며, 부자와 가난한 사람들의 격차는 점점 더 벌어지고 있다.

사회와 사회학

프랑스 철학자 오귀스트 콩트(1798~1857)는 사람과 사회의 연구에 최초로 과학적 방법을 적용한 학자였다. 이는 사회의 '정학과

자유의지론
자유의지론은 다양한 의미로 사용되지만, 개인적 자유는 타고난 것이고 국가는 필요 없거나 그 기능을 축소해야 한다는 일반적 믿음을 지칭할 때 사용된다. 무정부주의는 극단적 자유의지론의 한 형태이다.

동학'에 근거를 두고 있으며, 현대 사회학의 태동을 알리는 계기
가 되었다.

불안한 출발

콩트는 힘의 균형을 다루는 과학인 사회정학으로부터 '사회적
여론'의 어떤 부분도 전체에 영향을 미치지 않은 채 변화될 수
없다는 결론을 내렸다. 즉, 경제적, 문화적, 사회적 조건들은 모
두 서로에게 영향을 끼친다는 것이다. 그리고 변화의 과학인 사
회동학으로부터 사회의 발달은 지적인 진보의 발달을 반영한다
고 확신했다. 사회 질서는 신권정치로부터 군주정치로 그리고
이어서 무정부주의 단계로 이어진 후 과학에 의해 유도된 새로
운 질서가 수립된다는 것이다. 이 이론을 밝힘에 있어 콩트는 다
소 정도를 벗어난 것 같다. 사회 결속을 위한 종교와 사상의 역
할을 설명하면서 그는 스스로가 휴머니즘이라는 새로운 종교의
내세사장이나 된 듯한 착각에 빠져들었던 것이다.

개인적 양심과 공공의 양심

콩트의 사후에 그의 후계자가 자연스럽게 등장했다. 프랑스의
사회학자 에밀 뒤르켐(1858~1917)은 인간 사회가 도덕 법칙에 의
해 어떤 식으로 구성되어 있는지를 밝히는 연구에 착수했다. 그
는 〈사회에서의 분업 〉(1893)을 통해 역사적 연구를 수행하면서
도덕 법칙이 사회에서 실제적으로 어떻게 작동되었는가를 살펴
보았다.

　그도 콩트처럼 이 연구가 가능하기 위해서는 일종의 '도덕 과
학'이 필요하다는 것을 느끼고 연구 대상인 사회 구조를 분석하
기 위해 과학적 방법론을 도입했다. 그는 사회가 원시 사회에서
현대 사회로 진화한다고 보았고, 이에 따라 양심과 도덕 법칙도
집단적인 것에서 개인적인 것으로 옮겨간다는 것을 발견했다.
전통적 사회는 맹신적 성격의 종교를 지님으로써 대부분의 사람

어떻게 하면
좋은 사회를
만들 수
있을까?

2012년에 정부가 극한의 긴축 정책을 도입하자 이에 반발한 평화로운 침묵시위가
그리스에서 벌어졌다. 많은 이들은 이 정책을 국가가 너무 늦게 개입하여 억울한
희생자들만 양산한 잘못된 정책으로 꼽았다. 글로벌 자유시장 경제 하에서 국가 운영을
잘못해 경제를 파탄내 놓고, 사태의 책임자들보다 억울한 국민들만 피해자로
만들었다는 것이다.

들은 같은 신앙에 근거한 공통된 도덕적 가치를 지녔다. 이런 규
범을 조금이라도 위반하는 경우에는 혹독한 비난과 처벌이 뒤따
랐다. 하지만 사회가 진화함에 따라 이러한 종교적 결속력은 힘
을 잃게 되었으며, 도덕은 다양한 모습을 띠게 되었고 관용적 분
위기가 점점 더 자리를 잡게 되었다.

그러나 뒤르켐은 이것을 집단적 양심이 분화된 현상으로 보기
보다는 집단적 양심이 다른 형태로 단순하게 바뀌어서 표현된
것이라고 보았다. 집단적 양심이 개인화를 묵인했다는 것이다.
개인화란 개인들이 어떤 지배적이며 도덕적인 권위를 벗어나 다
양한 신념들을 발전시키는 과정에 불과하다. 새로 등장한 것은
'개인에 대한 숭배'이다. 스스로의 신념에 맞춰 발전하는 개인적
권리를 강조한 새로운 도덕률이 등장한 것이다. 뒤르켐은 이에
대해 다음과 같이 기술하였다.

'개인적 삶을 흡수해 버리는, 최상의 결속력으로 묶인 공동생활을 영위했던, 미개한 사회가 만들어내고 유지하던 이상향과 같은 방법으로 우리의 이상도 끊임없이 우리 사회관계에서 보다 숭고한 평등을 추구한다. 그렇게 함으로써 우리는 사회적으로 유용한 힘을 자유롭게 펼쳐 보고자 하는 것이다.'

- 뒤르켐 〈사회에서의 분업〉(1893) 중에서

놀랄만한 결론은 개인주의가 사회의 오랜 도덕적 가치가 침식당한 결과로 탄생한 것이 아니라 새로운 도덕적 가치가 드러난 점이라는 것이다. 이런 현상은 노동의 분화로 인해 발생한 것이다. 현대 사회는 엄격하고 단순한 경제 질서를 유지할 수 없지만 다양한 신념과 가치에 근거해서 다양한 경제 관계를 이루고 있다. 그러므로 '개인의 숭배'는 새로운 사회 경제적 질서를 반영하는 새로운 도덕률인 것이다.

뒤르켐은 개인의 숭배를 사리사욕에 빠진 자아 숭배로 간주하는 것은 옳지 않다고 여겼다. 자기중심적인 개인이 이룬 집단은 전혀 사회를 구성할 수 없고, 현대 사회가 돌아가는 것은 오로지 타인의 이익과 그 이익의 다양성을 존중하기 때문인 것이다. 이러한 인식은 우리가 평등과 권리를 중요시함으로써 드러나고 있다.

공평함으로서의 정의

플라톤을 시작으로 정치 철학자들은 자신들이 보기에 공평하다고 느끼는 정치적, 사법적 제도를 그려보려고 부단히 노력했다. 그들은 그러한 제도들이 자연스럽게 진화하거나 이미 자연스럽게 진화해 있다고 믿었다. 그러나 20세기가 되자 우리는 가장 훌륭한 정부와 법률 제도를 어떤 식으로 선택할 지에 대해 더 많은 의문을 가지게 되었다.

니체나 로크가 모든 사람에게 최상인 것을 찾으려 했던 것이나, 프롤레타리아트들이 기존의 질서를 무너뜨리고 자신들에게 최상인 제도를 구하려고 했던 것은 충분히 있을 수 있는 일이었다. 하지만 그러한 과정은, 소작농들이 되었든 철학자들이 되었든, 사회의 특정한 분야 구성원들만을 위한 제도로 정착되고 말았다. 미국의 철학자 존 롤스(1921~2002)는 지극히 단순하면서도 멋들어지고 공정한 방법을 통해 사회를 구성해 보고자 했다.

롤스는 20세기가 낳은 가장 중요한 정치 철학자들 중의 한 명이다. 그가 주창한 '공평함으로서의 정의' 이론은 사회계약론을 발전시킨 것으로, 개인의 권리를 보호함과 동시에 분배 정의를 실현하고자 한 것이었다. 그는 스스로 '기본적 위치'라고 명명한 데서부터 출발하였다. 이 이론은 사람들은 어떤 것이 공평한지 판단함에 있어 '무지의 장막' 뒤에 놓여 있음을 전제로 한다.

사람들은 개인으로서 자신들이 사회에서 어떤 위치를 차지할지 알지 못한 채 스스로의 정의 시스템과 사회 구조를 결정해야

어떻게 하면
좋은 사회를
만들 수
있을까?

다섯 가지의 정치 제도
1971년에 롤스는 그의 '정의와 자유 원칙'을 참조하면서 다섯 가지의 정치 제도를 평가했다.

- 자유방임형 자본주의
- 계획 경제 하의 국가사회주의
- 복지국가 자본주의
- 사유재산 민주주의
- 시장 사회주의

롤스는 처음에는 앞의 두 가지만 실행 불가능한 제도라고 보았다. 그러나 1980년대와 1990년대 미국의 상황을 경험한 그는 2001년에 복지국가 자본주의도 배격했다. 결국 사유재산 민주주의와 시장 사회주의만 남게 되었다.

한다. 자기들이 극히 단순한 노동에 종사하는 단순노동자로 전락할지 지배 계급의 일원이 될지를 모른 채 판단을 내려야 하는 것이다. 이러한 상황 하에서라면 그들은 롤스가 명명한 '최대의 전략'을 채택할 수밖에 없다. 나중에 사회에 편입될 때 고통을 받지 않기 위한, 모두에게 공평한, 일종의 원리원칙을 말하는 것이다. 이는 '스스로의 이익을 증대하고 싶은 이성적이고 자유로운 사람들이 애초의 동등한 입장에서 그들이 결속하는 조건의 토대가 된다고 받아들이는 그런 원리원칙'을 말하는 것이다.

롤스는 사람들은 두 가지 '정의의 원칙'을 찾아낼 것이라고 믿었다. 첫 번째 (자유의) 원칙은 '각 사람은, 타인을 위한 비슷한 자유와 어울리는 동등한 기본 자유가 최대로 확대되는 정도까지 똑같은 권리를 지님'을 말한다. 여기서 말하는 기본 자유에는 언론, 집회, 사상 및 양심의 자유에 사유재산을 소유할 권리까지가 포함된다. 하지만 고전적인 의미의 자유라 할 수 있는 '소극적

롤스는 〈정치적 자유주의〉(1993)를 통해, 정치적 자유주의가 사람들로 하여금 그들을 분열시킬 수 있는 서로 다른 신념과 전통보다는 그들을 묶어낼 수 있는 '공공의 이성'에 집중하도록 고무하는 방법을 통해 어떤 식으로 '중첩 합의'를 유도해 내는지를 설명했다.

자유', 즉 실업이나 착취, 공포에서 벗어날 자유를 가리키지는 않는다.

두 번째 (정의의) 원칙은 두 가지로 나뉜다. 우선, 모든 인간은 직업 선택이나 승진에서 동등한 기회를 보장받아야 하고, 이는 동등하게 교육받을 권리로 이어진다. 다음으로, 불평등은 절대 빈곤 상태를 개선하는 목적을 위해서는 용인될 수 있다는 원칙이다. 엄청난 재산을 소유한 부모 밑에 태어났다는 이유만으로 막대한 부를 거저 물려받는 일은 누구에게도 일어나서는 안 된다.

롤스는 이상의 두 원칙은 서로 충돌할 가능성이 있음을 알고 있었다. 그래서 그는 '자유의 원칙'을 거의 완벽에 가깝도록 만들었다. 이 원칙은 경제적으로 낙후한 상황을 제외하고는 언제나 우위를 점해야 한다.

국가는 개인과는 다르게 자연 자원이 부족하다고 해서 어떤 보상을 기대할 수 없다면서 '격차 원칙'을 국제적으로 적용하는 데에는 반대했다. 그는 미국의 정치 이론가 찰스 베이츠(1949~)가 내놓은, 국가 간의 불평등은 빈곤층의 이익에 도움이 되는 경우에 한해서 정당화될 수 있다는 주장을 인정하지 않았는데, 이는 그 자신의 원래 이론에서 거론되었던 국내의 불평등과 비슷한 성격을 지닌다.

진실의 입 : 르네상스 시대의 이탈리아 시민들은
죄의 종류에 따라 여러 종류로 만들어진 '입들'을
통해 죄를 서시든 사람들을 고밀할 수 있었다.

결국
가장 중요한
것은

AT THE END OF THE DAY

'철학이란 언급할 가치도 없는 것처럼 보이는 어떤 것에서 출발하여, 아무도 믿지 않을 역설적인 어떤 것으로 끝나는 것이다.'
－버트런드 러셀 〈논리원자주의의 철학〉(1918) 중에서

'나는 우리 모두가 철학자라고 생각한다. 그리고 철학자를 자청하는 사람은 특별한 본업이 없는 사람이라고 생각한다.'
－케빈 워릭, 2004년

철학이라는 직물에서 실을 한 올씩 뽑아내기

알제리 출신의 프랑스 후기구조주의 철학자 자크 데리다에게 단어의 의미는 유동적이고 주관적인 것이었다. 모든 개인에게 단어나 발화(發話)는 그 개인의 역사와 경험이 어우러진 의미를 지니고 있으며, 원 발화자가 알지 못하고 접근할 수 없는 언외(言外)의 의미를 담고 있는 것이다. 한 단어에 의해 연결된 연합체의 네트워크는 개인적이고 대중적인 공간과 시간을 통해 신장된다. 객관적 의미의 결여란 우리가 '자아'나 '미덕'과 같은 형이상학적 개념을 놓고 토론을 벌일 때 특별한 영향을 미친다. '자아'와 같은 단어는 반드시 '타인'이라는 반대 개념을 함축하고 있다. 데리다는 '자아'의 개념은 형이상학적이거나 존재론적 필요성을 품고 있지 않은 언어적인 구성이라고 주장했다. 물론 언어를 해체하려는 철학자는 그가 앉아 있는 나뭇가지를 톱으로 자르려는 것과 같다. 언어 외에는 그가 사용할 수 있는 무기가 없기 때문이다. 자해를 함으로써 스스로 권위를 걷어차 버렸기 때문에 자신의 권위를 입증할 만한 다른 수단도 없어진 것이다.

철학의 응용

철학은 우리가 절대적으로 정답이라고 동의하지 못할 가능성이 있는 학문이다. 다른 분야의 학문에서 생긴 의문들은 경험적 증거를 동원해 해명이 가능한 경우가 많지만(예컨대, 생물학적 유전은 DNA로 설명되고, 지진은 지각판의 움직임 때문에 일어난다), 철학은 다른 특징을 지닌다. 예를 들어, 실재가 존재하는 증거를 찾으려는 움직임은 어떤 이들에게는 바보들이나 하는 지적 유희로 보일 수도 있다. 그들의 생각에는 자신들이 경험하는 것이 실재이지 그 외에 무엇이 있겠느냐고 할 것이다. 물론 일상생활이라는 측면에서 보면 그 자체로 충분하다고 할 수 있다. 그러나 세상사의 매우 중요한 의문에 답하는 철학의 응용 분야는 얼마든지 있다.

2013년 여자 친구 리바 스틴캠프를 살해한 혐의로 기소된 오스카 피스토리우스는 여자 친구를 총으로 쏠 의사는 없었다고 했다. 그의 변호사는 그가 의문의 침입자에게 권총을 발사한 것이라고 했다. 나쁜 사람을 죽이는 것은 도덕적으로 합당한가? 죽어야 할 사람이 어떤 부류인지는 철학의 중요한 문제일까? 어떤 생명이 다른 생명보다 존엄하다는 주장은 타당한가?

　예를 들어, 법학 분야에서는 개인의 권리와 책임 그리고 지식의 검증이 매우 중요하다. 사람들 간의 도덕과 인간관계는 입법을 할 때 중요한 요소로 작용한다. 윤리적 질문은 과학과 의학 분야에서 훨씬 더 많이 제기되어 왔다. 신경학에서 우리가 자유의지라고 간주하는 것이 실제로는 자유로운 것이 아니라고 밝히는 것은 우리가 범죄를 어떻게 다뤄야 하는지 문제에 대한 해답을 은연중에 품고 있는 것이다. 그리고 신에 대한 우리의 태도(우리가 유일신을 믿든지 아니든지, 그 신이 다른 사람들이 믿는 신과 다르든지 아니든지)로 인해 지구상에는 지금도 전쟁과 폭력이 끊이지 않는다.

　심지어는 남들과 어우러져 살아가는 매일의 삶에서조차 철학은 우리로 하여금 더욱 사려 깊게 하고, 일관된 태도를 유지하도록 해준다. 우리는 배우자와 부모, 자식들과의 관계에서 어떤 권한과 책임감을 느끼는가? 우리는 어떤 선택을 자유롭게 할 수 있는가?

각 개인에게 삶을 어떻게 보내야 하고, 어떤 가치 있는 일을 추구할 것인가의 문제는 반드시 해명되어야 할 성질의 것이다. 다시 말해, 우리는 모두 키에르케고르가 구하고자 했던, '내가 생사를 걸 만한 이상'을 추구한다. 그 대답은 서로 다를 것이지만 전혀 문제가 되지 않는다. 궁극적으로 철학은 모든 사유하는 인간에 걸맞은 것을 개인적으로 추구하는 행위인 것이다.

철학은 독야청청하며 저 멀리 존재하는 학문이어서는 안 된다. 리처드 로티(1931~2007)는 철학자들이 스스로 목표를 너무 높이 세웠다고 보았다. 그는 철학을 통해 선험적인 진실을 찾아낼 수는 없다며, 점점 더 난해해지는 철학의 밀교(密敎)적 성격을 비판했다. 그는 사회가 철학보다는 문학을 통해 인간과 도덕에 대해 배우는 것이 더 이로울 것이라고 생각하고, 종래의 철학이 고수한 형태는 그 쓰임새에 비해 보잘것없는 것이라고 폄하했다. 물론 그의 이런 주장은 다른 직업 철학자들의 공감을 얻어내

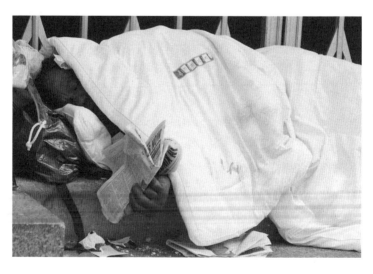

2001년에 이르러, 미국의 의료보험 제도가 빈곤층에 아무런 이익을 주지 못했다고 깨달은 존 롤스는 마침내 복지국가 자본주의 제도를 실현 불가능한 것으로 폐기했다.

지 못했고, 그는 철학을 버렸다고 비난받거나 심지어는 반철학
자로 치부되기도 했다. 자크 데리다처럼 그 역시 자신의 우물에
침을 뱉은 것이다. 그러나 이로부터 배워야할 한 가지 교훈이 있
는데, 이것은 버트런드 러셀이 먼저 한 말이다. 러셀은 그의 철
학적 이력 대부분을 논리학과 수학을 연구하는 데 바쳤지만 말
년에는 윤리학과 정치학에 더 큰 관심을 보였다. 하지만 그는 그
것이 철학의 과제라는 점은 부인했다. 아마도 다음 언급은 러셀
이 남긴 말 중 가장 눈에 띄는 대목이 아닐까 한다.

'나는 이 질문에 대해서는 철학자로서의 자질을 가지고 답하
지 않았다. 나는 세상의 상태로부터 고통을 받으면서 그것을 개
선하려는 한 인간으로 답을 했다. 그리고 해명을 내놓음에 있어
나와 공감하는 타인들과 지극히 평범한 언어로 대화하기를 열망
했다.'

삶이 고단하고 벅찰 때마다 철학책을 기웃거린다. 그러나 많고
도 많은 철학책을 통해 명쾌한 해명을 구한 적은 없었던 듯하다.
그 이유는 나무에 올라가 물고기를 찾으려는 과욕 탓도 있겠지
만, 철학 자체가 지니는 난해함이 더 크리라. 다시 말해 철학은
삶의 문제를 해명하기보다 오히려 더 복잡하게 만드는 구실을
하는 경우가 종종 발생한다. 그러나 오해마시라. 철학이 무용하
거나 유해하다는 말은 아니다.

   인간이 생각하는 갈대인 이상 철학은 우리 삶의 필연적 소산
물이나. 존재란 무엇이며, 우리가 실제로 존재하는가의 문제를
다루는 존재론을 거론할 때 반드시 마주치게 되는 명구가 있는
데, 근대철학의 아버지라고도 불리는 데카르트의 '나는 생각한
다, 그러므로 존재한다'가 그것이다. 무엇으로 우리가 존재한다
고 확신할 수 있는가의 의문에 대해 데카르트는 생각하기 때문
에 존재한다고 분명하게 밝힌 것이다. 이렇듯 사유란 신이나 다

른 보편적 원리에 해당할 만큼 인간의 본질적인 요소라 할 수 있다.

이러한 인간의 사유에 대해 말하자면 '만 명의 사람이 모이면 만 가지 철학이 나온다'고 할 정도로 다양하고 제각각이다. 모든 학문을 통틀어 자기 마음대로 생각하고, 해석하고, 만들어도 되는 것은 철학이 유일할 것이다. 이 말은 우리 모두 당당한 철학자라는 말과 같다. 20세기의 철학 분야에 우뚝 솟은 하이데거는 이전의 철학들을 모두 무시해버리고 자기만의 철학을 내세웠다. 바로 이런 오만이 가능한 분야가 철학인 것이다.

그러나 하이데거의 철학도 한물간 철학이 분명하다. 사람이 시대를 뛰어넘을 수 없듯이 사람의 생각도 시대를 뛰어넘을 수 없다. 데카르트, 칸트, 하이데거, 사르트르, 메를로 퐁티, 데리다 등등 바로 앞 세대를 살았던 무수한 철학자들의 사유도 결국은 그 시대를 반영한 철학이었을 뿐이다.

하지만 그들 철학자들의 생각을 우리가 들여다봐야 하는 이유는 그들이 치열하게 씨름했던 그 시대의 정신이 인류가 나아갈 방향을 밝혀주는 등불 역할을 할 수 있기 때문이다. 철학자들이 각 시대의 진실을 추구하기 위해 사유를 붙들고 치열하게 싸워온 그 정신은 오늘도 유효하기 때문이다.

시인과 철학자는 진실을 추구한다는 면에서는 같다. 하지만 시인은 감성과 정서를 통해 진실에 접근하려 하고 철학자는 논리와 이성을 동원해 진실을 파헤쳐간다. 철학이 까다로운 이유는 바로 여기에 있는 것이다.

모든 철학은 다 어렵고 혼란스럽다. 하물며 외국어로 작성된 철학은 더 말할 나위가 없다. 외국어를 번역하는 사람들에게 가장 큰 걸림돌은 추상과 관념으로 똘똘 뭉쳐있는 책들을 만날 때이다. 그런데 철학이 바로 이러한 관념과 추상의 학문이다. 사실 철학은 용어의 정의를 적확히 아는 것이 시작이요 끝이다. 서양 철학의 요체인 존재론, 인식론을 필두로 실존주의, 현상학, 구조주의, 해체주의 등의 서양 용어를 알기 쉽게 풀어놓은 책을 역자는 아직 만나지 못했다. 어쩌면 서양 사람들조차도 자기들의 언어로 된 이러한 용어를 제대로 이해하지 못할 것이다. 심지어 철학은 언어 그 자체를 문제 삼기도 한다. 독일 사람들이 독일어로 작성된 하이데거의 책을 독일어로 번역해달라고 했다는 이야기는 우스갯소리만은 아닐 것이다.

역자의 불안은 여기에 있다. 서점의 허다한 철학 번역서들에 혼란거리를 하나 더 추가한 것은 아닌지 두려운 것이다.

이 책은 철학 개론서이다. 개별 철학자 한 사람의 사상을 파악하기에도 엄청난 노력과 시간이 필요할 터인데 그 내용을 한 두 페이지로 압축해놓는 일은 애초부터 무리한 시도일지도 모른다.

철학자에 대한 개론적 탐구는 그 철학에 대한 왜곡을 수반하기 십상이다. 그리스 철학 연구가인 거스리(W. Guthrie)는 플라톤이야말로 개요적인 설명으로 가장 크게 상처를 받는 철학자라고 말하기도 했다.

하지만, 개요적 탐구가 거대한 건축물의 한 귀퉁이를 만지작 거리는 것에 불과할지라도, 바쁜 현대를 살아가면서도 철학에 갈급한 철학 애호가들에게 최선을 다 해 위대한 지성의 맛을 느끼게 해주는 것조차 필요하지 않은 것은 아니리라. 맛을 보고 맛이 있으면 제대로 공부하면 된다. 그런 의미에서 본서가 제대로 맛을 보여주는 개론서이기를 바란다.

마르크스는 세상을 해석하는 것이 아니라 세상을 변혁하는 것이 철학의 임무라고 했다. 우리는 모두 무엇엔가 써먹기 위해 독서하고 공부한다. 부디 본서를 다 읽은 독자들이 개인적인 삶의 질을 향상시키거나, 보다 인간다운 세상을 만드는 데 활용하거나, 어떤 목적이든 긍정적으로 일조할 수 있기를 바란다.

2016년 여름, 최석진

철학 오디세이

초판 1쇄 2016년 6월 30일

지은이 앤 루니
옮긴이 최석진
발행인 권오현

펴낸곳 돋을새김
주소 서울시 종로구 이화동 27-2 부광빌딩 402호
전화 02-745-1854~5 **팩스** 02-745-1856
홈페이지 http://blog.naver.com/doduls
전자우편 doduls@naver.com
등록 1997.12.15. 제300-1997-140호

인쇄 금강인쇄(주)(031-943-0082)

ISBN 978-89-6167-224-5 (03100)
Korean Translation Copyright ⓒ 2016, 최석진

값 15,000원